나
무
는

어
떻
게

문
화
가

되
는
가

나무는 어떻게 문화가 되는가

중국과 한국의 수목 인식과 문화 변용 │ 강판권

에쎄

머리말

——— 중국과 한국은 여러 면에서 공통점이 있다. 이는 대부분 지정학적인 관계에서 발생했다. 그동안 많은 연구자가 정치, 경제, 사회, 문화 등을 토대로 양국의 관계를 분석했지만 두 나라의 나무 인식에 대해서는 거의 관심을 갖지 않았다. 나무를 역사와 문화의 대상으로 삼지 않았기 때문이다. 그러나 나무는 정치, 경제, 사회, 문화 어느 측면에서 봐도 그 중요성이 결코 떨어지지 않는다. 다만 관심의 대상이 아니었을 뿐, 관심을 갖고 주의 깊게 들여다보면 나무가 많은 분야와 밀접하게 관계돼 있다는 것을 알 수 있다.

나무는 인류의 삶에 많은 영향을 주었다. 인류사에서 산업혁명 이전을 '목재시대'라 부를 만큼 인간은 비교적 최근까지 나무 없이는 살아갈 수 없었다. 선조들은 나무를 물질로만 바라보지 않고 문화적으로 인식했다. 우리나라는 예전부터 중국의 문화를 적극적으로 수용하면서 중국인들의 나무 인식에서 적잖은 영향을 받았다. 다른 분야도 마찬가지겠지만 이러한 수용의 과정에서는 변용이 일어난다. 예컨대 중국에서 인도의 불교를 수용할 때는 노장의 '무無'를 통해 반야般若의 '공空'을 해석했다. 그래서 중국의 초기 불교를 '격의불교格義佛敎'라 부른다. 격의는 새로운 문화를 수용할 때 나타나는 부득이한 현상이지만, 본래의 의미를 오해하게 하는 부작용이 없지 않다. 물론 시간이 지나면서 문화를 이해하는 수준이 높아지면 원의를 정확하게 이해하는 단계로 나아가지만, 어떤 경우에는 수정되지 않은 채 그 단계에서 벗어나지 못한다. 특히 나무의 경우 문화적 변용 자체에 대한 문제의식조차 없기 때문에 그 부작용은 다른 분야보다 훨씬 심각하다. 문제의 심각성이 구체적으로 드러나는 곳은 바로 '고전 번역'에서다. 현재 한국고전번역원 홈페이지의 한국고전종합DB에 한국문집총간, 조선왕조실록, 승정원일기, 일성록 등의 번역문이 원문과 함께 실려 있다. 그중 나무와 관련된 번역을 확인하면 오역 사례가 적지 않다. 번역자가 중국과 한국의 수목 인식과 문화 변용에 대한 이해와 지식이 없었기 때문일 것이다. 이러한 오역은 고전의 영향력 덕분에 나무 한 그루에 대한 오역에서 그치지 않고 문화 전반에 대한 곡해로 이어진다는 점에서 매우 심각한 문제다. 따라서 중국과 한국 간의 수목 인식과 문화 변용은 양국의 문화를 이해하는 데 매우 중요하다.

수목을 사이에 둔 중국과 한국의 문화적 주고받기는 나무 전체가 아니라 몇몇 특정한 나무에 집중된 경향이 있다. 내가 지금까지 확인한 나무는 살구나무와 은행나무, 측백나무와 잣나무, 향나무와 전나무 등이다. 문화 변용과 관련해 이러한 나무들은 불교와 유교의 공간에서 자주 만날 수 있지만, 내가 집중적으로 관심을 갖는 분야는 주로 유교(성리학)다. 앞에서 언급한 나무들은 대표적으로 유교를 상징하는 나무들이다. 나무의 상징성은 단순히 생물학적 특성을 넘어 문화적 축적을 통해 형성되며, 아울러 문화를 이해하기 위한 코드이기도 하다. 예컨대 살구나무와 은행나무의 생태와 문화 변용을 이해하지 못하면 유교 공간에서 두 종류의 나무가 갖고 있는 의미를 제대로 파악할 수 없다. 문화 변용과 관련해서 한 가지 더 주목할 것은 번역자의 오역이라는 요소 외에 변용의 원인에 대한 분석이 거의 불가능하다는 점이다. 현상의 원인을 분석하기 위해서는 기본적으로 관련 자료에 의존해야 하지만, 아직 이와 관련된 자료를 확인하지 못했다. 그러나 원인을 찾지 못할 때는 결과를 통해 유추하는 것도 원인을 이해하는 하나의 방법이 될 것이다. 따라서 원인을 찾기 위해 문헌이 아닌 현장에 주목했다.

현장 중심의 역사 연구는 주로 고고학에서 실시하고 있으며 문헌 사학계에서는 현장을 그다지 중시하지 않는다. 물론 문헌 중심의 연구자들도 답사를 통해 문헌에 대한 이해를 넓히고 있지만, 현장 자체를 문헌만큼 중시하는 경우는 드물다. 그러나 수목 인식과 문화 변용에 대한 연구에서는 현장이 매우 중요하다. 현장의 나무를 통해서 문화 변용의 구체적인 실상을 확인할 수 있기 때문이다. 나는 이를 '현장의 사료화'라 부른다. 현장의 사료화는 공간 중심의 역사 연구를 의미하는 동시에 시간 중심의 역사 연구에 대한 반성이다.

이러한 공간 중심의 역사 연구를 '생태사학Ecological history'이라 부르는데, 생태사학은 자연생태, 인문생태, 사회생태의 융합을 말한다. 이처럼 생태사학을 주장하는 것은 애초부터 역사학은 생태사학이었고, 생태사학을 추구해야만 역사학이 위기에서 벗어날 수 있다고 생각하기 때문이다. 생태사학은 기존의 '환경사Environmental history' '생태환경사Ecological and Environmental history' 등의 용어[1]와 공통점도 있지만 다른 점도 있다. 우선 생태에 대한 개념 문제다. 'Environment'와 'Ecology'의 차이를 살펴보면, 환경은 생물을 둘러싸고 있는 상황을 강조한 반면, 생태는 생물 간의 관계를 강조한 개념이다. 좀 극단적으로 표현하면 환경사는 생물 간의 관계를 인간 중심으로 인식하는 개념이고, 생태사는 생물 간의 관계를 수평으로 인식하는 개념이다.

그래서 환경사 혹은 생태환경사는 자연생태에 관심을 갖지만 그 구체적인 내용에 대해서는 거의 관심이 없다. 예컨대 환경사 혹은 생태환경사에서는 한 그루의 나무가 지니고 있는 역사 혹은 문화, 문학 등에 대해서는 큰 관심을 갖지 않는다. 그러나 생태사학은 자연생태 자체가 지니고 있는 특성을 비롯해서 모든 관계를 동시에 파악한다.

유교와 관련 있는 나무를 이해하기 위해서는 우선 각각의 나무가 지닌 특성을 파악하는 것이 중요하다. 특별한 경우를 제외하면 상징 나무의 선정은 나무의 특성과 관련되기 때문이다. 따라서 이 책에서는 가장 먼저 상징 나무들의 생태를 파악한 후, 나무의 생태에서 파생한 문화를 살필 것이다. 다음으로 중국과 한국의 문헌 및 현장을 통해 양국의 수목 인식과 문화 변용 사례를 살필 것이다. 마지막으로 문화 변용 과정에서 발생한 고전의 오역 사례를 검토할 것이다.

이 같은 작업은 나무에 대한 새로운 인식을 제공하는 동시에 역사 현장의 나무가 사료로서의 가치를 갖도록 만드는 중요한 계기를 제공할 것이다.

지금까지의 역사 연구가 기존의 문헌을 활용하는 '소비의 역사 연구'였다면, 현장의 사료화를 통한 생태사학은 '생산의 역사 연구'라 부를 수 있을 것이다.

2019년 6월
강판권

모비치

제1장

살구나무와
은행나무의 생태

1. 살구나무의 생태와 문화

── 살구나무는 우리 삶에 깊숙이 자리 잡고 있는 나무다. 살구나무의 원산지는 이 나무의 학명 *Prunus armeniaca* var. *ansu* Maxim.에서 확인할 수 있다. 러시아의 식물학자 막시모비치Maximowicz(1827~1891)가 붙인 살구나무의 학명 중 종소명에 해당하는 '아르메니아카*armeniaca*'가 살구나무의 원산지를 의미한다. 라틴어 '아르메니아카'는 흑해 연안의 '아르메니아'를 가리킨다. 우리말 살구나무는 '살구殺狗', 즉 '개를 죽인다'는 뜻이다. 살구나무의 이러한 뜻은 중국 청대 허난성河南省 출신이자 식물학자였던 오기준吳其濬(1789~1847)의 『식물명실도고장편植物名實圖考長編』에 나온다. 이에 따르면, 살구나무의 열매, 즉 행인杏仁은 독이 있기 때문에 사람과 더불어 개를 죽일 수 있었다.[2] 『우리말 어원사전』에서는 어원 미상이라 밝히면

『식물명실도고장편』

서 "개고기를 먹고 체했을 때 민간에서 행인을 먹었는데, '살구'란 말은 이런 뜻에서 개를 죽인다는 살구殺狗에서 유래했다고 신기하게들 얘기한다"[3]고 적고 있다. 살구나무에 대한 이 같은 어원은 열매 속 씨방의 효능을 강조한 것이다.

살구나무의 씨방을 행인이라 부른다. 중국 명대 이시진李時珍(1518~1593)의 『본초강목本草綱目』에 따르면, 행인에는 작은 독[小毒]이 있어서 사람을 죽일 수 있고 개에게는 독이 되었다.[4] 이시진은 행인을 많이 먹어 죽을 지경에 이르면 살구나무의 뿌리를 갈아서 탕으로 만들어 복용하면 곧 낫는다고 소개하고 있다.[5] 행인은 이러한 독성 때문에 부스럼이나 벌레를 죽이는 데 사용되었다. 행인은 사람의 기력 회복에도 적극 이용되었다.[6] 아울러 『본초강목』에는 한림학사翰林學士 신사손辛士遜이 청성산靑城山 도원道院에서 행인을 먹고 건강해졌다는 사례를 소개하고 있다.[7] 중국인들의 살구나무에 대한 특별한 인식은 행인을 금단金丹, 즉 불로장생의 대상으로 여긴 데서 확인할 수 있다. 금단은 『본초강목』 「부방附方」에서 소개하고 있다. 『좌자비결左慈秘訣』에 따르면 '행금단杏金丹'은 '초금단草金丹'이라 부른다. 이것을 복용하면 오래 살면서 죽지 않았다. 춘추시대 정鄭나라 목공穆公의 딸 하희夏姬가 행인을 복용해서 700세를 살다가 신선이 되었다.[8] 우리나라 속담 중 "살구나무가 많은 마을에는 염병이 못 들어온다" "살구 열매가 많이 달리는 해에는 병충해가 없어 풍년이 든다" 등도 살구나무의 효능과 관련해서 생긴 것이다.

살구나무의 한자 이름은 행杏이다. '행' 자는 갑골문에 등장한다.[9] 그런데 중국의 식물백과사전으로 불리는 『시경詩經』에는 살구나무가 등장하지 않는다. 중국 최초의 사전인 『이아爾雅』에도 매실을 설명할 때 살구나무를 언급할 뿐 살구나무에 대한 항목은 없다.[10] 살구나무의 유물 중에서는 후베이湖北에서 출토된 한대漢代의 행인이 최초다.[11]

꽃이 잎보다 먼저 피는 살구나무는 꽃잎이 다섯 장이다. 살구나무는 같은 과의 매실나무와 아주 유사해서 구분조차 어렵다. 살구나무의 꽃은 지역에 따라 피는 시기가 다를 뿐 아니라 다양하다. 『본초강목』에 언급된 살구나무의 꽃은 2월에 홍색으로 핀다. 그러나 『서경잡기西京雜記』에 따르면 산둥 평라이의 살구꽃은 오색으로 피었다. 이는 살구나무의 다른 종이었다.[12] 『본초강목』에는 다양한 종류의 살구나무를 소개하고 있다. 『강남록江南錄』에서는 살구나무를 '첨매甛梅'라고 불렀다.[13] 첨매는 '단맛 나는 매실'이라는 뜻으로, 신맛이 나는 매실과 달리 살구의 열매에서는 단맛이 났기에 붙은 이름이다. 황색을 띤 둥근 '금행金杏'도 소개하고 있다. 금행은 산둥성 지난齊南에서 많이 재배되었다. 지난 사람들은 황행黃杏을 '한제행漢帝杏'이라 불렀다. 그 이유는 한나라 무제武帝가 상원上苑에서 재배했기 때문이다. 한제행은 살구 열매 중에서 가장 먼저 익었다. 금행의 경우 큰 것은 배와 같았고, 노란 것은 귤과 같았다. 살구나무 중에는 납작하면서 청황색을 띠는 '목행木杏'이 있었다. 이외에도 익을 때 청백 혹은 약간 노란색을 띠면서 신맛이 없는 백행白杏, 달면서 모래땅에 사는 사행沙杏, 노란색을 띠면서 신맛이 나는 매행梅杏, 푸르면서 황색을 띠는 나행奈杏 등이 있었다. 원나라 때 왕정의 『농서農書』에 따르면, 북방의 살구나무 열매는 아주 맛이 좋아서 붉으면서 크고 납작한 것을 '금강권金剛拳'이라 불렀다.[14] 우리나라의 경우 조선 후기 김려金鑢(1766~1822)의 『담정유고藫庭遺藁』 「단행檀杏」에 따르면,

한 무제의 무릉茂陵

살구나무의 종류로 단행을 비롯해 유행柳杏, 이행梨杏 등을 소개하고 있다. 이죽장李竹莊은 스스로 '사행思杏'이라는 호를 사용했다.[15]

『신선전神仙傳』에 나오는 '행림杏林' 고사는 살구나무의 문화를 이해하는 데 매우 중요한 사례다. '행림'을 '의사'의 별칭으로 부르는 유래가 여기서 탄생했기 때문이다.

동봉董奉은 중환자가 나으면 살구나무 다섯 그루, 경환자가 나으면 한 그루를 심었다. 수년 뒤 동봉의 집 근처의 살구나무는 거의 10만 주로 늘어나 숲을 이루었다. 산속의 온갖 벌레와 짐승들이 그 살구나무에 살도록 하여 그 아래에는 풀이 자라지 않아 마치 김을 매어 풀을 모두 뽑은 것 같았다. 이에 살구가 크게 익자 동봉은 행림에 대나무 창고를 만들어 당시 사람들에게 이렇게 말했다. "살구를 사고 싶은 사람은 와서 알릴 필요가 없다. 바로 가서 가져가되 곡식 한 그릇을 창고 안에 두고 그 그릇만큼 살구를 가져가면 된다." 그런데 한번은 곡식을 적게 가져오고 살구를 많이 가져가는 자가 있었다. 그러자 서너 마리의 호랑이가 그를 따라가 물어버리는 것이었다. 그러자 그자는 놀라 도망가다가 그 살구를 일부 쏟아버리고 말았다. 그제야 호랑이가 되돌아왔다. 그가 집에 돌아가 가져간 살구를 헤아려보니 가져간 곡식만큼 줄어들어 있었다. (…) 동봉은 그 살구를 팔아 얻은 곡식으로 가난한 사람을 구제했고, 떠돌며 고생하는 자들에게 공급했다. 이렇게 한 해에 3000곡斛씩 소비해도 오히려 많이 남을 정도였다.[16]

중국 북위시대 가사협賈思勰이 편찬한 『제민요술齊民要術』에서도 『신선전』의 내용을 소개하고 있다. 아울러 『제민요술』에서는 『심양기尋陽記』의 "북령北嶺 위쪽에는 살구나무 수백 그루가 있는데, 오늘날 사람들은 이를 일러 '동董 선생 살구'라 부른다"는 내용을 소개하고 있다.[17] 또한 『숭고산기崇高山記』를 인용하여 다음과 같은 내용을 소개한다.

> 숭산崇山 동북 우산牛山 정상에는 살구나무가 많다. 5월에 살구가 익으면 노란 물결로 현란한 지경에 이른다. 중국에 전란이 일어난 이후 백성이 굶주림에 시달렸다. 이에 사람들이 살구에 의지하여 목숨을 연명하면서 사람마다 배불리 먹었다.[18]

중국 허난성의 숭산은 살구나무가 잘 살 수 있는 곳이다. 지금도 숭산 숭양서원嵩陽書院 주변에서 살구나무를 확인할 수 있다. 위의 내용은 두 가지 점에서 중요하다. 하나는 살구가 구황식물이었다는 점이다. 살구나무가 구황식물이었다는 사실은 『제민요술』의 살구와 자두 찐가루 만드는 법[作杏麨]에서 확인할 수 있다. 살구가 익었을 때 문질러 용기에 넣고 으깨어 날베[生布]로 짜고 즙을 거른 다음, 소반에 발라 붙여 햇볕에 건조시켜 손으로 긁어낸다. 이것을 물에 풀어서 장을 만들거나 쌀가루를 섞으면 여러모로 쓸 수 있다.[19] 살구의 씨는 죽을 만드는 데도 사용했으며, 씨를 넉넉히 채취해서 팔면 종이와 먹을 사는 데 충당할 수 있었다.[20] 살구를 이용한 치료와 관련된 내용은 중국 당나라 맹선孟詵의 『식료본초食療本草』에서도 자세하게 기록하고 있다.[21]

숭산. 중국의 오악 중 하나다.

『제민요술』의 살구나무 관련 내용은 중국 원나라 때 편찬한『잠상집요_{蠶桑輯要}』에서도 그대로 인용되었다.[22]『잠상집요』에서는『사시유요_{四時類要}』를 인용하여 살구나무 심는 법을 소개하고 있다.[23]

익은 살구를 과육 그대로 거름기 있는 땅속에 묻는다. 봄에 싹이 난 후에 3월이면 보통의 땅에 옮겨 심는다. 이미 기름기가 있는 땅에서 옮겨 왔기 때문에 더 이상 거름 땅에 심을 필요가 없다. 거름을 준 땅에 심으면 열매가 작고 맛도 쓰다. 그래서 옮겨 심을 때는 반드시 흙이 붙은 채로 심어야 한다. 3보_步마다 한 그루씩 심으며, 드물게 심으면 맛이 달다. 단약을 복용하여 신선이 되고자 하는 도가에서는 반드시 살구를 심어야 한다.

살구나무는 명나라 태조 주원장의 다섯째 아들 주왕_{周王} 주숙_{朱橚}(?~1425)의『구황본초_{救荒本草}』에도 수록되어 있다. 중국 구황식물의 종합서인『구황본초』는 진_晉(지금의 산시성_{山西省})의 다양한 살구나무 열매를 소개하고 있다. 노랗고 둥근 것을 '금행_{金杏}', 가장 먼저 익으면서 납작하고 청황색인 것을 '목행_{木杏}'이라 불렀다. 열매가 큰 것은 약으로 사용했지만, 열매가 작은 '산행_{山杏}'은 약으로 쓸 수 없었다.[24]

살구나무의 꽃을 강조한 시 '행화촌_{杏花村}', 즉 '살구꽃이 피는 마을'은 '행림'과 마찬가지로 '술집'을 의미하는 단어를 낳았다. 이 말은 중국 당나라 시인 두목_{杜牧}(803~852)의「청명_{淸明}」이라는 시에서 유래했다.[25]

제1장
―――
살구나무와 은행나무의 생태

청명 날 봄비가 부슬부슬 내리는데 淸明時節雨紛紛

길가는 행인 너무 힘들어 路上行人欲斷魂

목동을 붙잡고 술집이 어디냐고 물어보았더니 借問酒家何處在

손들어 멀리 살구꽃 핀 마을을 가리키네 牧童遙指杏花村

위의 시에서는 살구꽃이 4월 4일 혹은 4월 5일인 청명에 피었다. 장유張維(1587~1638)의 『계곡선생집谿谷先生集』「추창惆悵」에서도 살구꽃이 피는 시기를 확인할 수 있다.[26]

들밖엔 지평선 가득 향기로운 풀 野外連天芳草

마을 가엔 한 그루 살구나무 꽃 村邊一樹杏花

한식 청명도 벌써 다 지나가고 寒食晴明已過

무상한 세월 괜히 허전해지네 敎人惆悵年華

살구꽃이 필 무렵 비가 내리면 '행화우杏花雨'다. 살구꽃은 지역에 따라 피는 시기가 다르지만 청명절과 비슷한 시기에 핀다. 행화우는 장마를 '매우梅雨'라 부르는 것과 유사한 개념이다. 매우는 장마철에 매실이 익기 때문에 생긴 개념이다. 살구꽃이 필 때 중국 당나라에서는 과거시험을 치렀다. 과거에 합격한 사람들은 공식 행사나 환영 행사에 참석했다. 환영 행사는 수도 장안長安의 명승지인 곡강曲江 가의 살구나무 꽃이 있는 행원杏園에서 이루어졌다. 그래서 과거시험에 급제한 꽃을 '급제화及第花'라 불렀다.[27]

두목의 시 「행화촌」은 우리나라 시인들에게도 많은 영향을 주었다. 고려

후기 이곡李穀(1298~1351)의 『가정집稼亭集』에서도 확인할 수 있다.[28]

「소원小園에 오이를 심고 느낀 점이 있어서 2수小園種瓜有感 二首」

세든 집에 몇 길 깊이 우물도 하나 없어 賃屋曾無數丈深

공터에 오이 심으려니 남몰래 속이 상해 種瓜隙地暗傷心

돌아갈 날 손꼽으며 가을 덩굴 기다리는 마음이여 歸期屈指看秋蔓

솔 심어 그늘을 기다리는 것과는 비교도 안 되지만 不比栽松欲待陰

당시에 농사 계획한 뜻 깊기도 했는데 農圃當年着意深

초심이 잘못되어 만년에 그만 시서로세 詩書晚歲誤初心

행화촌 너머엔 쟁기질하기 좋은 봄비 杏花村外一犁雨

암비둘기의 급한 외침에 하늘이 바로 흐려지네 鳩婦急呼天正陰

  1518년(중종 13) 신용개申用漑·김전金詮·남곤南袞 등이 편찬한 『속동문선
續東文選』에 실린 유호인兪好仁(1445~1494)의 「함양남뢰죽지곡咸陽灆瀬竹枝
曲」에서도 술집을 의미하는 행화촌을 엿볼 수 있다.[29]

성 남쪽 또 북녘에 닭 돼지 요란할 제 城南城北鬧鷄豚

밭 기도가 끝나자 들 비는 어둑어둑 賽罷田神穀雨昏

태수의 봄놀이 권농하기 위함이라 太守遊春勤勸課

때로는 가마 타고 행화촌을 찾아드네 肩輿時入杏花村

『매천야록梅泉野錄』의 저자 황현黃玹(1855~1910)도 시에 행화촌을 넣었다.[30] 시에 등장하는 압강鴨江은 전라북도 남원南原의 압록진鴨綠津이며, 교룡산성蛟龍山城은 남원을 대표하는 산성이다. 이 시에서 행화촌이 술집이라는 것을 분명하게 알 수 있다.

「두거령을 넘어 압강을 거슬러 올라가면서 짓다 6언 7수踰杜居嶺溯鴨江賦 六言七首」

맑은 시내 한 번 건너 입 두 번 떡 벌렸네 淸溪一渡呀再

뜻밖에 뽕나무 삼밭 골짝이 열렸구려 渡然洞闢桑麻

살구꽃은 무슨 감정이 있기에 杏花有何情緒

물 서편의 술집을 가리고 섰나 遮却水西酒家

월봉月峯 정희득鄭希得(1575~1640)은 「중겸, 중원, 자경의 차운시 세 수次仲謙, 仲源, 子敬韻 三首」에서 두목의 '목동이 손들어 멀리 살구꽃 핀 마을을 가리키네牧童遙指杏花村'에 빗대 "목동은 기뻐하면서 살구꽃 핀 마을을 가리키네牧童休指杏花村"라고 읊었다.[31]

중국의 살구나무는 화베이華北, 시베이西北, 내몽골 등지에서 살고 있다. 살구나무는 이 지역들에서 이른 봄에 피는 대표적인 나무다. 그래서 여기서는 살구나무를 '북매北梅'라 부른다.[32] 살구나무에 대한 인식은 중국만이 아니라 다른 지역에서도 확인할 수 있다. 특히 산길을 갈 때 살구나무 지팡이나 살구나무 목탁을 들고 다니면 맹수가 덤비지 않는다고 믿었다. 이런

예는 구약성경 「민수기」 제17장에 등장하는 아론의 살구나무 지팡이에서
도 확인할 수 있다.[33]

2. 은행나무의 생태와 문화

── 은행나뭇과의 은행나무는 소철과의 소철 및 낙우송과의 메타세쿼
이아와 함께 살아 있는 화석이다. 동식물의 학명을 정립한 리나이우스
Linnaeus(1707~1778), 즉 린네가 붙인 은행나무의 학명 *Ginkgo biloba*
Linnaeus 중 속명인 '긴요'는 린네가 은행나무의 일본어 발음 '긴난Ginnan'
을 잘못 읽고 붙인 이름이다.[34] 종소명인 '빌로바biloba'는 '두 갈래로 갈라
진 잎'을 의미한다. 즉 은행나무의 학명은 이 나무의 잎을 강조하고 있다.
학명에는 은행나무의 원산지 표기는 없지만, 대체로 중국을 원산지로 이해
하고 있다.[35]

은행나무의 잎을 강조한 이름은 압각수鴨脚樹다.[36] 압각수는 은행잎이
오리의 발을 닮아서 붙은 이름이다. 압각수는 당나라 말 이전까지 은행나
무를 대표하는 이름이었다. 압각수와 함께 사용한 이름은 '압각자鴨脚子',
즉 은행나무 열매다. 우리나라에서도 은행나무를 압각수로 이해한 사례는
적지 않다. 예컨대 정약용丁若鏞(1762~1836)의 「해미의 귀양지에서 지은 잡
시海美謫中雜詩」에 등장한다.[37]

시내 건너 산 빛이 먼 산과 흡사한 건 隔溪山色似遙山

진한 이내 안개 속에 들어 있기 때문일세 只在濃嵐宿靄間

집 뒤의 관가 동산 저녁 경치 구경할 제 屋後官園宜晩眺

오리걸음 뒤따라서 숲 그늘 돌아오기도 時從鴨脚樹陰還

서원의 은행나무 가지가지 무성하여 西園鴨脚自繁枝

시원한 바람이 오월에도 부는구나 猶有涼風五月吹

(후략)

위의 시 중 첫 번째 시에 등장하는 '압각수'는 은행나무다. 그러나 번역
자는 '오리'와 '숲'으로 나누어 번역했다. 이 구절은 "때때로 은행나무 그늘
따라 돌아왔네" 정도로 번역해야 옳다. 두 번째 시에 등장하는 압각도 은
행나무다. 은행나무를 압각수로 이해한 또 다른 사례는 조선 중기 이기李
堅(1522~1600)의 『송와잡설松窩雜說』 중 "객관의 문 앞에 수십 그루의 은행
나무가 있다客館門前有鴨脚樹數十株"는 구절이다.[38] 조선 전기 서거정徐居正
(1420~1488)의 『사가시집四佳詩集』에 실린 「한중즉사삼수閑中卽事三首」에서
도 압각수를 만날 수 있다.[39]

압각수는 대추나무와 언이어 있고 鴨脚樹連羊棗樹

맨드라미는 봉선화를 비추네 鷄頭花映鳳翔花

(후략)

압각수에 대한 기록은 탁영濯纓 김일손金馹孫(1464~1498)의 「속두류록續
頭流錄」에서도 확인된다. 김일손은 1498년 『성종실록』을 편찬하기 전 스승

인 김종직金宗直(1431~1492)의 「조의제문弔義帝文」을 사초史草에 실었다. 그러나 그는 이극돈이 이 사실을 연산군에게 알려 사형되었고, 많은 사람이 이른바 '무오사화戊午史禍'로 화를 입었다. 김일손의 「속두류록」은 지리산 기행문으로 두류산은 지리산의 다른 이름이다.

6~7리를 가니 압각수鴨脚樹 두 그루가 마주 섰는데, 크기는 백 아람이나 되고, 높이는 하늘에 닿을 듯하다. 문을 들어서니 옛 갈석碣石이 있는데, 그 액額에 "오대산 수륙정사기五臺山水陸精社記"라 써 있기에 그것을 읽어보니 자못 좋은 글임을 알겠다. 읽어보니 바로 고려 권학사權學士 적適이 중국 송나라 소흥紹興 연간에 지은 것이다. 절에 누관樓觀이 있어 매우 장엄하고 간가間架도 퍽이나 많고 번당幡幢도 나열해 있다. 고불古佛이 있는데, 중의 말이 고려 인종仁宗이 만들어 보낸 것이요, 인종의 철여의鐵如意도 보관하고 있다고 한다. 해도 저물고 비도 부슬부슬하여 드디어 유숙했다.[40]

김일손의 기행문 중 '압각수 두 그루가 마주 섰다'는 부분은 은행나무의 중요한 특징이다. 은행나무는 나무 중에서도 대표적인 암수딴그루다. 그래서 암나무에는 열매가 열리지만 수나무에는 열매가 열리지 않는다. "은행나무는 우물 그림자라도 있어야 한다" "은행나무도 마주 봐야 열린다" 등의 속담은 암수딴그루의 이러한 특징을 담고 있다. 그러나 속담에서 보듯이 반드시 마주해야만 열매를 맺는 것은 아니다. 마주하지 않아도 바람을 매개로 수정할 수 있다. 은행나무의 수꽃은 짧은 가지 끝에 1~5개씩 모여 나는 꼬리꽃차례에 연노란 색이다. 암꽃은 짧은 가지 끝에 6~7개씩 모여 나는 꽃자루에 각각 두 개의 배주胚珠가 달린다. 배주에는 대체로 한 개의 열매가 달린다. 은행나무의 수정 기간은 나무 중에서도 가장 긴 3개월이다. 수꽃은 땅에 떨어져 쉽게 볼 수 있는 반면 암꽃은 잎에 가려서 거의 볼 수 없다.

은행나무가 바람을 이용해 수정한다는 사실을 발견한 사람은 1827년경의 브라운Robert Brown이었다. 1892년에는 독일의 식물학자 슈트라스부르거Eduard Strasburger가 은행나무의 생식에 대해 연구했다. 그러나 그는 은행나무의 정자를 발견하지 못하고 화분 발아부터 화분관의 성장을 정자 형성까지 자세하게 관찰했다. 은행나무의 정자를 발견한 사람은 일본의 식물학자 히라세 시쿠고로平瀬作五郎였다. 그는 기존의 연구 성과를 토대로 1896년 9월 9일 세계 최초로 은행나무의 정자를 발견했다는 내용을 『식물학잡지』 제10권 117호에 발표했다. 히라세가 은행나무에서 정자를 발견할 수 있었던 것은 일본 도쿄대 이학부 부속식물원의 은행나무 덕분이었다. 히라세는 에도 막부가 만든 고이시카와 어약원小石川御藥園(지금의 고이시카와 식물원)에서 은행나무 꽃에 대해 연구하던 중 은행나무의 정자를 발견하는 성과를 거두었다. 이곳 은행나무의 나이는 약 280살 정도다.

성호星湖 이익李瀷(1681~1763)의 「압각鴨脚」[41]에서는 세종의 여섯째 아들 금성대군錦城大君(1426~1457)과 관련한 얘기를 소개하고 있다. 금성대군이 단종 복위를 꾀하다가 밀고로 죽임을 당하고 경상북도 순흥부順興府가 없어졌다는 내용이다. 그런데 금성대군이 죽자 민요가 만들어졌다. 민요는 압각, 즉 은행나무가 다시 살아나면 순흥부가 살아나고, 순흥부가 다시 살아

나면 노산魯山, 즉 단종도 복위한다는 내용이다. 그런데 230여 년이 지난 1687년경에 순흥부 동쪽의 압각수가 갑자기 살아났다. 속전俗傳에 따르면, 옛날 이 나무와 관련된 민요가 있었다. 오래지 않아 백성이 순흥부의 부활을 요청했고, 신규申奎라는 사람이 단종의 복위를 주장했다. 이에 민요대로 단종이 복위되었다. 이익이 은행나무가 있는 곳을 직접 가보니 나무의 길이가 5~6장丈이었다. 사인士人들은 두고두고 이 일을 얘기했다. 이익이 전하고 있는 은행나무는 현재 경북 영주시 금성단 옆에 살고 있다. 이곳 은행나무의 간판에는 나무의 나이를 1100세로 적고 있다. 그 옆에는 아직 어린 은행나무 한 그루가 살고 있다. 압각수와 관련된 이색李穡(1328~1396)의 유명한 이야기는 안정복安鼎福(1712~1791)의 『동사강목東史綱目』에 실려 전한다.[42]

조반趙胖 등이 경사京師에 갔더니, 예부禮部에서 조반을 불러 말하기를, "너희 나라 사람인 파평군坡平君 윤이尹彝란 자와 중랑장中郎將 이초李初란 자가 와서 황제께 일러바치기를, '고려 이시중李侍中(이성계를 말한다)이 자기의 인척姻戚인 왕요王瑤(공양왕恭讓王의 성명이다)를 왕으로 세우고 장차 군대를 동원하여 상국上國을 범하려 하므로 재상 이색 등이 불가하다고 하니, 곧바로 이색·조민수曺敏修·이림李琳·변안열邊安烈·권중화權仲和·장하張夏·이숭인李崇仁·권근權近·이종학李種學·이귀생李貴生 등을 죽이려 하고, 우현보禹玄寶·우인열禹仁烈·정지鄭地·김종연金宗衍·윤유린尹有麟·홍인계洪仁桂·진을서陳乙瑞·경보慶補·이인민李仁敏 등을 먼 곳으로 유배하려 하므로, 유배되어 있는 재상들이 우리를 비밀리에

금성단 옆 은행나무

파견하여 천자에게 고하고 이어 친왕親王이 군대를 거느리고 와서 토벌해주도록 청하게 했습니다' 했다."

이어 이彛·초初가 기록한 이색 등의 이름을 내어보이므로, 반胖과 이彛등이 대면하여 쟁론하기를, "네 지위가 봉군封君함에 이르렀다 하니 나를 알아볼 수 있겠는가?" 하고 묻자, 이가 깜짝 놀라면서 얼굴빛을 바꿨다. 그러자 예부의 관원이 말하기를, "천자의 성명聖明으로 그것이 무고誣告임을 이미 안다" 했다.

조반 등이 환국하여 이를 아뢰니, 이에 대간이 이·초의 당을 국문하자고 청했지만 소疏를 머물러두고 내리지 않았는데, 때마침 김종연이 도망을 쳤으므로 이 때문에 큰 옥사가 갑자기 일어난 것이다.

드디어 우현보·권중화·경보·장하·홍인계·윤유린을 순군옥巡軍獄에 가두었다. 유린은 윤이의 사촌형인데, 이어서 옥관獄官이 먼저 유린을 엄하게 국문하니 공사供辭에 최공철崔公哲·최칠석崔七夕 등이 관련되어 아울러 하옥했고, 유린은 괴롭고 통분하여 굶어 죽으니 그 머리를 효수하고 그 집을 적몰했다. 그리고 이색·이임·우인열·이인민·정지·이숭인·권근·이종학·이귀생 등을 체포하여 청주옥淸州獄에 가두고 평리評理 윤호尹虎 등을 보내 국문하려 하자 홀연히 천둥이 치고 큰비가 쏟아져 앞 내가 갑자기 넘쳐서 성 남문을 허물어뜨리니 성중의 수심水深이 한 길이 넘었다. 이에 관사가 물에 잠기므로 옥관獄官은 창황 중에 객사 앞에 있는 압각수鴨脚樹에 기어 올라가 목숨을 건졌다.

왕이 수재를 이유로 심덕부沈德符 및 우리 태조를 불러 서울과 지방의 죄수들을 풀어줄 것을 의논하여 마침내 이색·우현보 등이 모두 석방되

31

자 국인들이 크게 기뻐했다. 그러나 대성臺省과 헌부憲府에서 번갈아 소장疏章을 올려 이색 등을 추론追論함으로써 연달아 유배되었고, 김종연을 체포하여 사지를 갈라 조리돌리고, 사신을 보내어 이·초의 무고를 상주上奏하니, 그때는 왕이 이미 두 사람을 표수현漂水縣에 유배한 뒤였다. 이·초의 옥사가 일어나자 좌사의左司議 김진양金震陽은 동료들에게 말하기를, "이·초의 일은 세 살 먹은 어린아이라도 그것이 무고임을 알 것인데, 헌사가 가벼이 대역大逆으로 몰아 탄핵함으로써 정론正論을 크게 해쳤다" 했으므로 드디어 연좌되어 파면당했다.

은행의 다른 이름 중 하나는 백과白果다. 이는 과육을 벗긴 열매를 강조한 이름이다. 은행나무의 또 다른 이름 중 하나는 '평중平仲'이다. 평중은 『본초강목』에는 나오지 않고 일본의 『대한화사전大漢和辭典』에 언급되고 있다.[43] 은행나무를 평중으로 소개한 것은 정약용의 시 「용문사龍門寺」다.[44] 경기도 양평군 용문사에는 은행나무 중 우리나라에서 가장 나이가 많은 '양평 용문사 은행나무'가 살고 있다. 이곳의 은행나무는 1962년에 천연기념물 제30호로 지정되었으며 당시 1100살이었다. 나무의 높이는 42미터, 뿌리 부분 둘레는 15.2미터다. 이 나무는 통일신라 경순왕의 아들인 마의태자가 나라를 잃은 설움을 안고 금강산으로 가다가 심었다는 전설과 의상대사가 짚고 다니던 지팡이를 꽂아놓은 것이 자란 나무라는 전설이 전한다. 이외에도 나무를 자르려고 톱을 댔는데 그 자리에서 피가 났다는 이야기, 정미의병 항쟁 때 일본군이 용문사에 불을 질렀는데 이 나무만 타지 않았거나 나라에 큰일이 일어날 때마다 소리를 내 알렸다는 이야기가 전한다. 특히 용문사의 은행나무는 조선조 세종 때 당상관堂上官(정3품) 벼슬을 받았다.[45] 정약용이 남긴 시는 다음과 같다.

용문의 보찰이 폐허에 버려져 있어라 龍門寶刹委殘墟

객이 이르니 빈산에 목탁 소리만 들리네 客到山空響木魚

옛 전각엔 평중의 잎새가 누렇게 비추고 古殿照黃平仲葉

황량한 대엔 무후의 채소가 새파랗구려 荒臺寒碧武侯蔬

세조가 하사한 것은 은주발이 남아 있고 光陵內賜餘銀盌

고려의 불교문화는 옥섬돌에 보이누나 麗代宗風見玉除

어찌하면 처자식의 거리낌을 털어버리고 安得擺開妻子戀

설천에 눌러앉아 성인의 글을 읽을거나 雪天留讀聖人書

우리나라에서 흔히 부르는 은행銀杏은 중국 북송 때 구양수歐陽修(1007~1072)와 매요신梅堯臣(1002~1060)의 시에 처음 등장한다.[46] 은행은 '은빛 살구'를 의미하는 한자다. 열매가 살구나무 열매를 닮아서 붙은 이름이다. 송나라 때 조공품으로 선정되면서 은행이라는 이름은 본격적으로 불리기 시작했다.[47] 그래서 중국 최초의 종합 농서인 『제민요술』에는 은행나무 자체를 소개하지 않았다. 그러나 원나라 때 편찬한 『잠상집요』에는 은행을 소개하고 있는데, 13세기경에 나온 『박문록博聞錄』에 근거한 것이다. 『박문록』에는 은행나무의 암수딴그루를 소개하면서 수 열매는 모서리가 세 개이고, 암 열매는 모서리가 두 개라는 점을 기록하고 있다.[48] 열매의 모서리 수로 은행나무의 암수를 구분한 방법은 음양 사상에 따른 것이다.

『농상집요』에서는 은행을 심는 방법을 소개하고 있다.

> 춘분 전후에 옮겨 심는다. 옮겨 심기 전에 먼저 깊은 구덩이를 파서 구
> 덩이 속에 물을 넣고 섞어 물은 진흙으로 만든 후에 모종을 옮겨 심는
> 다. 나무 모종을 파낼 때는 뿌리 주변의 흙덩이째로 파내어 풀이나 삼
> 끈으로 감싸서 옮길 때 흙덩이가 부서지지 않도록 한다.[49]

『조선왕조실록』에는 은행나무의 이름을 의미하는 압각자 혹은 백과가
등장하지 않는다. 다만 은행과 관련해서 '은행정銀杏亭'만 등장한다. 은행정
은 창덕궁 후원에 있었던 정자로, 명종이 1562년 3월 10일에 왕세자 가례
嘉禮를 치르고 연회를 베푼 곳이다. 이때 가례 연회에 참석한 인원은 200
여 명이었다. 이처럼 은행정에서 가례연을 베푼 것은 중국 당나라 때 행원
杏園에서 과거 합격자들에게 잔치를 베푼 것과 아주 비슷하다. 은행정을 주
제로 한 시로는 홍유손洪裕孫(1431~1529)의 「파주은행정坡州銀杏亭」을 들
수 있다.[50] 조선 태종 때의 은사隱士이자 정몽주의 문인이었던 금은琴隱 이
양소李陽昭(?~?)가 죽은 곳도 은행정銀杏亭이었다.[51] 이행李行(1352~1432)의
『기우선생문집騎牛先生文集』 부록 '두문동칠십이현록杜門洞七十二賢錄'에 따
르면, 진사 이양소는 조선 태조 이성계李成桂(1335~1408)가 여러 차례 기용
하고자 했지만 경기도 연주漣州(지금의 연천) 청화동青華洞으로 물러나 있었
다. 태조는 그의 집을 직접 방문해서 시와 술을 나누면서 서로 즐겼다. 태
조는 그에게 황해도 곡산 군수를 내렸지만, 이양소는 소를 타고 관청에 도
착한 후 사흘 만에 집으로 돌아왔다. 그는 은행정에서 늙어 죽었다. 은행정

은 경기도 연천군 한산리 일대를 일컫는다. 은행을 주제로 한 시에는 대표적으로 김려의 「은행銀杏」[52]이 있다.

압각수는 짝을 무겁게 하여 鴨脚重仇儷

살면서 비로소 열매를 맺네 羅生始結實

물가에 서지 않으며 不然臨水立

그림자 비춰 짝을 이루네 照影成儔匹

외로운 난새와 홀로 사는 거북 孤鸞及寡龜

거울 맞이하여 빨리 달아나네 對鏡興翩逸

삼가 오직 사물의 이치는 恭惟物之理

음양으로 한몸을 이루는 것이네 陰陽化醇一

우뚝 선 저 큰키나무 巍然彼喬木

누가 성질이 한결같다고 했는가 孰謂齊性質

노나라 행단의 공자를 회상하고 魯壇懷宣尼

중국의 숙소에서 왕유를 생각하네 唐館緬摩詰

고인의 생각을 회상하며 回想古人意

혹 한결같은 정을 취하네 或取情專壹

윤평의 집에서 근신하면서 恂恂尹平窩

직접 은행나무 두 그루를 심었네 手種雙杏密

바람 불 때 자신 있게 공자가 확상矍相에서 활을 쏘고 風晨肆矍射

달 밝은 밤 증점의 비파를 어루만지네 月夕撫點瑟

지금 궁정을 글방으로 삼고 至今黌宮庭

질은 초록이 짙은 그림자를 맑게 하네 濃綠淸蔭溢

위의 시에는 김려가 은행나무를 어떻게 인식하고 있는지를 보여주는 몇 가지 정보가 들어 있다. 우선 은행나무를 압각수와 함께 사용하고 있다는 점 외에 은행나무가 암수딴그루이며 짝을 이루어야 열매를 맺는다는 사실을 지적한 것이다. 은행나무가 물가의 그림자로 열매를 맺는다는 지적은 이 시 외에 다른 곳에서도 자주 등장하는 통념이었다. 중국의 『박문록』에도 "만약 못가에 은행을 파종할 때는 못에 나무 그림자가 비쳐도 열매를 맺는다"[53]고 적고 있으며, 중국 원나라 때의 농서인 『왕정농서王禎農書』에서도 유사하게 기록하고 있다.[54] 그러나 실제 은행나무는 물의 그림자로 열매를 맺을 수 없다. 다만 이러한 수사는 은행나무의 암수딴그루를 강조하기 위한 것이다. 시의 주인공이 은행나무를 직접 두 그루 심은 것도 이 나무의 생태를 잘 알고 있다는 증거다. 아울러 위의 시를 통해 공자의 행단을 은행나무로 인식하고 있다는 사실도 확인할 수 있다.

서거정의 「영원위도관寧遠衛道觀」 중 '은행치무자銀杏稚無子'[55]에서도 은행나무를 확인할 수 있다. '어린 은행나무는 열매가 없다'는 이 구절은 은행나무의 열매 맺는 시기를 시사한다. 은행나무의 다른 이름 중 하나인 공손수에서 알 수 있듯이, 은행나무는 아주 오랜 시간이 지난 뒤에 열매를 맺는다. 공손수는 손자대에 맺는다는 뜻이니, 열매를 맺기까지 60년이 걸린다는 말이다. 그러나 공손수는 엄격하게 60년을 의미한다기보다는 상당히 오랜 시간이 걸린다는 상징적인 표현이다. 은행나무의 열매가 언제 처음 열리는가는 정확하게 말할 수 없지만, 적어도 10년 이상이 걸린다. 장미과의 복사나무, 살구나무 등이 3년 정도면 열매를 맺는 것과 비교하면 은행나무의 결실은 아주 오래 걸린다.

황준량黃俊良(1517~1563)의 「예천현의 동헌 시에 차운하다次醴泉軒」[56]와 김창협金昌協(1651~1708)의 「진위현 객사에서振威客館」[57]를 통해 은행나무의 상징성을 이해할 수 있다.

「예천현의 동헌 시에 차운하다」

파란 회화나무와 은행나무가 뜰 가득 덮었는데 綠槐銀杏滿庭陰

천고의 양양이 지금껏 명성을 떨치고 있네 千古襄陽擅至今

주렴 걷으면 막 갠 푸른 봉우리가 보이고 簾捲新晴看翠巘

봉황이 좋은 열매 먹으러 푸른 숲에 내리네 鳳舍佳實下靑林

현산의 타루비는 어느 곳에 있는가 峴山墮淚碑何處

습씨의 이름난 정원에 풀은 얼마나 깊었을까 習氏名園草幾深

우습구나, 병들어 시의 힘이 감퇴했는데 自笑病來詩力退

까닭 없이 습관으로 또 시를 짓는 것이 無端習氣又成吟

「진위현 객사에서」

작은 고을 해묵은 객사 하나 縣小館宇古

침상이며 대자리도 갖춰 있는데 床簟亦自具

안장 푸는데 해 아직 지지 않았고 解鞍景未昳

난간 위엔 솔솔솔 스치는 바람 伏檻風稍度

사방 산빛 창문으로 비쳐드는데 四山赴牖戶

눈 들어 산야 정취 훑어보노라 流目領野趣

담장 동쪽 두 그루 은행나무는 墻東兩銀杏

울창도 하네 한백년 나이를 먹어 鬱鬱百年樹

깔린 그늘 새파란 회화나무 닿고 布陰接靑槐

새떼 모여 짹짹짹 울어대기에 嚶鳴鳥羣聚

이 몸 마치 숲속에 앉아 있는 듯 忽謂坐林藪

큰길가에 있다고는 믿기지 않아 未信在行路

상자 열어 옛 책을 꺼내어 읽고 啓箧發古書

먹물 적셔 새 글귀 휘둘러 쓴다 濡翰寫新句

마음 맞아 정말로 할 말 잊으니 造適誠忘言

그늘에 쉰단 그 말 좋은 비유라 息蔭斯善喩

어찌하면 이대로 계속 나아가 安得從此去

영원히 세상 요로 멀리해볼까 永謝要津步

황준량과 김창협의 시는 은행나무가 각각 경상북도 예천군의 동헌東軒
과 경기도 진위현(지금의 평택)의 객관客館, 즉 객사客舍에 살고 있었음을 보
여준다. 이는 은행나무가 유교 관련 공간에서 중요한 역할을 담당하고 있
다는 것을 증명하는 구체적인 사례다. 하륜河崙(1347~1416)의 『호정선생문
집浩亭先生文集』에는 「진위현객관기振威縣客館記」가 수록되어 있다.58 우리나
라 속담 중 "은행나무 옆에 관가"도 은행나무와 관청의 밀접한 관계를 말해

준다.

은행나무의 열매는 왕실에서도 즐겨 먹었다. 『만기요람萬機要覽』에 따르면,[59] 1808년에 대전大殿에 은행 다섯 상자, 중궁전과 왕대비전에 각각 은행 세 상자가 들어갔다. 당시 은행의 가격은 상자당 2냥 8전이었다. 『승정원일기』 인조 13년(1635) 1월 8일 기사[60]에 따르면, 은행은 호두와 함께 중국에서도 요구한 물품이었다. "은행나무 잎이 아래서부터 고루 피면 풍년 든다"는 속담에서 알 수 있듯이 은행나무는 농업사회에서 그 생태를 통해 흉풍을 점쳤다. 은행나무의 잎이 고루 핀다는 것은 생육 조건이 좋다는 뜻이므로 모든 농사가 잘되게 마련이라는 말이다.

서유구徐有榘(1764~1845)의 『임원경제지林園經濟志』에서는 은행나무를 과일류로 분류했다. 서유구는 은행나무 재배법에 대해서 다음과 같이 언급했다.[61]

> 이른 봄에 비옥한 땅에 심고 작은 나무로 성장하길 기다리다가 이듬해 봄에 흙과 함께 이식한다.(『편민도찬便民圖纂』)
>
> 춘분 전후에 이식한다. 먼저 깊은 구덩이를 파서 물을 뿌려 짓이겨서 희멀건 진흙으로 만든 후 옮겨 심는다. 씨를 뿌려 난 것을 파내어 취할 때는 흙덩어리째 파서 풀로 만든 포대나 마로 꼰 새끼를 사용해서 신속하게 감싸 묶으면 흙덩어리를 깨뜨리지 않는다.(『무본신서務本新書』)
>
> 이 나무는 세월이 오래가면 크기가 한 아름까지 이른다. 집 근처에 심어서는 안 되고 반드시 빈터를 찾아서 심어야 한다.(『증보산림경제增補山林經濟』)

씨를 심어 돋은 나뭇가지에 접을 붙이면 열매가 무성하다.(『편면도찬』)

서유구의 은행나무 재배법에 대한 기록은 중국의 『편면도찬』을 비롯 『무본신서』『증보산림경제』 등 우리나라의 농서에 기초했다. 이는 지금까지 남아 있는 가장 자세한 재배 기록이다. 이러한 정보는 은행나무를 보급하는 데 중요한 역할을 했다.

우리나라의 경우 은행나무가 중국에서 언제 수입됐는지를 알려주는 정보는 없다. 다만 불교와 유교 관련 공간에서 주로 나이 많은 은행나무가 살고 있는 점으로 볼 때 불교와 유교의 수입과 밀접한 관계가 있는 것으로 추측할 뿐이다. 현재 우리나라의 나이 많은 은행나무는 대부분 천연기념물로 지정되어 있다. 나이가 가장 많은 '용문사 은행나무'(제30호)를 비롯해 '서울 문묘 은행나무'(제59호), '두서면 은행나무'(제64호), '영월 하송리 은행나무'(제76호), '금산 요광리 은행나무'(제84호), '괴산 읍내리 은행나무'(제165호), '주문진 장덕리 은행나무'(제166호), '안동 용계리 은행나무'(제175호), '영동 영국사 은행나무'(제223호), '구미 농소리 은행나무'(제225호), '금릉 조룡리 은행나무'(제300호), '청도 대전리 은행나무'(제301호), '의령 세간리 은행나무'(제302호), '화순 야사리 은행나무'(제303호), '강화 볼음도 은행나무'(제304호), '부여 주암리 은행나무'(제320호), '금산 보석사 은행나무'(제365호), '강진 성동리 은행나무'(제385호), '청도 적천사 은행나무'(제402호), '함양 운곡리 은행나무'(제406호) 등 모두 21그루다. 이를 지역별로 분류하면 서울특별시가 1그루, 경기도가 2그루, 강원도가 3그루, 충청도가 5그루, 전라도가 2그루, 경상도가 8그루로 경상도가 가장 많다. 공간 특징을 살펴보면,

사찰이 4그루이고, 유교 공간이 1그루이며, 나머지는 대부분 마을에 살고 있다. 그런데 천연기념물 중 대부분을 차지하는 마을의 은행나무는 유교와 밀접한 관계가 있다.

천연기념물로 지정된 은행나무와 관련해서 중요한 풍속 중 하나는 유주乳柱와 산모産母 젖의 관계다. 유주는 은행나무의 '젖꼭지처럼 생긴 기둥'을 말한다. 유주는 은행나무의 노화 현상이다. 산모 중 젖이 부족한 사람들은 유주를 잘라서 먹으면 젖이 잘 나온다고 믿었다. 이 같은 풍속이 생긴 건 유주가 여자의 젖을 닮았기 때문이다. 유주에 대한 이러한 인식은 결혼한 여자가 득남을 위해 부처의 코를 갈아서 먹는 것과 같은 이치다. 그래서 천연기념물 은행나무에서 유주가 잘려나간 흔적을 쉽게 발견할 수 있다. 유주에 얽힌 사연 외에도 각각의 나무에는 적어도 한 가지 이상의 관련 이야기가 전한다. 이 나무들이 최소 400년에서 최대 1000년 이상의 세월을 살고 있기 때문이다. 은행나무는 오랜 세월 살면서 전쟁, 가뭄, 홍수, 태풍, 인간을 포함한 동물의 공격 등 실로 엄청난 고통을 겪는다. 특히 이 기간에 은행나무와 인간의 만남은 많은 이야기를 낳았다. 인간은 오래 사는 나무로부터 큰 위안을 얻었다. 그래서 은행나무를 신령스러운 나무, 즉 '신목神木'으로 모셨다. 현재까지 천연기념물로 지정된 은행나무는 모두 신목에 해당된다. 천연기념물은 국가 차원의 신목이라는 뜻이다. 우리나라 전역에는 천연기념물 외에도 각 마을에서 신목으로 모시는 은행나무가 적지 않다.

관심을 끄는 건 나무에 뱀이 산다는 이야기다. 강원도 영월의 은행나무와 충북 읍내리 은행나무, 안동 용계의 은행나무 등에는 뱀과 관련한 이야기가 전한다. 이와 관련해서 한 가지 짚어야 할 것은 이 이야기들이 단순히

오래 자란 은행나무에 여러 개의 유주가 달려 있다.

전설이나 설화가 아니라 사실이라는 점이다. 예컨대 용계의 은행나무에는 실제 뱀이 살고 있다.[62] 천연기념물로 지정된 은행나무는 뱀이 살기에 아주 적합하다. 큰 나무에는 구멍이 생기기 때문에 뱀이 서식하기에 아주 적합한 공간을 제공하는 것이다. 사람들은 허물 벗는 뱀이 죽음에서 다시 태어나는 존재, 즉 죽지 않는 신성神性을 가졌다고 믿었고, 그렇기에 뱀을 숭배했다. 아울러 여러 개의 알과 새끼를 낳는 뱀은 풍요와 다산을 상징한다고 믿었다. 어른들은 마을에 뱀[구렁이]이 나타나면 절대 근처에 가지도 말고 건드리지도 말라고 했다. 구렁이는 마을의 신성한 동물이고, 그것을 해치면 마을에 좋지 않은 일이 생긴다고 여겼다.

원산지가 중국인 은행나무는 남송시대에 일본으로 건너갔다. 이 일본의 은행나무는 다시 18세기에 유럽으로 건너갔으며, 유럽의 은행나무는 다시 미국으로 건너갔다.[63] 중국의 경우 우리나라처럼 나이가 많은 은행나무가 적지 않게 살고 있다. 그중에서 산둥성 쥐현莒縣의 정림사定林寺에는 중국 은행나무의 '비조鼻祖'로 불리는 '3000살 먹은 은행나무'가 살고 있다. 이곳의 은행나무는 상나라 때 심었다는 얘기가 전한다. 기원전 715년 노나라와 거나라의 제후들은 이 나무 아래에서 중요한 회의를 열었다. 지금도 나무 주위에는 유명한 사람들의 비석이 있다. 중국에는 쥐현의 은행나무 외에도 원산지인 저장성의 천목산天目山, 쓰촨의 청성산靑城山, 베이징의 서산西山, 장시의 여산廬山에 수백 년에서 천년 이상 된 은행나무가 살고 있다.[64] 실제로 나는 숭산의 소림사에서 1400살의 은행나무를 보았다.

공부 행단 비석 앞 살구나무

살구나무와
은행나무의 문화 변용

1. 살구나무와 행단

── 살구나무는 '행단杏壇'과 관련해서 매우 중요한 나무다. 행단은 공자가 이곳에 앉아 제자들을 가르친 곳으로, 현재 중국 산둥성 취푸의 공부孔府에 위치해 있다. 행단 앞에는 살구나무 그루터기가 남아 있고, 현재 다시 심은 살구나무가 살고 있다.[1]

행단은 『논어論語』『공자가어孔子家語』『사기史記』 등에는 등장하지 않고, 『장자莊子』에 등장한다. 『장자』에 따르면, 공자는 치유緇帷의 숲에서 놀 때 행단에서 쉬고 있었다. '치유'는 숲이 장막을 두른 것처럼 울창해서 검게 보여 생긴 이름이다. 공자는 치유의 숲에서 거문고를 타면서 시를 읊었고, 제자들은 책을 읽었다.[2] 이런 까닭에 치림은 '학문을 닦는 곳' 혹은 '도를 공부하는 곳'을 의미하게 되었다. 『장자』에 등장하는 행단의 내용은 조식曹植

(1501~1572)의 『남명집南冥集』 「행단기杏壇記」에 다음과 같이 아주 자세하게 나와 있다.[3]

이 단壇을 설치한 지는 오래되었으니, 춘추시대 노나라 대부 장문중臧文仲이 이름을 붙인 데서 비롯되었다. 이곳은 노나라 도성 동쪽 궐리闕里와 가까운 곳이다. 공자께서 치유의 숲에서 노닐다가 이 단 위에서 쉬며 바람을 쐬기도 하고, 제자들과 학문을 강론하기도 했다. 하루는 자유子游, 자하子夏, 계로季路 등이 공자를 모시고 있었다. 공자가 안연顔淵을 돌아보며 말했다.

"너는 이 단壇의 이름을 아느냐?"

"모르옵니다."

"이 단을 처음 설치한 연유를 아느냐?"

"모르옵니다."

"너희는 기록해두어라. 이것은 바로 장문중이 쌓은 단으로 중원의 여러 제후와 회맹會盟하던 곳이다. 이름을 행단이라고 한 것은 이때부터 유래한 것이니라. 사물을 보고 그 사람을 생각하게 되나니, 느낌이 없을 수 있겠는가?"

공자는 거문고를 가져오게 하여 뜯으면서 읊조렸다.

"더위가 감에 추위가 오며, 봄이 감에 다시 가을이네."

안회가 조심스럽게 나아가 두 번 절하고 기문記文을 짓는다.

(…)

후세에 의리를 실천할 선비들은 여기에서 마땅히 무엇을 본받아야 하겠는가?

그것이 장씨의 법이겠는가? 선생의 학문이겠는가? 이 단을 쌓은 사람은 장대부臧大夫이고, 이 단에 이름을 붙인 사람도 장대부이지만, 후세 사람들은 틀림없이 '장씨의 단'이라 일컫지 않고 '공씨의 단'이라고 일컬으리라 나는 생각한다.

(…)

여기에 나무가 있으니, 후세에 세신世臣을 생각하는 자 중에서 오래된 교목을 기억할 사람이 있을는지? 계로季路가 일어나서 노래했다.

평평한 이 단에는 壇之町町
군자가 있건만 君子之居
더러운 저 들판에는 穢之野兮
우리 도가 미약하도다 吾道之微
누가 장차 서쪽으로 돌아갈꼬 誰將西歸
좋은 소식을 품고서 懷之好音

공자께서 "그래" 하고 말했다.

왕王의 아무 해 월일에 문인門人 안회가 기록하다.

「행단기」에 따르면, 치유의 숲에 있던 행단은 춘추시대 노나라 대부 장문중이 쌓고 이름 붙인 것이다. 그러나 안연의 지적대로 현재는 장문중의 행단이 아닌 공자의 행단으로 기억된다.

한편, 남명이 「행단기」에서 '행'을 어떤 나무로 이해했는지는 알 수 없다. 그러나 정약용은 『아언각비雅言覺非』에서 『장자』에 등장하는 행단을 의심했다.[4] 정약용은 중국 서진西晉의 사마표司馬彪와 청나라 고염무顧炎武(1613~1682) 등의 지적에 의거해 『장자』에 등장하는 행단의 기록을 우화로 파악하면서 믿지 않았다. 그는 지금의 행단은 송나라 건흥乾興 시대, 즉 1022년에 만든 것이라 생각했다. 정약용에 따르면, 행단은 송대 공자의 45세손 공도보孔道輔(986~1039)가 조상의 사당을 증수增修하면서 만든 것이었다. 공도보가 이때 단 주위에 심은 나무는 살구나무였다. 정약용의 이러한 주장은 고염무의 주장을 인용한 것이다.

『장자』에 등장하는 행단은 곡부의 행단과 반드시 일치한다고 보기 어렵다. 치유의 숲에 위치한 행단은 공자가 살아 있을 때 여행하면서 사용한 곳이지만, 대성문과 대성전 중간에 위치한 행단은 공자가 죽은 뒤 기념 공간으로 만들었기 때문이다. 유교를 국교로 삼은 한나라는 현재 공림孔林에 위치한 공자의 무덤을 관리하기 시작했다. 그 후 성리학을 지배 이념으로 삼은 송나라 때 공자의 무덤을 크게 확장했으며, 지금 남아 있는 행단도 송대에 세웠다. 지금의 행단은 정자 안에 위치하고 있다. 정자는 금나라 때 처음 세웠으며, 지금의 정자는 명나라(1389) 때 중건한 것이다. 아울러 행단 안에는 청 건륭제가 세운 행단찬비杏壇贊碑가 있다. 행단을 알려주는 자료 중 하나는 명대에 등장한 「공자성적도孔子聖蹟圖」다. 이 작품에는 공자가 노나라에 돌아와 행단에서 거문고를 연주하면서 제자들과 함께 『서경』을 기술하고, 『예기』를 전술하고, 『시경』을 편찬하고, 『악기』를 교정하며, 『주역』

을 찬술했다는 설명이 덧붙어 있다.⁵ 그림은 행단에서 공자가 거문고를 연주하고 제자들이 책을 읽고 있는 장면을 담고 있다. 이 그림에는 두 그루의 살구나무가 등장한다.⁶ 「공자성적도」에서는 이 장면에 '행단예악杏壇禮樂'이라는 이름을 붙였다.

행단은 공자의 강학을 상징하는 공간이었다. 따라서 성리학을 지배 이념으로 삼았던 조선시대에도 행단에 대한 관심이 높았다. 『조선왕조실록』에는 태종(1), 성종(1), 중종(1), 선조(2), 숙종(2) 등 행단 관련 기사가 일곱 차례 등장한다. 그중에서도 선조 38년(1605) 1월 25일, 성균관 진사 유학증兪學曾 등의 상소에서 행단의 의미를 확인할 수 있다.

> 신들은 삼가 지난해 성상의 비답을 보니, 한 번은 '중대한 일을 어찌 가벼이 거론할 수 있느냐' 하셨고, 한 번은 '잠시 뒷날을 기다리자' 하셨으니, 이는 전하께서 신들의 말을 결코 따를 수 없다고 하심이 아니라 곧 일을 가볍게 거론하기 어렵다는 것과 시기적으로도 기다려야 한다는 이유로 안 된다는 것이었습니다. 지금은 성묘를 중건하고 동·서 양무兩廡도 수리하여 행단杏壇에 현가絃歌하는 장보章甫의 선비가 모두 모이고, 근궁芹宮에 향기로운 석채釋菜의 예를 장차 거행하려고 하니, 사전祀典에 올려 배향하는 것은 참으로 오늘인 것입니다.⁷

유학증 등의 상소에 등장하는 '행단에 현가하는 장보의 선비'는 곧 『장자』에 등장하는 행단의 모습과 일치한다. 유학증이 상소에서 언급한 행단은 서울시 종로구 명륜동에 위치한 성균관과 관련된 것이다. 이처럼 『장자』

에 등장하는 행단은 공자가 강학한 공간이라는 점에서 조선시대에도 그대로 계승되었다. 이러한 사례는 『승정원일기』 영조 36년 12월 8일의 기사에 나오는 서명응徐命膺의 「치유행단지상緇帷杏壇之上」이라는 글에서도 확인할 수 있다.

조선시대 공자가 행단에서 강학하는 장면과 관련된 것은 겸재謙齋 정선 鄭歚(1676~1759)의 「행단고슬杏壇鼓瑟」[8]이다. 「행단고슬」에는 공자가 살구나무 앞에 앉아 있고, 공자 앞에 네 명의 제자, 그리고 공자의 오른편에 한 명의 시동, 네 명의 제자 뒤편에 한 명의 시동이 등장한다. 그러나 「행단고슬」을 「행단예악」과 비교하면 몇 가지 차이점을 발견할 수 있는데, 우선 행단의 구조가 다르다. 「행단고슬」의 행단은 나무가 중심이지만, 「행단예악」은 단이 중심이다. 그래서 「행단고슬」의 살구나무는 최소 200년 이상으로 아주 웅장하다. 「행단고슬」의 살구나무는 밑둥 부분의 가운데가 썩어서 뻥 뚫렸으며, 줄기에도 가지가 사라진 흔적이 강하게 남아 있다. 현재 우리나라에는 「행단고슬」에 등장하는 나무만큼 나이를 먹은 살구나무는 존재하지 않는다. 반면 「행단예악」의 살구나무 두 그루는 키도 작고 나이도 100년 이하에 불과할 뿐 아니라 한 그루는 단에 가려서 일부의 가지만 보인다. 다음으로 「행단고슬」에서는 공사의 제자가 거문고를 연주하고 있지만, 「행단예악」에서는 공자가 무릎에 거문고를 올려놓고 연주하고 있다. 따라서 「행단예악」이 『장자』의 내용과 닮았다.

공자가 왜 행단에서 제자들과 공부했는지에 대한 기록은 없다. 공자의 사상을 이해할 수 있는 어떤 자료에서도 살구나무와 행단의 관계를 찾아볼 수 없다. 다만 몇 가지 추측은 가능하다. 우선 살구나무의 생태다. 살구

공부 행단 비석

공부 행단 비석 전각

는 갑골문에 등장할 만큼 중국에서도 아주 오랫동안 각광받았던 과실 중 하나다. 살구나무는 화베이를 비롯해 시베이, 푸젠 등 거의 중국 전역에서 광범위하게 분포하고 있다.9 따라서 공자가 살았던 춘추 말엽의 산둥에서 도 흔히 볼 수 있는 나무였다. 특히 살구나무는 건조한 산둥 지역에서 잘 자라는 나무다. 산둥성 지난에는 살구나무가 아주 많았다. 그중에서도 '한 제행漢帝杏'이 유명했다. 한제행은 한나라 무제의 상원上苑에서 자란 종자로, 명대에는 변락汴洛, 즉 개봉과 낙양에서도 모두 한제행을 심었다.10 따라서 공자는 일상에서 살구나무를 쉽게 만날 수 있었다. 또한 봄에 꽃이 피는 살구나무는 공자가 제자들과 함께 야외에서 수업하기에 적합한 나무였을 것이다.

2. 관청과 은행나무

── 우리나라에서 유학 공간에 살구나무를 심지 않고 은행나무를 심은 데 대해 논란이 없지는 않았다. 조선 중기 이수광李睟光(1563~1628)은 『지 봉유설芝峰類說』에서 송나라 축목祝穆 등이 편찬한 『사문류취事文類聚』에 근거하여 행단의 '행'을 '홍행紅杏'이라 풀이했다. 홍행은 살구나무의 붉은 꽃을 강조한 단어다. 아울러 이수광은 조선 전기 강희맹의 시11에 근거하 여 행단의 행이 은행나무가 아니라 살구나무라고 주장했다.12 정약용도 앞 에서 언급한 행단과 관련한 글에서 적지 않은 사람이 살구나무를 은행나 무로 착각하고 있다는 사실을 지적했다. 특히 정약용은 은행을 '압각수鴨

脚樹' 혹은 '평중목平中木'[13]이라 부른다는 것도 알고 있었다.[14] 아울러 정약용은 행단의 행을 살구나무로 이해하는 근거로 이수광이 인용한 강희맹의 시와 더불어 중국 당나라 전기錢起의 시[15]와 이군옥李羣玉의 시[16]도 인용했다.[17] 행단을 은행나무로 인식한 대표적인 예로는 미수眉叟 허목許穆 (1595~1682)의 『기언記言』을 들 수 있다. 『기언』에 따르면, "은행나무는 '운은행雲銀杏' '백과白果' '압각鴨脚'이라 부르며, 공자의 묘단에 이 나무가 있으므로 그곳을 '행단'이라 한다"고 했다.[18] 이수광과 정약용 등이 행단의 '행'을 살구나무가 아닌 은행나무로 인식한 문제점을 지적한 것은 옳다. 문제는 왜 우리나라에서는 '행'을 은행나무로 인식했느냐다. 현재 전국의 유학 혹은 성리학 관련 공간에는 거의 예외 없이 살구나무가 아닌 은행나무가 살고 있다.[19]

조선시대 관청에는 살구나무 대신 은행나무를 행단의 상징수로 삼았다. 현장에서 확인할 수 있는 이러한 사례가 바로 문화 변용이다. 조선시대 관청을 대표하는 곳으로는 경복궁과 창덕궁 혹은 종묘 등을 들 수 있다. 경복궁에서는 동문인 건춘문建春門 주변을 비롯해 곳곳에서 은행나무를 만날 수 있다. 서울시 종로구 와룡동의 창덕궁 돈화문 앞 은행나무는 470살에 이른다. 창덕궁 돈화문 앞의 은행나무는 성리학을 지배 이념으로 삼았던 조선왕조를 상징하는 나무다. 창덕궁에도 곳곳에 은행나무가 살고 있지만 존덕정尊德亭 근처의 은행나무는 창덕궁 내의 은행나무를 대표한다. 존덕정은 창덕궁 후원의 연못인 존덕지尊德池에 조성한 정자다. 1644년 조선 인조 때 만든 존덕정은 육각 지붕이어서 '육모정'이라 부른다. 존덕정에는 '모든 시냇물에 비친 달의 주인 노인이 말한다萬川明月主人翁自序'라고 적힌

창덕궁 돈화문 앞 매표소 근처 은행나무

현판이 있다. 현판의 '만천명월주인옹萬川明月主人翁'은 1798년에 지은 정조의 호다. 달은 임금이고, 시냇물은 신하다. 정조는 이듬해 11월 정범조丁範祖 (1723~1801) 등에게 자신의 호를 써서 각 기관에 걸도록 했다. 그래서 현재 서향각書香閣에도 같은 현판이 걸려 있다. 서향각은 주합루宙合樓 옆에 있으며, 주합루 아래층이 조선왕실의 족보·서책을 보관한 규장각이고, 서향각은 규장각의 부속 건물이다. 정조는 서향각에서 여러 신하와 담소를 나눴다. 정약용은 나이 들어 병석에서도 서향각을 그리워하면서 다음과 같은 시를 남겼다.[20]

「여름날 흥풀이夏日遣興」

바위도랑 서쪽에 자그마한 서향각 書香小閣石渠西
밤마다 동쪽 벽에 별들이 나직하다네 東壁星辰夜夜低
언제나 자색 안개 용호 기운 서려 있고 紫霧常留龍虎氣
푸른 못은 봉황이 와 놀도록 했다 碧池曾許鳳凰棲
옥섭을 보노라면 님의 얼굴 떠오르고 恭瞻玉躞天顔近
특별히 주신 상아 첨대 님이 손수 쓰신 거였지 密降牙籤御手題
듣기에 화영전을 새로 또 지었다는데 聞道華寧新象設
유대 앞 길가에는 풀빛이 무성하리 乳臺前路草萋萋

규장각 근처에도 은행나무가 있다. 규장각 근처의 은행나무는 규장각의 성격 때문에 아주 특별한 의미를 지닌다. 내각內閣이라 부르는 규장각은 정

종묘 은행나무

종묘 전경

조가 즉위한 1776년 세운 주합루의 아래층이다. 규장각은 정조가 역대 국왕의 어제·어필을 보관하는 일뿐만 아니라 정치·경제·사회 등의 현실 문제를 학문적으로 해결하기 위해 만들었다. 따라서 규장각은 정조의 문체반정文體反正에서 알 수 있듯이 성리학의 가치를 구현하기 위한 중요한 기구였다. 종묘 곳곳에서도 은행나무를 만날 수 있다. 서울시 종로의 종묘(사적 제125호, 1995년 세계문화유산 지정)는 조선시대 역대 왕과 왕비 및 추존된 왕과 왕비의 신주神主를 모신 왕가의 사당이다. 종묘는 유교의 정신을 가장 잘 드러내고 있는 곳이다. 따라서 종묘의 은행나무는 유교의 정신을 드러내기 위해 심은 것이다.

서울 종로구 성균관은 살구나무가 은행나무로 문화 변용된 대표적인 공간이다. 성균관에는 현재 두 그루의 은행나무가 살고 있다.[21] 그중 명륜당 앞의 은행나무는 1962년 '서울 문묘 은행나무'(천연기념물 제59호)로 지정되었으며,[22] 2014년 4월 11일 문화재위원회에서 성균관의 은행나무 두 그루를 서울시 기념물 제37호로 지정했다. 성균관의 은행나무는 조선시대 성리학 공간의 나무 모델이라는 점에서 매우 중요한 비중을 차지한다. '성균'은 1289년 고려 충렬왕 때 국자감을 대신하면서 처음 사용되었다. 성균관은 1308년에 처음 생겼다가 공민왕 때 다시 국자감으로 바뀌었으며 1362년에 다시 성균관이라는 이름을 찾으면서 1894년 갑오개혁으로 과거제도가 폐지되면서 그 기능을 상실했다. 성균관은 1392년 조선 건국 후 그대로 존속되다가 대성전大成殿과 동무東廡·서무西廡·명륜당明倫堂·동재東齋·서재西齋·양현고養賢庫 및 도서관인 존경각尊敬閣 등의 건물이 완성되면서 그 모습을 온전히 갖추었다. 성균관에는 최고의 책임자로 정3품직인 대사성大司

성균관 명륜당 앞 은행나무

成을 두었으며, 그 아래에 좨주祭酒·악정樂正·직강直講·박사博士·학정學正·학록學錄·학유學諭 등의 관직을 두었다. 조선시대에는 초시인 생원시와 진사시에 합격한 유생에게 우선적으로 성균관에 입학할 기회를 주었다. 성균관 유생의 정원은 개국 초에는 150명이었으나 1429년(세종 11)부터 200명으로 정착되었다.

성균관은 성리학을 지배 이념으로 한 조선의 주요한 인재를 양성하는 국가의 핵심 교육기관이었다. 그래서 국왕도 성균관 입학식에 참석했다. 1761년(영조 37) 3월 10일 거행한 입학[23]에 대한 기록을 통해 성균관의 위상을 짐작할 수 있다.

쌍동계雙童䯻와 공정책空頂幘에 곤룡포를 갖추고 나왔다. 찬독贊讀이 앞에서 인도하고 장사長史가 인印을 지고 앞에서 갔다. 광정문光政門 밖에 이르러 교轎를 타고 홍화문에 이르러 서쪽 협문을 거쳐 나갔다. 연輦을 타고 성균관에 나아갔다. 관관館官은 흑단령黑團領을 입고, 유생은 청금복青衿服을 입고서 길 왼쪽에 차례로 서서 지영했다.

막차幕次에 이르러 유생복으로 갈아입고 대성전에 나아가 작헌례酌獻禮를 행하고 사배四拜했다. 관세위盥洗位에 나아가고, 이어 준소罇所에 나아갔다. 이미李瀰가 술을 따르고 김종정金鍾正이 술을 받았다. 이어 문선왕文宣王의 신위 앞에 나아갔다. 찬독이 세 번 향을 올리기를 청하고, 생원 원계손元繼孫이 합盒을 받들고, 유학 이직영李直永이 향로를 받들었다. 세 번 향을 올렸다. 이미가 술잔을 올리고, 김종정이 받아서 점坫에 놓았다.

이어 사성위四聖位(안자·증자·자사·맹자)의 준소 및 신위 앞에 나아가 앞의 의주대로 향을 올리고 술잔을 올렸다. 제생諸生이 전내殿內 동서東西에 종향從享된 신위 및 양무兩廡에 종향된 신위에 조전助奠했다. 사배하고 나왔다.

오시午時에 입학례를 행했다. 유생의 건복巾服 차림으로 명륜당의 동문 밖에 섰다. 장명將命인 생원 홍용한洪龍漢이 의주대로 왕복했다. 찬흘贊笏인 생원 한정유韓鼎裕·서호수徐浩修가 홀기笏記를 읽었다. 집비執篚인 생원 한용화韓用和가 저苧 3단端을 나에게 올리고, 내가 광주리[篚]를 잡았다가 도로 주니, 한용화가 받고서 앞에서 인도했다. 익선 이인배李仁培가 나를 인도하여 문으로 들어가게 했다. 집준執尊인 생원 박좌원朴左源·유지양柳知養, 수안修案인 생원 김기대金基大·서탁수徐琢修가 각각 준尊과 안案을 받들고 따랐다. 제생이 뜰의 동서에 섰는데, 거안擧案을 올린 자는 5864인이었고 거안이 없는 자는 이보다 갑절이었다.

내가 명륜당의 서쪽 계단을 따라 올라가고, 박사 김양택金陽澤이 복두幞頭와 홍포紅袍, 금대金帶 차림으로 동쪽 계단 위에 서서 서쪽을 향해 섰다. 집비자執篚者가 나에게 무릎 꿇고 광주리를 올리고, 내가 받은 다음 자리 앞에 무릎 꿇고 올리고 재배했다. 박사가 답배했다. 내가 광주리를 취하여 박사 앞에 올리고, 박사가 광주리를 받아 집사執事에게 주었다. 술과 포[脩]를 받든 자가 차례로 석차席次에 올린 뒤에 물러났다. 익선翊善이 나를 인도하여 북쪽을 향해 재배하게 했다. 편차便次로 나가 있었다. 박사가 흑단령으로 갈아입고 당堂에 올라 서쪽을 향해서 겹자리[重茵]에 앉았다. 익선이 나를 인도하여 당 위에 이르게 했다. 설석設席

인 생원 송위명宋瑋明이 박사 앞에 자리를 설치하고, 내가 자리에 나아 갔다. 치안置案인 생원 이창급李昌伋이 안을 박사 앞에 들여놓았다. 협책挾册인 생원 신광집申光緝·박상악朴相岳이 각각 『소학』을 잡고 한 책은 박사의 안 위에 올려놓고, 한 책은 내 자리 끝에 올려놓았다. 박사가 먼저 「소학제사小學題辭」를 읽어주자 내가 받아 읽었다. 다 읽은 다음 문의 文義를 토론했다. 익선이 나를 인도하여 편차로 나가 있게 했다. 잠시 뒤에 환궁했다. 사師 이정보李鼎輔, 부傅 홍상한洪象漢, 좌유선 서지수徐志修, 우유선 김양택金陽澤, 유선 박성원朴聖源, 대사성 서명응徐命膺이 참석했다.

성균관 유생들은 입학과 동시에 은행나무와 마주했다. 그들은 은행나무의 유교적 상징을 잘 알고 있었다. 성균관의 은행나무는 두 그루다. 그 두 그루는 이후 각 지역에 성리학 공간을 조성할 때 본보기가 되었다. 성균관에 은행나무 두 그루를 심은 것은 이 나무가 암수딴그루였기 때문이다. 그러나 현재 성균관의 은행나무는 두 그루 모두 수나무다. 그 이유는 암수 구별이 쉽지 않아서이기도 하지만, 남자들만 거주하는 성균관의 특성상 수나무를 심었을 가능성도 배제할 수 없다.

성균관의 은행나무가 다른 지역의 은행나무와 다른 점은 유주乳柱가 강하게 남아 있다는 것이다. 성균관의 은행나무에 유주가 강하게 남아 있는 것은 국가의 교육기관에 일반인들이 들어올 수 없었기 때문이다.

북한 개성의 고려박물관, 즉 고려성균관 마당에도 두 그루의 은행나무가 있다. 북한과 남한의 성균관에 모두 두 그루의 은행나무가 있다는 것은 매우 큰 의미가 있다. 북한 성균관의 은행나무가 암나무인지 수나무인지는 알 수 없지만, 분명한 것은 은행나무가 조선 성리학의 상징으로 받아들여졌다는 사실이다.

　조선시대 지방의 공공 교육기관인 향교의 상징 나무도 은행나무였다. 예컨대 충청남도 예산군 대흥면 교촌리의 600살 정도 된 '예산 대흥향교 은행나무', 전라북도 익산시 금마면 동고도리의 600살 정도 된 '익산향교 은행나무', 충청남도 서산시 향교1로의 500살 정도 된 '서산향교 은행나무', 강원도 횡선군 횡성읍 읍상리의 300살 정도 된 '횡성향교 은행나무' 등에서 확인할 수 있다. 지방 공공기관에서 은행나무가 상징 나무였다는 사실은 다음의 기록에서도 찾아볼 수 있다. 진위현 객사의 사례[24]는 매우 중요한 정보를 제공한다.

「진위현 객사에서 振威客館」

작은 고을 해묵은 객사 하나 縣小館宇古

침상이며 대자리도 갖춰 있는데 床簟亦自具

안상 푸는데 해 아직 시시 않았고 解鞍景未暎

난간 위엔 솔솔솔 스치는 바람 伏檻風稍度

사방 산빛 창문으로 비쳐드는데 四山赴牖戶

눈 들어 산야 정취 훑어보노라 流目領野趣

담장 동쪽 두 그루 은행나무는 墻東兩銀杏

울창도 하네 한백년 나이를 먹어 鬱鬱百年樹

깔린 그늘 새파란 회화나무 닿고 布陰接靑槐

새떼 모여 짹짹짹 울어대기에 嚶鳴鳥羣聚

이 몸 마치 숲속에 앉아 있는 듯 忽謂坐林藪

큰길가에 있다고는 믿기지 않아 未信在行路

상자 열어 옛 책을 꺼내어 읽고 啓篋發古書

먹물 적셔 새 글귀 휘둘러 쓴다 濡翰寫新句

마음 맞아 정말로 할 말 잊으니 造適誠忘言

그늘에 쉰단 그 말 좋은 비유라 息蔭斯善喩

어찌하면 이대로 계속 나아가 安得從此去

영원히 세상 요로 멀리해볼까 永謝要津步

　　오늘날 경기도 평택시 진위현의 객사에는 두 그루의 은행나무가 있었다. 두 그루의 나이는 100살 정도. 농암 김창협金昌協(1651~1708)이 확인한 객사의 두 그루 은행나무는 향교에서도 성균관처럼 두 그루의 나무를 심었음을 알려준다. 향교의 또 다른 상징인 회화나무가 은행나무와 함께 등장하는 것도 아주 중요한 의미를 갖는다. 은행나무와 회화나무는 성리학자들의 공간에서 매우 중요한 위치를 차지하기 때문이다. 김창협의 시는 조선시대 지방 공공 교육기관의 상징 나무를 기록으로 보여준다는 점에서 매우 유용한 자료다. 현재 평택의 진위 객사는 남아 있지 않다. 진위 객사의 사례는 아래 예천현의 동헌[25]에서도 발견할 수 있다.

제2장
———
살구나무와 은행나무의 문화 변용

「예천현의 동헌 시에 차운하다次醴泉軒」

파란 회화나무와 은행나무가 뜰 가득 덮었는데 綠槐銀杏滿庭陰

천고의 양양이 지금껏 명성을 떨치고 있네 千古襄陽擅至今

주렴 걷으면 막 갠 푸른 봉우리가 보이고 簾捲新晴看翠巘

봉황이 좋은 열매 먹으려 푸른 숲에 내리네 鳳含佳實下靑林

현산의 타루비는 어느 곳에 있는가 峴山墮淚碑何處

습씨의 이름난 정원에 풀은 얼마나 깊었을까 習氏名園草幾深

우습구나. 병들어 시의 힘이 감퇴했는데 自笑病來詩力退

까닭 없이 습관으로 또 시를 짓는 것이 無端習氣又成吟

　

　금계錦溪 황준량이 찾은 경북 예천 동헌은 점필재 김종직[26]과 퇴계 이황[27]도 자주 찾았을 만큼 이름 있는 곳이었다. 1551년 경상도 감찰어사慶尙道監軍御史를 지낸 황준량은 1560년 성주목사에 임명되어 4년을 재임하고 1563년 봄에 병으로 사직하고 돌아오는 도중 예천에서 죽었다. 그의 시에 따르면 예천 동헌의 뜰에는 은행나무와 회화나무가 살고 있었다. 두 나무의 무성한 잎이 뜰을 가득 덮었다는 표현으로 보건대 여름과 가을 사이에 지은 시다. 회화나무는 초여름에 꽃이 피기 때문에 잎도 늦게 난다. 따라서 회화나무가 예천 동헌의 뜰을 가득 덮을 정도라면 시기적으로 여름 이후라야 가능하다. 또한 나무의 잎이 뜰을 가득 덮을 정도라는 것은 수령樹齡이 제법 되었다는 점을 시사한다.

3. 서원 및 정자와 은행나무

소수서원의 은행나무

── 성균관과 더불어 우리나라 성리학의 핵심 공간인 소수서원紹修書院(사적 제55호, 경상북도 영주시 순흥면 소백로 2740) 출입문인 사주문四柱門 앞에 500살로 추정하는 두 그루의 은행나무가 살고 있다. 이 두 그루는 성균관과 달리 모두 암그루다. 소수서원은 1541년(중종 36)에 풍기군수 주세붕周世鵬(1495~1554)이 이듬해에 이곳 출신 유학자인 안향安珦(1243~1306)을 배향하기 위해 사묘祠廟를 설립했다가 1543년에 유생 교육을 겸비한 백운동서원白雲洞書院을 설립한 것이 시초다. 백운동서원에는 1544년 안축安軸(1282~1348)과 안보安輔(1302~1357)를 추가 배향했다. 1548년 풍기군수로 부임한 퇴계 이황(1501~1570)은 백운동서원에 대한 사액賜額과 국가의 지원을 요청한다.(1550년에 '소수서원'이라 사액되었다.)

소수서원의 은행나무 중 한 그루는 '소혼대消魂臺'와 마주하고 있다. 소혼대는 소수서원 유생들의 휴식 공간이다. 소혼대는 서원의 서쪽 소나무 숲에 조금 높은 곳에 위치해 있어 '대'라 부른다. 은행나무 앞에는 숙수사지 당간지주宿水寺址幢竿支柱(보물 제59호)가 있다. 당간지주는 이곳이 숙수사의 터였다는 것을 알려주는 증거다. 소수서원에 있는 또 한 그루의 은행나무는 경렴정景濂亭 남쪽, 즉 죽계竹溪 언덕에 살고 있다. 경렴정과 은행나무는 밀접한 관계가 있다. 경렴정은 중국 북송시대 주돈이周敦頤(1017~1073)를 기리는 정자다. 주세붕은 경렴정을 세운 뒤 다음과 같은 시를 남겼고, 목재木齋 홍여하洪汝河(1620~1674)는 차운했다.

소수서원 경렴정

소수서원 소혼대

산은 공경하게 서 있고 山立祗祗色

냇물은 끊임없이 흐르네 溪行亹亹聲

은둔하는 이 마음에 느낀 바 있어 幽人心有會

한밤에 외로운 정자에 기대네 夜半倚孤亭

「멀리서 경렴정운에 화답하다遙和景濂亭韻」

천 년의 빛을 간직한 달 有月千年色

만 리 통하는 바람소리 同風萬里聲

보라 방장산 저 너머에 君看方丈外

아득히 경렴정 서 있음을 邈有景濂亭

소수서원에 중국 사람을 기리는 정자를 세운 까닭은 그가 성리학의 기초를 세웠기 때문이다. 경렴의 '염'은 주돈이의 호인 염계濂溪에서 한 글자를 딴 것이다. 경렴정에는 해서楷書와 초서草書 편액이 있다. 그중 해서는 이황의 글씨이고, 초서는 고산孤山 황기로黃耆老의 글씨다.

염계는 1072년 장시성江西省 여산廬山 개울가에 집을 짓고 살아서 붙은 이름이다. 주돈이가 중국 성리학은 물론 우리나라 성리학에 미친 영향은 아주 컸다. 특히 그의 『태극도설太極圖說』과 「애련설愛蓮說」의 영향이 매우 컸다. 『태극도설』은 우주론과 존재론과 인식론의 철학적 이론을 담고 있다. 주돈이의 『태극도설』은 북송시대 우주론을 집대성한 것으로, 따라서 그의 이론이 등장하면서 성리학은 명실상부한 이론을 구축할 수 있었다. 성리학을 집대성한 남송의 주희는 동료인 동래東萊 여조겸呂祖謙(1137~1181)과 함께 한천정사寒泉精舍에서 편찬한 성리학의 입문서인『근사록近思錄』첫머리에 『태극도설』을 실었다. 여조겸은 그 이유를 '후기'에서 다음과 같이 설명했다.28

『근사록』이 완성된 뒤 어떤 사람은 첫 권의 음양 변화와 성명性命에 관한 설은 초학자의 일이 아니라고 의심했다. 여조겸은 이 책의 편집 순서를 정한 의도를 적은 적이 있다. 처음 공부하는 후학들에게 의리의 본원本原에 대해 갑자기 말하는 것은 용납되지 않지만, 아득히 그 대강도 모른다면 어찌 도달해서 머물 목표가 있겠는가? 책의 머리에 배열한 것은 학자에게 이름과 뜻을 알게 해서 지향할 바를 알게 한 것일 뿐이다. 다른 권에 실린 강학의 방법과 일상생활에서 실천할 내용들은 모두 차례와 등급이 있다. 이것에 따라 나아간다면 낮은 곳에서 높은 곳으로, 가까운 곳에서 먼 곳으로 나아가 아마 편집한 뜻에 어긋나지 않을 것이다. 만일 비근한 것을 싫어해서 높고 먼 데로 달려 등급을 뛰어넘고 절차를 무시해서 공허한 데로 흘러 의거할 바가 없다면 어찌 "가까운 데서 생각하는 것"이겠는가! 보는 사람은 잘 살펴야 한다.

순희 3년(1776) 4월 4일 동래 여조겸이 삼가 쓴다.

주희가 주돈이를 얼마나 흠모했는지는 다음의 글29에서 알 수 있다.

백운동서원

도가 없어진 지 천 년에 道喪千載

성인이 멀어지고 그 말씀도 사라졌을 때 聖遠言堙

선각자가 있지 않았다면 不有先覺

누가 우리를 열어주었겠는가 孰開我人

글로는 말을 모두 표현하지 못하고 書不盡言

그림도 그 뜻을 모두 드러내지 못했네 圖不盡意

맑은 바람 밝은 달 끝없는 경계 風月無邊

뜰의 풀은 서로 어울려 푸르구나 庭草交翠

소수서원의 경렴정엔 성리학의 기초를 세운 그를 흠모하기 위한 조선 성리학자들의 깊은 뜻이 숨어 있다. 그런데 군이 전국에서 유일하게 소수서원 앞에 그의 이름을 붙인 정자를 세운 것은 바로 이곳이 조선 최초의 서원인 백운동서원이자 사액서원이기 때문이다. 따라서 은행나무가 경렴정 옆에 살고 있다는 것은 결코 우연히 아니다. 주세붕이 조선 최초의 서원 이름을 '백운동'으로 삼은 것은 주희가 재흥再興시킨 장시성 여산의 백록동서원白鹿洞書院을 모방한 것이다. 백록동서원은 장시성 싱쯔星子현 북쪽 여산廬山 오로봉五老峯 밑에 있었다. 이곳에 당나라 이발李渤이 은거할 때 흰 사슴인 백록을 기르면서 '백록동'이라 불렀다. 오대십국 때 이곳에 학교를 설립하여 여산국학廬山國學이라 불렀다. 주희는 남강군南康軍 지사知事 때 무너진 여산국학을 재흥시켜 백록동서원의 원장이 되었다. 주자 덕분에 백록동서원은 중국에서 가장 유명한 학교로 명성을 떨쳤다. 주세붕은 『죽계지』를 편찬하면서 『백록동첩白鹿洞牒』을 비롯해서 주희의 백록동 관련 작품을

8편이나 실었다.[30]

소수서원에는 경렴정 외에도 소수서원 뒤편 소수서원 박물관으로 가는 제월교霽月橋와 광풍정光風亭에서 주돈이의 흔적을 발견할 수 있다. '제월'은 '비 갠 뒤의 달'을 뜻하고, '광풍'은 '맑은 바람'을 뜻한다. 이는 중국 북송의 황정견黃庭堅(1045~1105)이 주돈이의 인품을 묘사한 구절에서 따온 것이다. 황정견은 『송사宋史』 「열전列傳」 편에서 그를 "인품이 심히 고명하며 마음결이 시원하고 깨끗함이 마치 맑은 날의 바람과 비 갠 날의 달과 같다人品甚高胸懷灑落如光風霽月"고 평가했다. 황정견의 '광풍제월光風霽月'은 이후 중국은 물론 우리나라 성리학자에 대한 최고의 평가였을 뿐 아니라 성리학자들의 꿈이었다. 그래서 성리학자들의 작품과 관련 장소에 자주 등장한다. 그중 한 작품을 소개하면 다음과 같다.[31]

「맑게 갠 달밤의 연꽃霽月蓮」

샅된 기색 하나 없이 물 위에 갓 핀 연꽃 芙蓉出水色無邪

한 번 방긋 웃으매 천하의 꽃들을 압도하네 一笑便傾天下花

군자의 그 품격을 또다시 계합할고 君子風期誰再契

가련토다! 밝은 달 갠 때가 하도 많으니 可憐明月霽時多

전국에는 광풍제월을 드러낸 성리학 공간이 적지 않다. 대표적인 곳이 전남 담양군의 소쇄원 제월당霽月堂이다. 소쇄원은 조광조趙光祖(1482~1519)의 제자 소쇄옹瀟灑翁 양산보梁山甫(1503~1557)가 1530년(중종 25)에

소수서원 제월교

소수서원 광풍정

건립한 정원이다. 이의현李宜顯(1669~1745)의 『도곡집陶谷集』에 양산보의 묘지명이 실려 있다.[32]

호남의 창평현昌平縣에 이른바 소쇄원瀟灑園이라는 곳이 있으니, 수석水石과 꽃나무와 대나무가 아름다워서 훌륭한 분이 은거하기에 적합했다. 양공梁公 휘 산보山甫가 이 가운데 은거하여 훌륭한 일을 행하고 인하여 소쇄원이라 부르니, 지방 사람들이 모두 그 높은 운치에 탄복했다. 아드님인 고암공鼓巖公은 휘가 자징子澂이니, 또한 현감 벼슬을 버리고 끝내 노년을 여기에서 보냈으며, 고암공의 아들은 휘가 천운千運이고 자가 사형士亨인데, 처음 국자상상國子上庠(성균관)에 올라 동몽교관童蒙教官과 사헌부 감찰, 사섬시주부司瞻寺主簿를 역임했다. 그러나 내심 벼슬하는 것을 좋아하지 않아 버리고 돌아와 고향의 임천林泉을 지키다가 별세했으니, 모두 황보씨皇甫氏의 전傳에 부끄러움이 없었다.

소쇄공은 젊어서 정암靜菴 조광조 선생에게 책을 끼고 찾아가 배우고, 하서河西 김인후金麟厚 선생과 가장 친하여 도의지교道義之交를 맺었다. 고암공은 또 하서의 사위가 되고 이어서 하서를 사사했다. 감찰공은 형인 천경千頃·천회千會와 함께 우계牛溪 성혼 선생의 문하에 출입하여 어려서부터 중봉重峰 조 문열공趙文烈公에게 칭찬을 받았으며, 청음淸陰 김 문정공金文正公과도 두텁게 교유하여 그 훌륭한 행실과 기절氣節을 성취했다. 그리하여 할아버지와 아들, 손자의 3대가 우뚝하게 남쪽 지방의 인망이 높은 인물이 되었으니, 이는 스승과 벗의 절차탁마한 공부가 있어서요, 단지 자품의 아름다움 때문만이 아니었으니, '노나라에 군자가 없었다면 이 사람이 어디에서 이러한 덕을 취했겠는가魯無君子 斯焉取斯 라는 말씀이 어찌 진실이 아니겠는가. 감찰공이 별세하신 지 이미 90년이 되었으나 묘소에 기록한 글이 없었는데, 지금 그의 증손인 채지采之가 천 리 먼 길을 달려와서 나에게 글을 지어줄 것을 청해 마지않았다. 나는 문장에 익숙한 자가 아니니, 어찌 공의 숨겨진 덕을 천명하여 내세에 남길 수 있겠는가마는, 다만 나의 고조이신 쌍곡공雙谷公이 공과 동방 급제한 정분이 있으니, 의리상 끝내 사양할 수가 없다. 마침내 그 '가장家狀'을 취하여 대략 서술한다.

공은 천품이 효성과 우애가 돈독하여, 고암공이 병들었을 적에 변便을 맛보고 하늘에 기도하기를 한결같이 옛사람과 같이 했으며, 전후의 상喪에 모두 시묘하여 3년을 마쳤다. 기일忌日이 한겨울에 있었는데도 노년에 이르도록 목욕재계하는 것을 폐하지 않았으며, 비록 경황없이 피난가는 도중에도 예의를 갖추어 제수를 진열하고 슬퍼하여, 옆에 있는 사람들을 감동시켰다. 미루어 서숙庶叔에게까지 미쳐서도 그 성의를 다했으며, 두 형이 정직한 말씀을 올렸다가 사형을 받게 되자, 공은 깊이 서글퍼했다. 자매 중에 혹 정렬貞烈에 죽고 혹 남편이 국난에 순국하거나 가화家禍에 걸린 자가 있으면, 공은 더욱 지극하게 애통히 여겨 고아가 된 어린 조카를 어루만지고 과부가 된 누이를 돌보았으니, 보통 사람들이 미치기 어려운 것이 많았다.

선대로부터 형제간에 분가하지 않았는데, 공은 이어 아들과 조카들에게 다음과 같이 경계했다.

"우리 집안은 효도로 전해와 본래 토지의 문권이 없으니, 너희는 각자 공경하고 삼가서 너를 낳아주신 부모를 욕되게 하지 마라."

『소학小學』과 『삼강행실三綱行實』 등의 책을 가지고 자녀들을 가르쳐서 가법家法이 매우 올바르니, 후세의 자손에 이르러서도 훌륭한 행실로 칭찬받는 자가 많았다. 소쇄공이 일찍이 「효부孝賦」를 지었는데 글 뜻이 완곡하고 돈독하니, 하서가 그 운에 차운하고 칭찬했던바, 공의 모든 행실이 다 여기에서 근본했다. 임진왜란에 고암공이 늙고 병들어 달려가 임금께 문안하려 하자, 공이 눈물을 흘리며 만류했다. 고암공은 마침내 공에게 명하여 태헌苔軒 고경명高敬命의 군대에 종군하게 했으나, 고공高公은 공이 형제가 없음을 안타깝게 여기고 돌아가 부모를 봉양하게 하니, 공은 마지못해 따르기는 했으나 항상 내심 겸연쩍게 여겼다. 처음에 적신賊臣 이이첨李爾瞻과 친분이 있었는데, 이이첨이 흉악한 의논을 주장하자 즉시 절교했다. 공과 친하게 지낸 분 중에 유명한 선비가 많았는데, 공은 서울에서 벼슬살이한 지 수 년 동안 한 번도 권문세가에 이르지 않았으니, 그 꼿꼿하고 깨끗함이 또 이와 같았다.

공은 일찍이 스스로 영주瀛洲라고 불렀으니, 또한 고상한 뜻이 이 먼지 세상의 밖으로 초월함을 볼 수 있다. 양씨는 탐라耽羅(제주)에서 나왔는데, 신라와 고려의 유명한 성씨가 되었다. 우리 조선조에 들어와 여러 대에 걸쳐 떨치지 못했는데, 휘 사원泗源에 이르러 중종 때에 현량과로 천거되어 벼슬이 주부主簿이고 호가 창암蒼巖이었으니, 바로 소쇄공의 선고다. 공은 융경隆慶 무진년(1568, 선조 원년)에 출생하여 숭정崇禎 정축년(1637, 인조 15)에 별세하니, 향년 70세. 본현本縣 중산中山의 선영 아래에 장례했다. 초취부인인 안동 김씨安東金氏는 1남 몽우夢禹를 낳았고,

후취부인 창원 정씨昌原丁氏는 3남 3녀를 낳았으니, 아들은 몽회夢羲·몽엽夢炎·몽요夢堯이고 딸들은 모두 선비에게 출가했으며, 서출의 아들은 몽리夢鯉다. 내외의 손자와 증손은 매우 많아 다 기록하지 못한다.

명문銘文을 붙이니, 명문은 다음과 같다.

진실로 훌륭한 양공이여 允矣梁公

대대로 덕을 드러내었네 克著世德

행실이 가정에 근본하고 本乎家庭

이택에 자뢰했다오 資於麗澤

저 한수와 같이 如彼漢水

남쪽 나라에 기강이 되었네 紀于南國

잠기고 함축하여 以涵以蓄

영원히 흐르고 다함이 없으리라 永流無極

최립의 시에 등장하는 연꽃은 성리학자들이 좋아한 꽃 중 하나였다. 성리학자들이 연꽃을 좋아한 것도 주돈이의 「애련설」 때문이었다. 영조의 세손 교육에서 보듯이 조선의 왕들은 북송 구양수의 「취옹정기醉翁亭記」 등과 함께 「애련설」을 외우게 했다.[33] 그래서 성리학의 공간에는 거의 예외 없이 연못을 만들어 연꽃을 심었다. 소수서원에도 박물관으로 가는 길목에 연못이 있고, 현재 연꽃이 있다. 주돈이가 연꽃을 사랑한 이유는 「애련설」[34] 에서 확인할 수 있다.

물이나 땅에서 자라는 풀이나 나무의 꽃은 정말 사랑스러운 것이 무척 많아 진晉나라 도연명陶淵明은 홀로 국화를 사랑했다. 당나라 이후 세상 사람들은 모란을 무척 좋아한다. 나는 홀로 연꽃이 진흙 속에서 나왔으면서도 진흙에 물들지 않고, 맑은 잔물결에 씻기면서도 요염하지 않는 것을 사랑한다. 줄기 속은 비었고, 겉은 곧으며 넝쿨로 자라거나 가지를 치지 않으며, 향기는 멀수록 더욱 맑고 우뚝이 깨끗하게 서 있어서 멀리서 바라볼 수 있지만 함부로 가지고 놀 수 없다.

내가 생각하기에 국화는 꽃 중의 은자隱者이고, 모란은 꽃 중의 부귀한 자이며, 연꽃은 꽃 중의 군자다.

아! 국화를 사랑한 사람이 도연명 이후에 또 있었다는 것을 거의 듣지 못했다. 연꽃을 사랑함을 나와 함께하는 이는 몇일까. 모란을 사랑하는 사람은 마땅히 많을 것이다.

조선시대 성리학자들은 주돈이의 「애련설」을 입에 올리지 않고서는 연꽃을 언급할 수 없었다. 전라북도 정읍, 경상북도 영주, 충청남도 당진 등 전국의 군자정君子亭은 모두 주돈이가 연꽃을 '군자'에 비유한 것을 차용했다. 조임도趙任道(1585~1664)의 다음 시[35]에서도 주돈이의 영향을 확인할 수 있다.

「장 처사의 강가 정자蔣處士江亭」

위로 푸른 절벽을 보고 아래로는 맑은 물 上看蒼壁下淸流

정자가 긴 강 큰 들판의 끝을 누르고 있네 壓長江大野頭

무숙(주돈이)의 연꽃과 원량(도연명)의 국화에 叔蓮花元亮菊

천수의 도롱이와 삿갓에 자릉(엄광)의 갖옷이네 天脩蓑笠子陵裘

명리에 마음이 없으니 구름과 같은 취향이고 心灰名利雲同趣

성격이 산수를 좋아하니 학과 함께 노니네 性癖湖山鶴共遊

인간 세상 돌아보니 모두 꾸역꾸역 일하는데 俯仰人間皆役役

이 늙은이만 세상에서 유독 바라는 게 없네 此翁於世獨無求

　　소수서원의 은행나무는 경렴정과 더불어 죽계의 취한대翠寒臺 아래 '경敬자 바위'와 마주하고 있다. 경자 바위는 주세붕의 글씨를 돌에 새긴 것이다. 은행나무가 성리학을 상징하는 나무라면, '경'은 성리학의 핵심 개념이다. 주세붕은 '경'의 뜻을 다음과 같이 설명했다.[36]

　　문성공文成公(안향)의 사당 앞 깎아지른 석벽에 '경' 자를 새기려 하니, 서원의 모든 벗이 세상 사람들에게 괴이하게 여김만 당할 뿐이라고 경계하고 다음과 같이 말했다.

　　"마땅히 스스로 마음속으로 공경할 것이지 어찌 군이 이것을 돌에 새겨야만 하겠는가?"

　　나도 감히 감행할 수 없었다. 그러다가 회옹晦翁(주희)의 말을 찾으면서 벗들 앞에 보이고 다음과 같이 말했다.

　　"선천先天의 모든 그림도 새겼는데 유독 경을 새기는 것만 안 된단 말인가? 일찍이 이르길, '경은 구차함의 반대이니, 잠깐이라도 구차하면 이

소수서원 경자 바위

소수서원 취한대

는 곧 불경不敬이다'라고 했다. 이는 실로 우리 회헌晦軒(안향)이 회옹과 부합되는 것이니, 더욱 새기지 않을 수 없다. 묘원廟院은 비록 오래 보존되지 못하더라도 이 각석刻石이 마멸되지 않아 천년 후에 일컬어 '경석敬石'이라 하면 그것으로 족하다."

모두 좋다고 해서 드디어 새겼다.

'경'은 고대 중국의 유가 경전인 『상서尙書』 『시경詩經』 『예기禮記』 『논어』 등에서 도덕적인 개념으로 사용하고 있지만, 성리학에서 사용하는 경은 차원이 달랐다. 주희의 스승이었던 정이는 경을 중요한 수양 정신으로 만드는 데 큰 역할을 했다. 그는 '경'을 '주일무적主一無適', 즉 '하나를 잡고 가지 않는다'로 풀이했다. 경에 대한 정이의 해석을 이후 대부분의 성리학자가 계승했다. 정이는 주돈이에게 배웠다. 주세붕의 '경자 바위'는 성리학의 근본을 새긴 것이고, 주돈이를 기리는 정자 곁에 살고 있는 은행나무의 삶도 경과 크게 다르지 않다.

주세붕이 소수서원의 기초를 낳았다면 이황은 이를 완성했다. 취한대翠寒臺는 이황이 경자 바위 위쪽에 짓고 여기에 직접 소나무, 잣나무, 대나무를 심었다.[37] 『퇴계집』 「별집別集」 권1에 따르면, '취한'은 '잣나무와 대나무'를 의미한다. 특히 취한대는 몇 가지 점에서 주목할 필요가 있다. 우선 위치가 '경자 바위' 위라는 점이다. 이황이 취한대를 이곳에 지은 것은 '경'이 공부의 핵심 대상이었기 때문이다. 이는 이황이 주세붕의 '경' 정신을 계승했음을 의미한다. 다음은 취한대가 은행나무를 마주하고 있다는 사실이다.

소수서원 은행나무

은행나무와 경자 바위와 취한대는 같은 시선에서 바라볼 수 있다. 이 같은 위치 설정은 우연이 아니며 상당히 의도된 결과다. 취한대는 후대에도 영향을 주었으니 강필주姜弼周의 시[38]에서 이를 확인할 수 있다.

「취한대 시에 차운하다次翠寒臺」

옛날 한나라 장건이 뗏목 타고 바다 건넜다지만 乘槎泛海古聞騫
어찌 냇가 누대의 상쾌한 흥취보다 나으랴 誰勝溪臺興豁然
대나무 그림자는 밝은 달밤이 제격이고 竹影夜宜和霽月
소나무 그림자는 차 달이는 가을이 알맞네 松陰秋可鬪茶煙
냇물 울고 골짝 깊은 진기한 곳이고 川鳴谷邃眞奇地
바위 늙고 구름 짙은 별천지라네 石老雲深別有天
알리나니, 우리 모두 열심히 노력하여 爲報吾儕俱努力
오늘부터 현인 되기를 힘써 함영하세 自今涵泳篤希賢

가을에 취한대에서 차 한 잔 기울이는 모습은 상상만으로도 행복하다. 취한대에서 소수서원을 바라보기 위해서는 반드시 은행나무와 눈빛을 교환해야 한다.

임고서원의 은행나무

—— 경북 영천의 임고서원은 정몽주를 기리는 곳이다. 포은圃隱 정몽주鄭夢周(1337~1392)는 조선 성리학의 비조鼻祖로 꼽힌다. 현재 임고서원 입구

에 있는 돌에는 '동방이학지조東方理學之祖'라고 새겨져 있다. 돌 앞면의 글은 이황의 글에서 뽑은 것이고, 돌 뒷면에는 조선시대 숙종·영조·고종의 어제어필시御製御筆詩를 새겼다. 정몽주에 대한 조선시대 왕들의 관심은 임고서원의 위상을 높이는 데 큰 역할을 했다. 왕들이 정몽주에 관심을 둔 것은 그가 충신이었기 때문이다. 임금이 충신을 기리는 것은 아주 당연하다. 임고서원은 1553년(명종 8) 임고면 고천동 부래산에 창건했다. 이듬해 명종이 다음과 같이 사액했다.[39]

"정몽주의 도덕과 절행은 안유安裕에게 뒤질 것이 없습니다. 그가 생장한 곳에 서원을 세워 학도들이 학문을 닦게 하고 풍화가 도탑도록 장려하는 것은 대단히 아름다운 일이므로, 편액을 하사하고 서책·노비·전결田結을 하사하는 일들을 한결같이 소수서원의 예에 따라 시행하라는 일로 전교하셨습니다. 노비와 전결은 본도 감사의 계본에 따라 이미 해사에 이문移文하여 처리하도록 했습니다. 서책은 소수서원의 예대로 사서오경 한 질을 문무루文武樓에 소장하고 있는 것으로 내려보내고, 『강목綱目』 및 『사문유취事文類聚』는 남아 있는 것이 한 질뿐이어서 내려주기가 곤란하니 이 밖의 교서관이 사온 책 중에서 『소미통감少微通鑑』 『통감속편通鑑續編』을 한 질씩 내려보내되 책마다 첫째 권에 연월일과 '내사임고서원內賜臨皐書院'이라고 써서 내려 도타이 장려하는 뜻을 보이고 편액은 '임고서원臨皐書院' 네 글자를 큰 글자로 쓰되 아래쪽에 연월일과 '선사宣賜' 등의 글자를 함께 새겨서, 공사公事를 보는 사람 편에 부쳐 도의 감사에게 교할交割하게 하는 것이 어떻겠습니까?" 하니, 상이 그대로 따랐다.

사신은 논한다. 정몽주의 충절은 완악한 사람을 감격시키고 야박한 사람을 도타워지게 할 수 있으므로 뒷사람들의 사표師表가 될 것이다. 서책을 하사하고 편액을 큰 글자로 써서 내린 것은 충절을 장려하여 후학들을 흥기시키는 훌륭한 뜻이다.

임고서원은 1643년(인조 21)에는 장현광張顯光을, 1727년(영조 3)에는 황보인皇甫仁을 추가로 배향했다. 그러나 1868년(고종 5) 흥선대원군의 서원 철폐령에 따라 철거되었다.

조선시대에는 성리학의 후학들이 앞다투어 임고서원을 찾아 정몽주를 참배했다. 유생 김하현金夏鉉·정석달鄭碩達 등 임고서원의 제문[40]은 정몽주에 대한 성리학자들의 깊은 애정을 보여준다.

「임고서원 제문: 유생 김하현·정석달 등祭文臨皐書院: 儒先金夏鉉鄭碩達等」

하늘이 사문을 도우시어 天祚斯文

철인이 태어났습니다 哲人篤生

성대하게 함께 창도하니 蔚然幷倡

어진 형님이 계심을 즐거워했으니 樂有賢兄

타고난 자품이 우뚝한 데다 天資旣卓

도를 봄 또한 진실되었습니다 見道且眞

활보하는 큰 걸음걸이 闊步大踢

임고서원 은행나무

고인이 아니라면 누구겠습니까 匪古誰的

마음을 정밀하게 소통하고 疏淪之精

배운 것을 독실하게 실천했습니다 踐履之篤

지행이 서로 합일되고 知行夾輪

경의가 서로 도움되었으니 敬義交翼

이미 쌓인 것이 두터워 旣積而厚

끝내 고명하게 되었습니다 終乃高明

굽히고 펴는 것이 어찌 다르리오 詘信何殊

어떤 상황에서도 행할 만했으니 夷險可行

은나라를 도왔던 이윤伊尹이나 佐殷之伊

부릉涪陵에 유배 갔던 정자程子와 같습니다 在涪之程

만년에 금수의 남쪽에 거처를 정하니 晩卜錦南

성대하게 문풍이 일었으니 藹然文風

경서를 펴서 도를 강론하고 橫經講道

설을 지어 몽매함을 깨우쳤습니다 立言開矇

내가 구하는 바는 維吾之求

주자와 같은 것이었으니 同在閩中

장구를 모실 길은 막혔으나 杖屨雖阻

고산처럼 우러러보았습니다 高山可仰

덕의가 미치는 바는 德義攸及

누구나 함께 숭상하는 바이니 秉彝同尙

굳이 직접 가르쳐야 하랴 何論承敎

은연중에 부식됨이 있었습니다 隱然扶植

우리 당의 영수였고 吾黨領袖

후학들의 준칙이셨는데 後學準則

이제는 모두 끝나버렸으니 今焉已矣

사도가 망하게 되었습니다 斯道其喪

저희 소생들은 顧我小生

유궁에 몸을 담고 있으니 忝跡儒宮

이 어찌 혼자만의 슬픔이리오 此豈爲私

많은 선비의 슬픔입니다 多士興恫

사라지지 않은 영령이 계시거든 不亡者存

저희의 미충을 헤아려주소서 鑑我微衷

많은 성리학자가 정몽주를 흠모한 것은 아래의 시[41]에서 보듯이 성리학의 법을 세웠기 때문이다.

「선죽교에 가다竹橋行」

선죽교 그 이름 세상에 유명하건만 竹橋聞天下

한 빗돌은 석 자도 채 안 되네 一石不能滿三尺

비바람 처량히 불고 해는 저무는데 風雨淒淒白日暮

교목 아래 물 흐르고 구름 안개 캄캄하네 喬木流水雲霧黑

오천 선생 큰 절개를 품으신 채 烏川先生有大節

제2장
———
살구나무와 은행나무의 문화 변용

임고서원 은행나무 옆 잘린 가지

단심가 슬픈 노래로 산악에 맹서하셨지 百死悲歌誓山嶽

사나운 무사들이 수레에 달려드니 桓桓武夫車下走

금빛 갑옷 부딪치며 보검이 번쩍였네 金甲相磨寶劍白

사직은 하늘이 벌써 무너뜨렸고 社稷天已覆

선생은 북쪽 길에서 돌아가셨네 先生死北陌

옛날 내가 임고서원 갔을 적에 昔者我游臨皐

봄 산에서 술을 따라 혼백에 권했지 酌酒春山侑魂魄

지금 옛 도읍 찾아와서 어른들 뵙고 今過古都訪父老

숭양 옛 서원 돌아보니 자규가 곡하네 崧陽廟古子規哭

소나무 잣나무 짙디짙고 살구꽃 흩날리는데 松栢陰陰杏花飛

지금도 작은 비석이 다리 가에 서 있네 至今短碑立橋側

이 돌이 어찌하여 만인의 예를 받는가 此石豈使萬人式

선생이 백세의 법도를 바루었기 때문일세 先生能正百世則

　　임고서원 은행나무(경상북도기념물 제63호)는 정몽주의 정신만큼, 최초의 서원인 소수서원의 은행나무 다음으로 중요하다. 임고서원 입구 은행나무의 나이는 500살 정도로 추정하고 있는데 부래산에 위치한 임고서원의 은행나무를 서원을 옮기면서 지금의 위치로 같이 이식한 것으로 알려져 있다. 임고서원의 은행나무가 중요한 것은 조선 성리학의 정통성을 상징하는 '동방이학지수東方理學之樹'이기 때문이다. 이런 점에서 임고서원 은행나무의 보존은 매우 시급하다. 현재 임고서원 은행나무에 대한 보존은 매우 부실하다. 단적인 예로 태풍으로 부러진 나뭇가지를 은행나무 밑에 그대로

숭산 숭양서원 앞 살구나무

방치하고 있다.

서원은 제사 기능을 담당하는 사당을 중심으로 교육 기능인 강당, 도서관 기능인 서고 등 다양한 요소로 구성된다. 나무도 빼놓을 수 없는 서원의 기능이다. 그러나 임고서원의 은행나무는 현재 서원의 기능으로서의 가치를 충분히 인정받지 못하고 있다. 시의 첫 구절에 등장하는 선죽교의 경우만 해도 현재 임고서원 은행나무 앞에 북한의 선죽교를 모방해서 만들었지만, 정작 선죽교의 '죽竹'은 찾아볼 수 없다. 선죽교 주변에는 정몽주가 이방원, 즉 조선 태종의 부하에게 죽으면서 흘린 피에서 태어난 대나무가 아니라 줄기가 붉은 풀을 심었다. 황경원黃景源(1709~1787)의 시에 등장하는 개성시 선죽동의 숭양서원崧陽書院은 정몽주의 집터에 세운 서원이다. 따라서 숭양서원은 정몽주의 충절을 기리기 위해서 세운 것으로 숭양서원 안에는 대나무가 있다.

황경원의 시에서 한 가지 주목할 것은 소나무와 잣나무와 함께 살구꽃이 흩날린다는 내용이다. 숭양서원에서 언급한 살구꽃은 남한의 서원에서는 찾아볼 수 없다. 추측건대 북한의 숭양서원에는 은행나무가 아니라 살구나무가 상징 나무였을지도 모른다. 만약 숭양서원의 상징 나무가 은행나무가 아닌 살구나무라면, 문화 변용의 좋은 사례로 삼을 수 있을 것이다. 혹 개성 숭양서원의 살구나무가 중국 허난성 숭산의 숭양서원崇陽書院의 살구나무와 무슨 관계가 있을지도 모른다.

도동서원과 한훤고택의 은행나무

── 대구시 달성군 도동의 도동서원道東書院은 조선 성리학의 도통道統에서 중요한 위치를 차지한다. 정몽주를 동방 성리학의 시조로 파악한다면 도동서원의 한훤당寒暄堂 김굉필金宏弼은 정몽주의 뒤를 잇는 중심인물이다. 1786년 예조의 아래 상소에서 동방 성리학의 계보를 엿볼 수 있다.[42]

경상·충청·원춘原春·경기의 생원 김광형金光洞 등이 상언하기를, '동방의 성리학은 실로 정몽주에서 출발했습니다. 정몽주가 길재吉再에게 전하고, 길재가 김숙자金叔滋에게 전하고, 김숙자가 그의 아들 김종직金宗直에게 전하고, 김종직이 김굉필金宏弼에게 전하고, 김굉필이 조광조趙光祖에게 전했습니다.

경상, 충청, 원춘, 경기 4도의 유생 김광형金光洞 등 823인이 상소한 데 대해, 비답을 내렸다.

상소의 대략에, "하늘이 바야흐로 아름답고 밝은 운運을 열려고 할 적에는 반드시 성현의 학문을 실천하고 후학을 인도하는 책임을 맡을 자가 나오니, 끊어진 학문이 이를 통하여 다시 이어지고 사문斯文이 의뢰하여 실추되지 않는 법입니다. 신들이 들은 바로는 우리 세종조世宗朝의 사예司藝 김숙자가 바로 이 사람이라고 합니다. 우리 동방의 성리학은 실제로 문충공文忠公 정몽주로부터 시작되었는데, 정몽주가 거듭 전하여 김숙자를 얻었고, 김숙자가 또 거듭 전하여 문경공文敬公 김굉필, 문정공文正公 조광조를 얻었으니, 이는 신들이 억측하여 말하는 것이 아닙니다. 문순공文純公 이황이 일찍이 중국 사신의 물음에 답하기를

한훤고택

도동서원 전경

'정몽주가 길재에게 전하고, 길재가 김숙자에게 전하고, 김숙자가 그 아들 김종직에게 전하고, 김종직이 김굉필에게 전하고, 김굉필은 조광조에게 전했다'고 했습니다."

정몽주에 이어 조선의 성리학은 야은治隱 길재, 강호江湖 김숙자로 이어졌다. 그다음은 김숙자의 아들 점필재佔畢齋 김종직에서 김굉필과 일두一蠹 정여창鄭汝昌으로 계승되었다. 특히 김굉필은 동방오현 중에서 수현首賢이라는 점에서 그를 모신 도동서원의 비중은 아주 높다.

도동서원은 1568년 비슬산 동쪽 기슭의 쌍계서원雙溪書院을 1607년 지금의 위치로 옮기면서 사액한 이름이다. 쌍계서원은 1573년에 사액되었다. 그러나 임진왜란으로 불에 타자 현재의 위치로 옮겼다. 옮긴 후의 이름은 보로동서원甫勞洞書院이었다가 사액되면서 지금의 이름으로 바뀌었다. 도동서원의 '도동'은 '도가 동쪽으로 왔다'는 뜻이다. 그만큼 도동서원은 '도학'인 성리학의 핵심을 실천하고 있는 서원을 의미한다. 도동서원에는 여느 서원과 다른 특징이 있다. 무엇보다도 서원 철폐 때도 살아남아서 중건 후의 원형을 잘 보존하고 있다. 그래서 도동서원강당사당부장원道東書院講堂祠堂附墻垣, 즉 도동서원의 담장은 보물 제350호다. 도동서원은 2007년 10월 10일 사적 제488호로 지정되었다.

도동서원은 건축학적으로도 아주 귀중한 문화재다. 도동서원을 비롯한 서원은 기본적으로 성리학적 건축 담론에서 접근해야 한다. 특히 도동서원의 건축과 설계자의 관계, 도동서원 주변의 성리학 건축과 관련 인물은 조선의 성리학을 이해하는 데 매우 중요하다. 아울러 도동서원과 관련 건축은 단순히 건축 담론에서만이 아니라 상징 나무와 관련해서도 주목할 필요가 있다.

현재의 도동서원(대구광역시 달성군 구지면 구지서로 726)을 중건한 사람은 한강寒岡 정구鄭逑(1543~1620)였다. 정구가 도동서원을 중건한 것은 그가 김굉필의 외증손이었기 때문이다. 경북 성주 출신인 정구는 이황과 조식의 제자로 잘 알려진 인물이다. 도동서원은 처음부터 끝까지 예학 전문가인 정구가 기획한 작품이었다. 그래서 다른 서원과 달리 철저하게 예학에 기초한 건축이다. 예는 성리학 혹은 유학의 기본 중의 기본이었다. 극기복례克己復禮는 예가 얼마나 중요한지를 잘 보여주는 말이다. 예학적 건축은 기본적으로 위계적 질서를 추구한다. 예가 기본적으로 위계를 의미하기 때문이다.[43]

도동서원은 대니산戴尼山을 등진 급경사에 위치한다. 전국의 서원 중에서 도동서원처럼 급경사에 위치한 사례는 아주 드물다. 소수서원은 평지에 위치하고 있다. 우리나라 서원의 기본을 보여주는 곳은 도산서원이다. 도산서원은 다소 경사진 곳에 위치한다. 도동서원은 1575년에 설립된 도산서원보다 32년 늦은 건축이다. 도동서원은 급한 경사지를 18개의 좁고 긴 석단石段들로 터를 닦았다. 그런데 지금의 도동서원 수월루水月樓는 정구가 설계한 도동서원과 무관하다. 수월루는 1855년에서야 만들어졌다. 따라서 정구가 설계한 도동서원은 수월루를 지나 환주문喚主門 계단에서 출발해 사당의 계단까지다. 도동서원은 강당과 사당을 위한 두 곳의 평지 사이에 매우 좁은 석단들이 중첩되는 구성이다. 그래서 도동서원에 들어가기 위해서는 자연스럽게 돌계단에서 질서를 이룰 수밖에 없다. 돌계단은 오직 한 사람만 올라갈 수 있을 정도로 폭이 좁다. 석단의 동일한 구성은 예에 맞게 통일성을 부여함과 동시에 석단들의 좁고 넓은 운율이 부분의 전체성을 이룬다. 더욱이 수월루를 제외하면 도동서원의 모든 건물은 맞배지붕 형태를 띠는 아주 독특한 구조다. 맞배지붕은 경건한 예적 질서를 구현하는 데 적합하다.

도동서원에서 빼놓을 수 없는 것이 은행나무다. 이곳의 은행나무는 현재 수나무이며 400살 정도다. 400살의 근거는 정구가 도동서원을 중건하면서 심었다고 보기 때문이다. 도동서원의 은행나무는 소수서원과 달리 두 그루가 아니라 한 그루다. 다만 훨씬 훗날 심은 한 그루의 은행나무가 김굉필의 신도비 옆에 살고 있다. 도동서원의 은행나무는 처음부터 두 그루를 심은 사례는 아니지만 현재 시점에서 본다면 결과적으로 두 그루가 있는 셈이다. 대구광역시에서는 도동서원의 은행나무를 '한훤당 김굉필 나무'로 명명했다. 이곳의 은행나무는 가지 하나가 땅에 닿아 있는 독특한 모습이다. 도동서원의 은행나무는 그간 여러 차례 태풍 피해를 입어 상태가 좋지 않지만 줄기는 아직 괜찮은 편이다. 서원 입구에서 바라보면 서원을 가릴 만큼 웅장하다.

도동서원의 은행나무와 함께 반드시 언급해야 할 또 다른 은행나무는 도동서원과 아주 가까운 거리에 위치한 한훤고택(대구광역시 달성군 현풍읍 지동1길 43)의 나무다. 이곳은 김굉필이 머물렀던 공간이다. 본관이 황해도 서흥인 김굉필이 달성군에 자리를 잡은 것은 증조부 김사곤金士坤이 수령과 청환淸宦을 역임하다가 아내의 고향인 경상도 현풍현으로 이주하면서 인연을 맺었기 때문이다. 김굉필은 할아버지 김소형이 개국공신 조반趙

도동서원 앞 은행나무

한훤고택 앞 은행나무

胖(1341~1401)의 사위가 되면서 할아버지 이래 살았던 서울 정릉에서 태어났다. 그러나 서울에서 생활하면서도 현풍 및 합천의 야로冶爐, 성주의 가천伽川 등지를 왕래하면서 지역 성리학자들과 사귀면서 학문을 닦았다. 특히 현풍은 김굉필의 처가가 있는 곳이고, 성주는 처의 외가가 있는 곳이었다. 김굉필은 이러한 인연으로 김종직을 스승으로 모실 수 있었다. 특히 그가 평생토록 중시한 『소학小學』은 스승 김종직이 중시한 것이었다. 김굉필은 자신을 '소학동자小學童子'라 불렀다. 그러나 김굉필의 삶은 1498년 무오사화가 일어나면서 전기를 맞았다. 그는 김종직의 제자라는 죄목으로 장 80대와 원방부처遠方付處의 형을 받고 평안도 희천에 유배되었다가 2년 뒤 순천에 이배되었다. 그는 희천의 유배지에서도 후학 양성에 힘썼다. 이 과정에서 정암 조광조가 김굉필의 제자가 되었다. 조광조는 김굉필의 학문을 이어받아 성리학의 정통성을 계승했다. 조광조의 위상에 대해서는 다음의 글에서 짐작할 수 있다.[44]

사정전思政殿에 나아가 사유師儒와 유생 등에게 강講을 시키니, 성균관 사성 김안국金安國이 『논어』를 강하여 '통通'하고, 사예司藝 김윤온金允溫이 『시경詩經』을 강하여 '통'하고, 진사 조광조는 『중용中庸』을 강하여 '약略'했다. 강이 파한 뒤에 안국과 윤온에게는 '각각 마장馬裝 한 벌씩 하사하라'고 명했다.

사신은 논한다. 국가가 무오사화를 겪은 뒤부터 사람이 다 죽어 경학이 씻은 듯이 없어지더니, 반정 뒤에 학자들이 차츰 일어나게 되었다. 조광조는 소시에 김굉필에게 수학하여 성리性理를 깊이 연구하고 사문을 진

기시키는 것을 자기의 임무로 삼으니, 학자들이 추대하여 사림의 영수
가 되었다.

한훤고택 앞에는 도동서원과 나이가 같은 은행나무 한 그루가 살고 있
다. 이곳의 은행나무는 암그루다. 도동서원과 한훤고택의 은행나무의 나이
가 같다는 것은 이곳의 은행나무도 정구가 심었다는 뜻이다. 한훤고택 앞
의 은행나무는 도동서원의 은행나무에 비해 작은 편이지만, 고택을 압도할
만큼 웅장하다.

도동서원 및 한훤고택과 함께 언급해야 할 또 하나의 나무는 행동재杏東
齋(경상남도 창녕군 고암면 계팔)의 은행나무다. 행동재는 김굉필의 손자인 성
재惺齋 김립金立이 제자를 가르친 곳이다. 이곳에는 '성재선생장리지단惺齋
先生杖屨之壇'이라는 비석이 있다. '장리'는 '지팡이를 짚고 다닌다'는 뜻이다.
'장리杖屨'라고 부르기도 한다. 이는 중국 주나라 때 60세부터 지팡이를 짚
고 다닐 수 있도록 허락한 데서 유래했다. 행동재 아래쪽에는 450년 된 은
행나무 한 그루가 있다. 행동재의 은행나무도 정구가 창녕 현감 시절 진외
종숙陳外從叔인 김립을 찾아갔을 때 함께 심은 것이다. 김굉필의 손자가 행
동재에 머문 것은 무오사화 때문이었다. 1498년 무오사화는 김굉필의 가정
에 큰 시련이었다. 그래서 그의 가족은 화를 피하기 위해 근거지를 옮겨야
만 했다. 김굉필의 둘째 아들 김언상金彦祥은 외가가 있는 합천, 그리고 고
조모의 고향인 현풍과 그다지 멀지 않은 창녕군 고암면에 피난했다. 창녕
군 고암면 계상리에는 1866년 설립한 김언상을 모시는 구니서당求尼書堂
(경상남도 문화재자료 제249호)이 있다. 구니서당은 설립 당시 서원이었으나

행동재 은행나무

서원 철폐령으로 없어졌다가 1916년 지금의 서당으로 복원했다. 행동재는 구니서당과 가까운 거리에 위치한다.

자계서원의 은행나무

—— 무오사화는 조선 초기 사림파土林派에게 혹독한 시련을 안겼다. 1498년 무오년에 발생한 '사화'는 역사와 관련해서 일어났기에 붙인 이름이다. 이 사건으로 김굉필뿐 아니라 많은 사람이 화를 입었다. 무오사화는 조선 초기 김종직을 중심으로 한 사림파와 유자광柳子光(1439~1512)·이극돈李克墩(1435~1503)을 중심으로 한 훈구파 간의 권력투쟁 과정에서 일어났다. 사건은 성종 때 사림이 3사三司(사간원·사헌부·홍문관)의 언론직 및 사관직을 차지하면서 세조의 즉위 이후 요직을 차지한 훈구 대신의 비행을 폭로·규탄하면서 시작되었다. 특히 김종직의 제자 탁영濯纓 김일손金馹孫(1464~1498)이 성종 때 춘추관春秋館 사관 시절 이극돈의 비행과 세조의 찬탈을 사초에 기록하면서 김일손과 이극돈 사이에도 반목이 생겼다. 무오사화는 유자광·이극돈 등이 김종직 일파를 제거한 사건이었다. 김일손이 사초에 기록한 노산대군의 일에 대한 공초 내용[45]은 다음과 같다.

> 사초史草에 이른바 "노산魯山의 시체를 숲속에 던져버리고 한 달이 지나도 염습하는 자가 없어 까마귀와 솔개가 날아와서 쪼았는데, 한 동자가 밤에 와서 시체를 짊어지고 달아났으니, 물에 던졌는지 불에 던졌는지 알 수가 없다"고 한 것은 최맹한崔孟漢에게 들었습니다. 신이 이 사실을 기록하고 이어서 쓰기를 "김종직이 과거하기 전에 꿈속에서 느낀 것

자계서원 전경

이 있어 조의제문弔義帝文을 지어 충분忠憤을 부쳤다" 하고, 드디어 종직의 조의제문을 썼습니다.

무오사화는 1498년 『성종실록』을 편찬하면서 발생했다. 당시 이극돈은 실록청 당상관이었다. 그는 김일손이 사초에 삽입한 김종직의 '조의제문弔義帝文'이 세조가 단종의 왕위를 빼앗은 일을 비방한 것이라고 연산군에게 고발했다. 이극돈이 문제 삼은 김종직의 '조의제문'은 중국 삼국시대 항우項羽가 의제義帝를 죽인 것을 조문한 내용이다. 이극돈이 이 사실을 연산군에게 알린 것은 연산군이 사림파를 싫어한다는 걸 잘 알고 있었기 때문이다. 유자광도 김종직을 논죄할 것을 강력하게 요청했다.[46]

이 사람이 감히 이러한 부도不道한 말을 했다니, 청컨대 법에 의하여 죄를 다스리시옵소서. 이 문집 및 판본을 다 불태워버리고 간행한 사람까지 아울러 죄를 다스리시기를 청하옵니다.

연산군은 유자광의 요청에 대해 다음과 같이 지시했다.[47]

어찌 이런 마음 아픈 일이 있단 말이냐. 의의議擬하여 아뢰도록 하라. 국가에서 종친宗親에게 그 녹을 잃지 않게 하니 그 은혜가 막중하거늘, 이총李摠은 조관朝官들과 결탁해서 장차 무엇을 하려는 것이냐? 만약 종친이라 하여 그 죄를 다스리지 않는다면 여러 종친이 어찌 경계할 줄을 알겠느냐. 형장 심문을 하도록 하라.

연산군은 김일손 등을 심문하고 이미 죽은 김종직의 관을 파헤쳐 그 시체의 목을 베었다. 김일손은 무오사화에서 죽임을 당했다. 경북 청도군 이서면에 위치한 자계서원紫溪書院(경상북도 유형문화재 제83호)은 김일손을 모신 곳이다. 자계서원은 1518년(중종 13) 자계사紫溪祠에서 출발해서 1576년 운계서원雲溪書院으로 이름을 바꿨다가 임진왜란으로 불타 없어진 것을 1615년(광해군 7)에 중건하고 김극일金克一(1522~1585)과 김대유金大有(1479~1551)를 더하여 모셨다. 1661년(현종 2)에 '자계紫溪'라는 사액을 받았으나,[48] 서원 철폐령으로 없어졌다가 1924년에 복원되었다.

자계서원에는 두 그루의 은행나무가 살고 있다. 두 그루 중 한 그루는 암그루이고, 한 그루는 수그루다. 이곳의 은행나무는 영귀루詠歸樓 오른편에 위치하고 있다. 자계서원의 두 그루 은행나무는 성균관과 소수서원의 사례와 같다는 점에서 주목할 가치가 있다. 전국의 서원 중 두 그루 은행나무가 있는 곳은 소수서원과 자계서원이 유일하다. 이런 점에서 자계서원의 두 그루 은행나무는 우리나라 서원의 상징 나무를 가장 잘 계승하고 있는 대표적인 사례. 특히 김일손이 직접 심었다는 얘기가 전해져 현재 은행나무 앞에 '탁영선생수식목濯纓先生手植木'이라 적은 표석이 있다. '탁영선생수식목'은 중국 취푸의 공부 대성전 근처에 있는 '선사수식회先師手植檜'를 모방한 것이다. 그러나 '탁영선생수식목'이란 글귀에는 나무 이름이 없는 게 흠이다. 따라서 '탁영선생수식은행濯纓先生手植銀杏'이라 적어야 옳다. 자계서원의 은행나무를 정말 김일손이 직접 심었는지는 정확하지 않지만 만약 그렇다면 수령은 500살이 넘는다. 왜 하필 두 그루인지에 대해서는 알 수 없지만, 은행나무의 생태와 밀접한 관계가 있을지도 모른다. 은행나무는 암수

자계서원 은행나무

탁영선생수식목 표지판

딴그루다. 그래서 후손을 남기기 위해서는 암수가 마주하는 것이 중요하다. 세 곳의 성리학 공간에 두 그루의 은행나무를 심은 것도 음양의 조화를 추구한 것인지 모른다.[49]

섬계서원의 은행나무

── 섬계서원剡溪書院(경상북도 김천시 대덕면 조룡리, 경상북도 시도기념물 제160호)은 우리나라 서원 중에서도 유일하게 은행나무 천연기념물(제300호)을 보유한 곳이다. 섬계서원의 '금릉 조룡리 은행나무'는 우리나라 22본의 천연기념물 은행나무 중 하나다. 1982년에 지정되었고 암그루다. 나무의 높이는 28미터, 밑둥 둘레는 12.5미터다. 안내문이 나무의 나이를 500살로 표기하고 있으며 모양으로 볼 때 적어도 400살 이상은 돼 보인다. 우리나라 문화재청에서는 천연기념물의 경우 나무의 건상 상태와 관련 문헌 등 여러 가지를 고려해서 지정하지만, 현재 지정된 은행나무의 나이를 참고하면 수령이 적어도 400년 이상이어야 천연기념물로 지정한다. 이곳 은행나무의 특징 중 하나는 유주가 강하게 남아 있다는 점이다. 비록 성균관 은행나무의 유주보다는 작지만 아주 선명하다. 또 다른 특징은 서원의 입구가 아닌 뒤편에 위치하고 있는 점이다. 전국 서원의 은행나무는 대부분 서원 앞이나 옆에 위치한다. 그러나 섬계서원의 은행나무는 뒤편에 자리 잡고 있어서 독특하다. 그 이유는 정확하게 알 수 없지만, 서원의 공간 구조와 관련이 있을지도 모른다. 섬계서원은 전국 대부분의 서원에 비해 입구 쪽 공간이 무척 좁다.

섬계서원은 백촌白村 김문기金文起(1399~1456)를 기리는 서원이다. 김문기는 『태종실록』 편수관과 형조참판을 역임했다. 그는 1455년 세조가 즉위하면서 차사원差使員과 힘을 합쳐 유시에 따라 온성의 읍성을 축조하는 공사에서 세운 공을 인정받아 공조판서에 임명되었다. 그러나 1456년 성삼문成三問·박팽년朴彭年 등이 주동한 단종 복위 운동이 실패로 돌아가면서 사육신과 함께 김문기도 군기감軍器監 앞에서 처형되었다. 면암勉菴 최익현崔益鉉(1833~1906)은 다음과 같이 김문기를 평가했다.[50]

『시경』에 이르기를, "높은 산은 사람이 우러르고 큰길은 사람이 다니네高山仰止 景行行止"하였고 또 "백성이 떳떳한 성품을 지녀 아름다운 미덕을 좋아하네民之秉彝 好是懿德"했으니, 대체로 이 마음을 함께 지녀 흥기한 사람이 어찌 고금과 친소親疎의 차이가 있겠는가. 사람이 살아가는데 안으로는 부자父子가 있고 밖으로는 군신君臣이 있다. 그래서 신하가 임금에게 절개를 다해 충성하고 자식이 어버이에게 정성을 다해 효도하며 목숨까지 바치니, 이는 본분이 정해졌기 때문이다.
금녕 김씨金寧金氏 충의공忠毅公(충의는 김문기의 시호)은 일찍이 고과高科에 급제했고 삼조(세종·문종·단종)를 내리 섬기면서 내직과 외직을 거쳐 지위가 상경上卿에 이르렀다. 지금은 세대가 멀어져서 그의 은미한 말씀과 논리를 대략도 볼 수 없지만 사생영욕死生榮辱을 초월한 군자의 대절大節을 말하자면, 우리나라의 정치가 가장 훌륭했던 시대는 세종·문종 때였는데 공이 이 시기에 영화를 누렸으며, 교화와 인륜人倫의 변란이 을해·병자 두 해보다 더 참혹한 때는 없었는데, 공이 이 시기에 돌아갔다. 이는 아마도 성분性分에 정해진 것이고 외적인 것(이욕利欲)은

섬계서원 은행나무

원하지 않아서일 것이다. 그러니 어찌 비난의 대상이 되겠는가.

영조대 이후에 신원의 단서丹書를 내려 관직을 회복하고 시호를 내렸으며, 사단祠壇에 배향하고 부조전不祧典을 내렸으니, 열성조列聖朝의 보답에 유감이 없다고 하겠다. 이는 가릴 수 없는 천리이고 속이기 어려운 인심이다. 그리고 영남과 호남에 흩어져 살고 있는 자손들이 무려 몇천 가구가 되는데, 모두 근검하고 문행文行이 있어 뛰어난 명가名家가 되었으니 더욱 그가 쌓은 음덕에 다함이 없음을 알겠다.

사우祠宇는 옛날 지례현知禮縣 섬계촌剡溪村에 있었다가, 지금은 합천군 황계黃溪에 있다. 이것은 뒤에 옮겨서 세운 것으로, 방실房室·문정門庭·의물儀物 등이 모두 갖추어져 있다. 그리고 묘문廟門 밖 서쪽에 몇 칸의 집을 지어 '경의당景義堂'이라고 편액했다. 이곳은 가문의 자손들이 공부하는 곳으로 인의·충효의 실상을 익히고 밝혀서 선조가 뜻한 일을 만에 하나라도 실추시키지 않고자 했다. 그러나 공의 공다움을 어찌 쉽게 말하겠는가. 공이 자신을 닦은 것은 근본이 있어서 변란에 대처하는 데 연유가 있었던 것이며, 하루아침에 갑자기 얻어진 것이 아니다.

진실로 이 경의당에 거처하는 자가 조석으로 두려워하며 조심하여 가업을 계승하고 덕을 쌓고 인仁을 베푸는 것이 아무나 할 수 없는 일임을 깊이 탐구해서 이 어지러운 세파에서 벗어나게 된다면, 곧 공에게도 더욱 빛이 있을 것이다. 아, 힘쓰지 않을 수 있으랴.

나에게 기문을 청한 자는 후손인 김용구金溶九·김윤권金允權이었는데, 모두 훌륭한 선비였다.

김문기는 사육신과 함께 단종 복위 운동 과정에서 죽었으나 사육신과 같은 평가를 받지 못했다. 사육신은 1691년(숙종 17) 정부에서 복관시켰지만, 김문기는 1731년(영조 7)에서야 복관되었고 1757년에 '충의忠毅'란 시호를 받았다. 사육신 중 성삼문은 충문忠文, 박팽년은 충정忠正, 유응부는 충목忠穆, 하위지는 충렬忠烈, 이개는 충간忠簡, 유성원은 충경忠景이다. 1791년(정조 15)에 단종을 위해 충성을 바친 여러 신하에게 『어정배식록御定配食錄』을 편정할 때, 김문기는 민신閔伸·조극관趙克寬과 더불어 삼중신三重臣에 포함되었다.

최익현에 따르면 섬계서원은 김천 섬계촌의 이름을 딴 것이지만, 특별한 의미를 갖고 있다. 섬계는 친구의 방문을 뜻하는 말이다. 중국 진晉나라 왕휘지王徽之가 폭설이 내린 밤에 술을 마시며 좌사左思의 초은招隱 시를 읊다가 갑자기 저장성 차오어강曹娥江 상류의 섬계에 있는 친구 대규戴逵가 생각이 나서 밤새 배를 저어 그 집을 찾아갔다가 흥이 다해 돌아왔다는데서 유래했다. 적지 않은 사람이 아래와 같이 왕휘지의 섬계 고사를 떠올리면서 작품을 남겼다.

「두보의 장부초당 시에 차운하여 감회를 적다 5수

五首書懷次杜詩將赴草堂韻」[51]

섬계의 멋진 약속 이루어질까 기대하며 佳期相待中溪
막막한 안개 저 백사장 얼마나 눈이 흐렸던고 漠漠煙沙眼幾迷
가로 누운 능선 위엔 초승달이 다시 뜨고 新月又從橫嶺上

끊긴 다리 서쪽으로 오늘도 기우는 저녁 햇빛 夕陽還在斷橋西

돌아가는 바닷물이 손님 배 맞을 줄 어찌 알까 歸潮不解將舟楫

우수수 낙엽 지니 말발굽 소리도 들릴 리야 落葉無因聽馬蹄

요즈음 왜 이리 답답한지 한번 알아보려고 欲識日來難撥悶

절간의 스님 찾아 혼자서 진흙탕 뚫고 가네 尋僧蕭寺獨衝泥

「이튿날 눈이 그치고 달이 또 너무나 밝기에 次日雪晴月又明甚」[52]

미풍에 눈발이 날릴 때는 아지랑이 같더니만 輕颸初看同野馬

수레 만 대를 퍼부었나 어느새 무수히 쌓였어라 積多不數萬牛車

여기에 다시 봄 달 불러 환한 빛을 꾸어오고 還邀春月借爲魄

화신풍 花信風에 걸맞게 눈꽃을 또 훔쳐왔네 已趁信風偸作花

파교 위의 말 탄 길손 멋진 시구를 얻고 말고 灞上着驢應得句

산음의 뱃길 노 젓나니 집 생각할 틈이 있으리오 山陰回棹豈思家

신선은 뭐니 뭐니 해도 누각이 제일 좋은지라 神仙最是樓居好

이 한 밤 주렴 꼭지 내릴 생각을 하지 않으리라 一夜珠簾不下又

　섬계서원은 중국 백록동의 주돈이를 모신 염계서원을 모방했을지도 모른다. 소수서원 경렴정의 사례에서 보듯이 주돈이를 흠모하는 분위기를 감안하면 섬계서원은 단순히 지명에서 유래한 것만은 아닐 것이다. 성리학의 사상을 담고 있는 서원은 그 명칭도 매우 중요하기 때문이다.

동락서원의 은행나무

—— 동락서원東洛書院은 1655년(효종 6)에 여헌旅軒 장현광張顯光(1554~
1637)을 기리기 위해 세웠다. 1676년(숙종 2)에 '동락'이라고 사액을 받아 사
액서원으로 승격되었다. 동락서원은 1610년(광해군 2) 장현광이 세운 부지
암정사不知岩精舍에서 출발했다. 부지암이라는 이름은 정사 옆 낙동강 위를
점점이 수놓은 바위의 깊이를 알 수 없다는 데서 유래했다. 아래에서 보듯
이 동락서원은 정조 때까지만 해도 상당히 비중 있는 서원이었다.[53]

안동에 사는 유학 김복건金復建이 상언하여, 증 판서 김우옹金宇顒의 서
원에 사액할 것을 청했는데, 하교하기를, "서원에 함부로 사액할 수 없
다고 이미 선조先朝의 수교受敎가 있었으므로 가볍게 의논할 수가 없다.
그러나 증 판서 김우옹은 바로 선조[穆廟] 때에 경연[經幄]에 출입한 사
람이고, 듣건대 또한 선정신 이황에게서 글을 배웠다고 한다. 지나간 해
에 내가 춘저春邸에 있을 때 그가 편찬한 『속강목續綱目』 원본을 가져다
보고, 이어서 세자궁의 관리를 시켜서 교정하여 서연에서 진강하게 했
으니, 성의를 보이는 조처를 취하지 않을 수가 없다. 예관을 보내어 청천
서원晴川書院에 치제致祭하게 하라. 또한 나의 감회를 일으키는 자가 있
으니, 문강공文康公 장현광의 동락서원에도 일체로 치제하게 하라" 했다.

치제는 국가에서 왕족이나 대신, 국가를 위하여 죽은 사람에게 제문과
제물을 갖추어 지내주는 제사를 말한다. 정조가 청천서원에 치제하면서
장현광을 모신 동락서원까지 치제를 챙긴 것은 그만큼 그를 흠모했다는 의

부지암정사

미다. 청천서원은 청천서당을 1729년 동강東岡 김우옹金宇顒(1540~1603)을 모시며 서원으로 승격했다. 김우옹은 한강 정구와 더불어 성주를 대표하는 성리학자였다. 한강과 동강을 '이강二岡'이라 부른다. 장현광에 대한 흠모는 목재木齋 홍여하洪汝河(1620~1674)의 시[54]에서도 확인할 수 있다.

「장대성의 임은와 운에 차운하다次張大成林隱窩韻」

괴롭게 장평자를 추억해보노라니 苦憶張平子

임은 마을로 돌아와 농사짓는다네 歸田林隱村

풍진의 한양 땅은 아득히 멀고 風塵京國迥

큰 나무 전통 세가는 그대로 있네 喬木故家存

시 읊조리니 주옥같아 절로 널리 알려지고 吟罷玉無脛

덕이 높아 말하지 않아도 찾는 사람 많네 蹊成花不言

창주에 우리의 도를 의탁해놓고 滄洲付吾道

또 스스로 임금의 은혜 그리워하네 也自戀君恩

홍여하의 시에 등장하는 장대성, 즉 장응일張應一(1599~1676)은 장현광의 아들이다. '교목고가'는 곧 장현광의 집안을 의미한다. '창주'는 성리학자들의 꿈을 상징하는 용어다. 창주는 중국 동쪽 바다 가운데 신선이 사는 창랑주滄浪洲로 은자가 사는 곳, 주희가 학문을 가르치던 곳을 의미한다. 여기서는 주희가 강학하던 곳을 가리킨다. 주희의 호 중 하나가 창주병수滄洲病叟다. 그래서 창주 혹은 창랑은 우리나라 성리학자의 강학 공간에서 자

주 만날 수 있다. 예컨대 경북 영양군 주곡마을의 창주정사滄洲精舍, 봉화군
의 창랑정사滄浪精舍는 모두 주자학의 강학 장소라는 뜻이다.

시에서 "임금의 은혜를 그리워하네"는 동락서원의 사액을 의미한다. 동락
서원의 '동락'은 '동방의 정자程子'를 뜻한다. '낙'은 바로 중국 낙양이고 중
국 북송시대 정자의 고향이다. 정호와 정이 형제 중 정이는 주자의 스승이
었다. 그래서 조선시대엔 정자를 상징하는 단어를 사용한 서원이 적지 않
았다. 한강 정구를 모신 대구광역시 달서구의 이락서원伊洛書院도 동락서원
의 경우와 같다. 따라서 동락서원은 정자와 주자학의 정신을 계승한 서원
이다. 장현광의 8세손 사미헌四未軒 장복추張福樞(1815~1900)도 동락서원에
서 강학했는데, 8대조 장현광이 지은 부지암정사와 관련해서 시55를 남기
기도 했다.

『부지암정사 중건시의 운자에 시를 짓다不知巖精舍重建韻』

삼칸오가의 집은 여전히 옛날과 같은데 三間五架尙依前

처음 정사를 지은 지 어느덧 17년이 지났네 經始居然十七年

곳곳에 끼친 향기는 수석에 남아 있고 在在遺芬餘水石

유유하게 흘러간 지난 세월은 다만 풍진 세상이네 悠悠往劫但風煙

귀신이 보호하고 아끼던 이 같은 땅에 鬼護神慳如許地

솔개가 날고 물고기가 뛰니 자연스러운 법칙이네 鳶飛魚躍自然天

계지술사가 어찌 한갓 집을 짓는 것이겠는가 繼述豈徒肯構已

거듭 애써 송축하는 뜻이 끝이 없네 申勤禱頌意無邊

장복추는 부지암을 건립한 지 7년이 지난 1617년에 시를 지었다. 경북 봉화군 법전면 소천리에는 옥천玉川 조덕린趙德鄰(1658~1737)이 만년을 보낸 사미정四未亭이 있다. '사미'는 유교의 기본 원리인 부자유친父子有親, 군신유의君臣有義, 붕유유신朋友有信, 형우제공兄友弟恭 등 네 가지를 제대로 하지 못했다는 뜻이다. 이 구절은『중용』13장의 공자의 말을 빌린 것이다.

군자의 도가 네 가지인데, 나는 그중에 한 가지도 제대로 하지 못한다. 자식에게 바라는 것으로 부모를 섬기지 못하며, 신하에게 바라는 것으로 군주를 섬기지 못하며, 아우에게 바라는 것으로 형을 섬기지 못하며, 벗에게 바라는 것으로 내가 먼저 베풀지 못한다君子之道四 丘未能一焉 所求乎子 以事父 未能也 所求乎臣 以事君 未能也 所求乎弟 以事兄 未能也 所求乎朋友 先施之 未能也.

간송澗松 조임도趙任道(1585~1664)는 장현광에게 직접 배운 제자였다. 조임도에게 부지암은 특별한 공간이었다. 그는 진정으로 아래와 같이[56] 장현광을 존경했다.

「원회당에서 여헌 선생을 배알하다拜旅軒先生于遠懷堂」

우러러 사모하는 장 선생 景仰張夫子
고상한 명성은 천하에 으뜸이네 高名冠斗南
깊고 그윽한 뜻 바다처럼 넓고 淵沖滄海闊

동락서원

절벽처럼 높은 기상 태산의 바위라네 壁立泰山巖

난실엔 봄바람이 가득하고 蘭室春風滿

얼음 항아리엔 밝은 달이 잠겼지 氷壺皓月涵

부귀를 뜬구름처럼 보면서 浮雲看富貴

부지암에서 달갑게 늙어간다네 甘老不知庵

시에 등장하는 원회당은 경북 구미시 선산읍 생곡리에 위치한다. 이곳
은 장현광의 영정을 모시는 기념 공간이다. 장현광의 8세손 장복추는 아래
와 같이 원회당 중건기 상량문을 썼다.[57]

「원회당중건상량문遠懷堂重建上樑文」

종을 치듯이 나무를 다듬듯이 하는 학문의 풍도風度와 운치는 이미 옛
날 일이 되었으나, 대나무의 우거짐과 소나무의 무성함같이 서까래와
기둥은 거듭 새로워졌네. 폐함도 있고 흥함도 있으니, 중건을 이에 도모
하고 이에 계획하네. 공손히 생각건대 우리 선조 문강공文康公(장현광)
께서는 교화는 흡족한 비가 내리는 것 같고 학문의 도는 조종을 전했
네. 하물며 일선一善(선산)은 명유 석학들의 고장으로 이웃에 반드시 외
롭지 않은 덕망을 가진 사람이 있었으랴? 오직 원당元堂의 경치 좋은
터전은 현자도 또한 여기를 즐거워하는 마음이 있네. 노경암盧敬庵이 월
파月波의 상류 지세를 살펴보았으니 완연히 주회암朱晦庵의 백록동과 같
고, 박유당朴遊堂이 대장괘大壯卦의 원길元吉에서 상을 취하여 소요부邵

堯夫의 행와行窩를 이루었네. 농암 아들의 유허지와 아침저녁으로 서로 바라보고. 야은의 상덕묘尙德廟와는 지척에 두고 오히려 향기를 품네. 문미의 편액을 여헌旅軒으로 이름하여 드디어 만년에 서식하는 장소로 정했고, 돌아가신 뒤에는 초상화를 받들어 모셔 아직까지도 많은 선비가 귀의하네. 어찌 해마다 한 번 제향을 올리던 사당이 나라 안의 모든 서원이 훼철되는 데 휘말릴 줄 알았겠는가. 초상화가 엄숙하게 자리했던 터전은 갑자기 잡초로 무성해졌고, 유자들이 분주히 달려오던 장소는 풀에 덮여 있음을 차마 보겠네. 공의 생신날에 제사를 드리는 일을 비록 예전처럼 거행하기는 어려우니, 별도의 집에서 받들어 모실 도모를 하여 지금에서야 건물을 짓게 되었네. 성의가 있으면 사물이 있게 되니 힘이 미약하다고 말하지 말고, 옛것을 일으키고 새로운 것을 일으키니 어찌 공이 배가 됨을 생각하지 않으리? 각자에게 임무를 주니 이 고을 저 고을 출신을 묻지 않고, 유교에 관계되는 일이니 다투어 목수와 도공을 모으네. 준공이 며칠 만에 이미 이루어졌으니, 아름답게 높고 크며 찬란히 빛나고, 의도가 실제로 화려하지 않은 데 있으니, 그런대로 이만하면 모였고 그런대로 이만하면 갖추었다 하겠네. 처마와 기둥이 새롭게 세워지니 정령이 의지할 데가 있음을 기뻐하고, 강과 산이 빛남을 더하니 경물이 예전과 같음을 감격하네. 이에 대들보를 올리는 일을 도와 축원과 규계의 말을 펴네.

대들보를 동쪽으로 던지니 抛樑東
동쪽에 새벽 해 돋아 창살에 오르네 扶桑曉旭上窓櫳

청명한 밤의 기운이 아침까지 나타나니 清明夜氣終朝見

아득히 생각하매 참된 공부가 이곳에 있네 緬仰眞工在此中

대들보를 서쪽으로 던지니 拋樑西

금오산의 한 줄기가 하늘과 가지런하네 金烏一抹與天齊

높고도 견고한 기상을 길이 쳐다보며 우러르니 高堅氣像長瞻仰

사문을 부지해주어 길이 미혹되지 않네 扶植斯文路不迷

대들보를 남쪽으로 던지니 拋樑南

낙동강의 물결이 흘러 도의 근원을 적시네 洛波滾滾道源涵

제사가 철회된 것이 지금까지 얼마나 오래였던가 蘋蘩一撤今何久

울울한 사람들의 마음이 절로 견딜 수가 없었네 抑鬱輿情自不堪

대들보를 북쪽으로 던지니 拋樑北

눈이 아프도록 임금이 계시는 서울을 바라보았네 日下長安勞目力

나가고 물러남에 항상 나라 걱정 백성 걱정으로 進退常懷憂國愛

길이 선조의 묘소에 인사하고 동해를 밟았네 永辭先壠踏東極

대들보를 위로 던지니 拋樑上

우러러 인자한 하늘을 보니 어찌도 넓고 넓은지 仰見仁天何蕩蕩

원하건대 은하수 만 섬의 물을 빌어 願乞銀河萬斛波

세상 사람들의 욕망을 통렬하게 씻어버리기를 痛洗人間之慾浪

대들보를 아래로 던지니 拋樑下

한 줌의 흙이 오히려 위대한 대지를 만드네 一撮土猶成地大

박후한 덕은 성실하여 변하지 않는 데서 오니 博厚也從不貳來

성인이 되는 공부에는 절로 과정이 있네 聖功自是有程課

제2장

살구나무와 은행나무의 문화 변용

동락서원 은행나무

삼가 원하건대 대들보를 올린 이후로 풍우의 피해를 물리치고 토목의 건물을 견고하게 해주소서. 경성景星과 북두처럼 후배들 모두 더욱 절절이 우러르게 하시고, 흐르는 물과 높은 산처럼 당시의 여운을 무궁하게 하소서.

동락서원 앞에는 380살 정도의 은행나무가 살고 있다. 이 나이는 곧 장현광이 직접 심었다는 사실을 의미한다. 동락서원의 은행나무는 서원의 준도문遵道門을 가릴 정도로 키가 크다.

아산맹씨행단과 은행나무

── '아산맹씨행단'(이하 맹씨행단)은 고불古佛 맹사성孟思誠(1360~1438)의 옛 집의 행단을 의미한다. 맹사성은 신창新昌, 즉 아산을 본으로 한 대표적인 인물이다. 성균관 및 향교와 서원의 공적 공간이 아닌 사적 공간의 은행나무 사례를 가장 잘 보여준다. 아울러 조선 초기 성리학의 상징 나무를 이해하는 데도 매우 중요한 사례다. 특히 맹씨행단(충남 아산시 배방면 중리)은 행단의 나무가 살구나무가 아닌 은행나무라는 증거를 보여준다는 점에서 사료적 가치가 매우 높다.[58] 맹사성의 가문은 여말선초의 성리학자를 이해하는 데 있어서도 중요한 위치를 차지한다. 맹씨행단의 세덕사世德祠에는 맹사성을 비롯해서 그의 할아버지 맹유孟裕, 아버지 맹희도孟希道도 모셔져 있다. 세덕사는 선조나 선현의 신주나 영정을 모셔두고 매년 수차례 제사 지내는 장소를 의미한다. 세덕사는 지역에 따라 향현사鄉賢祠·향사鄉祠·이사里祠·영당影堂·별묘別廟·유애사遺愛祠·생사당生祠堂 등 다양한 명칭으로

맹씨행단 세덕사

불린다. 세덕사를 비롯한 이른바 사우祠宇 전통은 고려 말 안향이 주자학을 들여오면서 본격적으로 발생했다. 특히 고려 말 『주자가례朱子家禮』가 들어오면서 정몽주 등이 사우를 제창했고 가묘家廟 제도가 성립되었다.

맹사성은 할아버지와 아버지의 영향을 강하게 받았다. 맹유와 맹희도는 이른바 고려 말 두문동杜門洞 72현賢에 속한다. 두문동 72현은 조선 건국에 반대해 지금의 황해북도 개풍군 광덕면 광덕산 기슭 두문동에서 끝까지 고려에 충성을 바치며 지조를 지킨 72명의 고려 유신遺臣을 말한다. 이성계는 이곳을 포위하고 72명을 모두 죽였다고 한다. 이곳 사람들은 태종 때 과거를 열었으나 응하지 않고 사회와 단절한 뒤 은거했다. 그래서 '문을 닫은 동네'를 의미하는 두문동이라 부른다. 두문동은 이후 충절을 상징하는 단어로 사용되었다. 『한국민족문화대백과사전』에 따르면, 두문동에는 현재 1410년에 심었다는 암은행나무가 살고 있다. 이곳의 은행나무는 나이가 600살 정도이며, 북한 천연기념물 제240호다. 이 은행나무도 성리학을 상징하는 나무로 봐도 무방할 것이다.

맹사성은 대부분의 성리학자가 그러했듯이 효성으로 유명했다. 맹사성은 정문旌門이 세워졌을 만큼 효성이 지극했으며 공조판서 시절 아버지 맹희도가 병을 앓자 사직했다. 태종은 온수현溫水縣에 살고 있는 맹희도를 위해 궁중에서 사용하는 약과 역마를 제공했다.[59] 맹희도는 아래 시[60]에 보이듯 다른 사람들에게 추앙받는 사람이었다.

맹씨행단 은행나무

맹씨행단 전경

「상서 맹희도의 시축에 쓰다. 민 자 운을 쓰다孟尙書詩軸希道占民字」

도연명은 일찍이 벼슬 버린 뒤 淵明早休官

「귀거래사」 부 한 편을 잘도 지었지 好賦歸去來

봄 다하자 전원은 황폐해지고 春盡田園蕪

바람 불자 다섯 버들 무성해지네 風來五柳開

백이와 유하혜를 우러러보니 偃仰夷惠間

높은 절개 가을 하늘 가로지르네 高節橫秋旻

임금 도움 참여했던 일 돌아다보니 顧予參佐命

담장 마주한 채 교화하려 했지 墻面秉陶鈞

모기 등에 산악을 짊어지고서 蚊背負山岳

밤낮으로 마음만 뒤엉켰지 日夜心輪困

진실로 경국제민 계책 부족해 固乏經濟策

어찌하면 이 백성 윤택하겠나 其奈澤斯民

푸른 들에 맑은 가을 달 떠오르고 綠野淸秋月

양강에는 날 저무는 봄이 왔네 楊江日暮春

임금 은혜 저버릴 수 없는 처지라 主恩不可負

서글프게 바라보며 공연히 서성이네 悵望空逡巡

* 양강에 서당이 있기 때문에 이렇게 말한 것이다.

　　맹씨행단에는 600살 된 은행나무 두 그루가 살고 있다. 이 은행나무는 맹사성이 심은 것으로 알려졌지만 현재 천연기념물은 아니고 보호수다. 하

맹씨행단 구괴정
맹씨행단 구괴정 느티나무

지만 암수가 각각 살아가는 이곳의 은행나무는 나무의 생태와 역사를 고려하면 충분히 천연기념물로서의 가치를 지니고 있다. 특히 성리학자의 사적 공간에서 만날 수 있는 전국 유일의 두 그루 사례이기 때문이다.

맹씨행단 근처에는 구괴정九槐亭이 있다. 구괴정은 맹사성이 세종 때 영의정 방촌厖村 황희黃喜(1363~1452), 우의정 독수와獨樹窩 권진權軫(1357~1435)과 더불어 지냈던 곳이다. 구괴정은 세 사람이 각각 세 그루의 느티나무를 심어서 생긴 말이다. 이 세 그루 느티나무는 중국의 세 그루 회화나무를 의미하는 '삼괴三槐'의 문화 변용이다.[61] 맹사성을 비롯한 세 사람은 조선 초 정승을 역임한 사람들이다. 맹사성은 1425년 좌군도총제부판사左軍都摠制府判事의 자격으로 명나라 성절사聖節使를 수행한 후 문신으로는 최초로 삼군도진무三軍都鎭撫가 되었으며(1427) 우의정에 올랐다. 그는 1429년 임금에게 궤장几杖을 받았다. 궤장은 나이가 많은 대신들에게 주는 궤와 지팡이를 말한다. 궤장을 주는 방법은 육조의 집무를 규정한 『육전六典』에 실려 있다. 임금이 궤장을 줄 때는 백마지白麻紙에 조칙을 써서 조정에 공포한다. 궤장을 받았을 때 맹사성의 나이는 69세였다.

경주 유연정과 은행나무

── 경주시 강동면 왕신리에 위치한 유연정悠然亭(경북문화재자료 제345호)은 유유자적하는 삶을 추구하는 뜻을 담은 정자다. 유연정은 후손들이 1811년 안동 권씨의 시조인 고려 태사太師 권행權幸을 비롯해서 권산해權山海(1403~1456)와 권덕린權德麟(1529~1573)을 추모하기 위해 세웠다. 권행이 안동 권씨의 시조가 된 것은 태조 왕건을 도와 견훤 군대를 물리치는 데

공을 세웠기 때문이었다. 그 과정은 부사직 권유權裕·권지언權之彦, 전 첨지 권건權揵 등 126인이 올린 상소[62]에 자세히 기술되어 있다.

신들의 시조는 바로 고려의 태사太師인 권행權幸입니다. 그 당시의 태사 김선평金宣平·장정필張貞弼 등과 살아서는 함께 한 고을에 공을 세웠고, 죽어서는 함께 같은 사당에서 제사를 받고 있으니, 후손으로서는 진실로 똑같이 높이 받들어야 마땅합니다. 그런데 근래 김 태사의 후예인 전 지평 김양근金養根이 한 책자를 만들어 『태사묘사적太師廟事蹟』이라는 이름으로 간행하여 세상에 내놓았는데, 다른 사람의 말을 빙자하여 신들의 시조를 여지없이 무함하고 모욕했으며, 심지어 "성姓을 하사받고 봉작을 받았다는 것은 억지로 끌어다 붙인 일에 가깝다"라고까지 했습니다. 아, 이 지경에 이르렀는데 한결같이 침묵한다면 선조에 대한 무함을 끝내 밝힐 수 없을 것입니다.

신들의 시조의 본성은 김씨이고, 다른 이름은 행幸이며, 본관은 안동입니다. 신라 말엽에 고려 태조를 맞이하여 견훤을 토벌함으로써 나라의 원수를 갚자, 고려 태조가 가상히 여겨 권씨 성을 하사하고 태사 벼슬을 내렸으며 식읍을 주어 소세를 받아먹게 했는데, 그 사실이 훈록勳錄에 실려 있습니다. 이 때문에 문충공文忠公 유계兪棨가 15인의 설을 널리 모아서 『여사제강麗史提綱』을 편찬했는데, 그중에 "권행의 본성은 김씨인데 권도權道에 통달하여 귀순歸順한 까닭에 권씨 성을 하사했다"라고 했습니다. 또 『동국통감』과 『여지승람』 등으로 상고해보면 그 사적이 분명하게 실려 있습니다.

유연정

권행은 공로를 인정받아 권씨 성을 하사받았을 뿐 아니라 대상大相의 벼슬도 받았다. 아울러 권행 등의 공로로 안동은 안동부安東府로 승격되었다. 죽림竹林 권산해(1403~1456)는 1440년(세종 22)에 천거되어 녹사錄事·주부가 되었으나 벼슬에 나가지 않았다. 1454년(단종 2)에 처음으로 종부시첨정宗簿寺僉正이 되었지만, 1455년 수양대군이 단종의 왕위를 빼앗자 울분을 이기지 못하고 조정에 나가지 않았다. 세조가 조정에 나올 것을 강요했으나 병을 치료한다는 핑계로 이를 물리쳤다. 이듬해 성삼문 등이 단종복위를 도모하다가 참형되었다는 소식을 듣고 사건에 가담하지 못한 것을 한탄하다 끝내 자살했다. 세조는 권산해가 자살하자 그의 관직을 삭탈했다. 후손들도 100년 동안 벼슬에 나가지 못했다. 권산해의 복직은 후손 권종락權宗洛의 요청63으로 정조 연간에 이르러서야 이루어졌다.

경주의 유학 권종락이 격쟁擊錚하고 말하기를, "12대조 고 첨정 산해는 장릉莊陵의 이부姨夫가 되는 신하로 평소부터 지조가 굳어 사류의 추앙을 받았으며 호를 죽림竹林이라 했습니다. 문묘文廟 경신년에 녹사 및 주부로 천거되었으나 모두 나아가지 않았고, 단묘端廟 갑술년에 비로소 종부시 첨정으로 나아갔으나, 단종이 양위讓位함에 미처서는 항상 한 번 죽을 마음을 품고 있었으므로 누차 제수의 명이 있었으나 끝내 나가서 숙배肅拜하지 않았습니다. 병자년에 권자신權自愼·성삼문 등이 먼저 옥에 갇히자 산해는 하늘을 우러러 눈물 흘리며 '이것이 진실로 하늘의 뜻인가' 하고 마침내 높은 집에서 뛰어내려 자살했습니다. 뒤에 체포령이 내렸으나 이미 죽었으므로 미칠 수 없었습니다. 그리하여 죄가 관작을 삭탈하는 데 이르고 벌이 전가 사변全家徙邊에 이르렀으며, 또 자손들을 100년 동안 금고禁錮하도록 했습니다. 이것이 그가 절개를 세운 대략입니다. 산해는 바로 고 재상 문경공文景公 권진權軫의 종손이자 현릉顯陵의 국구 경혜공景惠公 권전權專의 사위입니다. 영종대왕께서 선대왕의 성덕을 본받아 생육신과 사육신들에게 모두 벼슬을 추증하고 정문을 세워주셨습니다. 그리고 지금 우리 성상께서는 또 생육신들에게 시호를 주는 은전을 내리셨는데, 신의 조상의 충절도 실로 생육신·사육신과 하나이면서 둘입니다." 했다. 이에 대해 이조가 아뢰기를, "산해의 순절이 실로 육신과 똑같이 아름다우니 추복追復의 은전을 베푸는 것이 마땅하겠습니다." 하니, 따랐다.

정조는 권산해에게 정문旌門을 세워주고 증직贈職까지 명했다.[64]

"경기·경상·충청 세 도의 유생 송문기宋文箕 등이 상언하여 고 첨정 권산해에게 정문을 세워주고 증직하기를 요청했습니다. 산해는 병자년에 순절했는데 누각에서 투신자살하여 충절이 뛰어나니, 마땅히 드러내 빛내주는 조처가 있어야겠습니다." 하고, 비변사가 복주覆奏하기를, "산해가 누각에서 투신하여 자살한 것은 비록 뚜렷이 드러난 일이긴 하나 전가 사변과 자손 금고가 된 것으로 추측해볼 때 그가 육신의 무리였음은 의심할 여지가 없습니다. 지금 장릉莊陵에 절의를 바친 여러 신하에게 높은 보답을 하는 때에 정문하고 증직하는 것이 좋겠습니다." 하니, 따랐다.

권산해가 복직되자 많은 사람이 축하시를 지었다. 그중 무명자無名子 윤

기尹愭(1741~1826)는 그 누구보다도 권산해의 복직을 기원한 사람이었다.[65]

죽림 권공(산해)이 신원되기를 기대하며
죽림 권공(산해)이 평소에 「백이전伯夷傳」을 즐겨 읽었는데, 단종이 임금자리를 내놓고 사육신이 절개를 지켜 죽자 누각에서 투신하여 죽었다. 이 때문에 공은 관작이 삭탈되고 온 가족이 변방으로 강제 이주되었다. 뒤에 사육신에게 증직하여 표창하라는 왕명이 내려질 때 공에 대해서는 아무도 아뢰는 사람이 없어 누락되었으니, 이는 국가의 전장典章에 결함이 생긴 것이었다. 금년에 후손 권종락이 공의 행적을 가지고 서울로 달려와 궐문 앞에서 탄원하여 신원하려 하자 많은 사람이 시를 지어주었는데, 나도 그에 이어 화답시를 지어주었다. 권종락은 경주인이다.

고죽국의 맑은 바람이 죽림에 불었으니 孤竹淸風灑竹林
글 속에서 옛사람의 마음을 얻었네 書中曾獲古人心
영월寧越의 만 겹 산속에서 생각이 어찌 끝이 있으셨으랴 越山萬疊思何極
두견새의 울음소리에 삼경에도 한이 절로 깊었으리 蜀魄三更恨自深
사육신과 함께 죽고자 해 欲與六臣同一死
가련케도 높은 누각에서 귀한 목숨 던졌네 可憐高閣擲千金
충절을 표창하는 나라의 제도가 분명하니 襃忠獎節昭彝典
머지않아 임금께서 옥음을 내리리 早晚丹墀下玉音

윤기의 예상대로 정조는 권산해에게 복직을 내렸다. 그러자 윤기는 지체

없이 축하 시 2편[66]과 율시[67]를 지었다.

「죽림 권공의 복권을 축하하며 2수」

공이 죽은 지 400년 되는 지금 公死于今四百年

성은으로 다시 벼슬이 내려졌네 重書官秩荷仁天

임명장을 다시 내리시니 보기 드문 은총이요 彩鳳含綸恩曠世

글씨가 아름다우니 옛일이 빛나누나 紫鸞回紙事光前

임금께서 외로운 충신을 어여삐 여기셨음을 알겠으니 也知北闕憐孤節

은전이 서호西湖 가의 여섯 현인에만 국한되지 않았네 不獨西湖數六賢

형강兄江에 영월 산의 푸른빛이 비치니 兄水粤山相映碧

위대한 이름을 온 세상에 만인이 전하리라 大名宇宙萬人傳

공은 이날 다시 태어난 것과 같으니 公於是日亦生年

임금께서 임명장을 다시 내리셨네 紫誥重宣自九天

충신의 넋이 숙종 때는 위로받지 못하다가 忠魂尙欝明陵世

관원 명부에 이제 다시 병자년 전처럼 오르셨네 仙籍今還丙子前

임금께서 특별히 백이숙제 같은 절개로 인정하시니 聖人特許夷齊節

온 세상이 비로소 공의 충절을 알아보네 四海初知孝孺賢

아마도 지하에서 사육신이 눈물지으며 料得六臣從地下

은혜로운 윤음을 받들어 낭송하며 서로 전하리라 泣擎恩綸誦相傳

「벼슬을 추증받음을 축하하며 贈短律聊以歌詠」

근년 들이 공론으로 상주한 일 몇 번인가 公議年來幾叫閽

차례로 윤허하시어 충신의 혼 위로하니 溫綸取次慰忠魂

누른빛 교지로 황천이 밝아지고 泉坌改照黃麻誥

붉은빛 정문으로 마을이 빛나누나 宅里生輝赤角門

후손의 효성에 감동해서일 뿐이랴 可獨賢孫誠孝感

임금의 진정 어린 표창을 받았어라 眞蒙聖主獎崇恩

사당 앞 은행나무에 새잎이 돋아나고 祠前鴨脚抽新葉

저 멀리 자규루에 달빛이 비치누나 遙帶子規樓月痕

순흥 읍내에 예전에 은행나무가 있었다. 가지와 잎이 수 리까지 뻗었었다. 단종 때 갑자기 말라 죽자, 어떤 사람이 예언하기를 "압각수가 다시 살아나면 흥주興州가 복권될 것이다"라고 했다. 은행나무를 압각수라 칭한 것이고 흥주는 곧 순흥이다. 당시에는 이 말의 뜻을 알지 못했다. 얼마 뒤에 금성대군이 화를 당했을 때 흥주를 폐지하고 풍기豐基에 소속시켰다가 숙종 때 단종이 복위되면서 흥주도 복권되었다. 그로부터 몇 년 전에 이 나무의 밑동에서 홀연 움이 트기 시작하더니 날로 무성해져서 뿌리가 퍼진 곳은 모두 떨기로 싹이 터서 숲처럼 무성해졌으니, 참으로 천고의 기이한 일이다. 죽림공이 복권된 뒤에 권종락이 이 나무 밑을 지나다가 입에서 나오는 대로 축원을 올리고 가지 두 개를 베어 갔는데, 순흥에서 경주까지는 400여 리나 되고 당시 권종락은 마침 우회하여 가서 한 달 만에야 운곡

유연정 은행나무

운곡서원

사雲谷祠에 도착했다. 운곡사는 안동 권씨의 시조인 태사공太師公의 사당으로, 죽림공도 배향되어 있다.

권종락이 자신이 가지고 온 나뭇가지를 보니 결대로 갈라지고 껍질이 벗겨져 생기가 없었다. 나뭇가지를 사당 앞 땅에 꽂자 사람들이 모두 몹시 비웃었다. 얼마 뒤에 과연 살아나서 3년이 흐른 지금은 사뭇 무성해졌다고 한다. 이 어찌 순절한 분들의 충성스럽고 굳센 기운의 영향으로 그렇게 된 것이 아니겠는가? 옛날에도 내공萊公의 대나무라는 것이 있었으니, 그 이치가 참으로 분명하다. 금년에 자규루의 옛 터를 찾아 누각을 중건했으니, 임금이 옛일에 감동하여 은전이 미치지 않는 곳이 없다. 이 때문에 마지막 구에서 이를 언급했다.

順興邑內. 古有銀杏樹. 枝葉延數里. 端廟朝忽槁死卜之. 曰鴨樹復生. 興州可復. 盖銀杏名鴨脚樹. 而興州卽順興也. 時莫曉其意. 已而有錦城之禍. 革興州屬豊基. 肅廟朝復端廟位. 又復興州. 前數年. 其枯枒之下. 忽生芽蘖. 日漸茂. 其根柢所布及咸叢生成林. 儘千古異事也. 竹林復爵後. 宗洛歷其下. 乃口祝而斫其二枝以行. 興之距慶四百餘里. 而宗洛之行適迂回. 一朔僅達雲谷祠. 雲谷祠者. 權氏始祖太師公之祠. 而竹林之所配享也. 宗洛視其枝. 理拆皮脫無生氣. 廼揷之祠前. 衆咸人笑之. 已而果生. 今三年頗盛云. 無乃殉節諸人忠烈之氣所感而然耶. 古亦有若萊公竹者. 其理固不可誣也. 又今年得子規樓舊基重建之. 聖心曠感. 恩典靡所不及. 故落句及之.

윤기의 시에 덧붙여진 기록은 금성대군과 관련된 은행나무와 권종락이 그곳의 은행나무 가지를 꺾어서 심은 사연을 들려준다. 유연정의 은행나무를 이해하는 데 결정적인 내용이다. 현재 유연정 옆에는 360살 정도 된 은행나무 한 그루가 살고 있다. 이 은행나무가 바로 권종락이 심은 나무다. 유연정 은행나무의 어머니는 경북 영주시 순흥면 내죽리에 위치한 금성단錦城壇 옆의 은행나무다. 윤기의 지적대로 금성대군이 죽자 은행나무도 함께 죽었다가 숙종 때 금성대군의 지위가 회복되면서 은행나무도 다시 살아났다. 적지 않은 나무가 금성단 은행나무와 비슷한 얘기를 품고 있다. 윤기가 '내공의 대나무'를 언급한 것도 같은 사례다. 『송사宋史』「구준열전寇準列傳」에 따르면, 송나라 구준(961~1023)이 뇌주雷州에서 죽었다. 그의 시체를 고향인 서경西京으로 운구하자 공안현公安縣 백성이 모두 길가에 나와 대나무를 잘라 땅에 꽂고, 저승길의 노자인 지전을 매달아 곡했다. 그런데 한 달 뒤에 대나무에 모두 순이 돋았다. 구준이 내국공萊國公에 봉해졌기 때문에 그를 '내공'이라고 불렀다. 그래서 윤기가 '내공의 대나무'라 한 것이다.

권산해의 후손 구봉龜峯 권덕린權德麟(1529~1573)은 회재晦齋 이언적李彦迪(1491~1553)의 제자였다. 성균관전적을 거쳐 병조·예조의 좌랑을 역임한 그는 1553년 스승이 명종 때 정치적 옥사였던 '양재역 벽서 사건良才驛壁書事件'에 연루되어 유배지 평안북도 강계江界에서 죽자 직접 영구를 맞이해서 경주로 돌아왔다. 더욱이 그는 죽음을 무릅쓰고 경주 안강에 옥산서원玉山書院을 세워 제향했다. 관직이 합천군수에 이르렀다. 권덕린은 1784년(정조 8) 유연정의 은행나무 옆에 세운 운곡서원雲谷書院에 배향되었다. 운곡서원은 처음 권행權幸의 공적을 추모하기 위한 추원사追遠祠였다가 권산해와 권덕린을 추가 배향하면서 생긴 서원이다. 경덕사景德祠에는 권행, 동무東廡에는 권산해, 서무西廡에는 권덕린의 위패가 봉안되어 있다.

수원 궐리사와 창녕 부용정의 은행나무

── 『조선왕조실록』 수원 궐리사闕里祠의 은행나무 기록[68]은 우리나라에서 공자의 행단에 살구나무 대신 은행나무를 심었다는 것을 확인할 수 있는 좋은 사례다.

공씨孔氏가 우리나라에 건너와 맨 먼저 수원水原에 정착한 사실이 읍지에 실려 있는데 일전에 도신으로 하여금 그곳의 형태를 그림으로 그려 올리게 하여 그 그림에서 찾아보니 궐리사闕里祠란 사우祠宇도 있고 은행나무도 있으며 대대로 눌러 사는 후손들도 있었다. 또 궐리에서 수십 리 떨어진 곳에는 새로 지은 영당影堂이 있다고 했다. 문헌공文獻公의 시호를 내린 뒤로도 조정이 공씨 집안을 우대하는 일에 있어 보통 예와는 달리해야 할 것이니 도백으로 하여금 궐리 옛터에다 집 한 채를 세워 내각에 있는 성상聖像을 모시게 하고 영당에 모셨던 진영眞影도 모셔다가 함께 봉안하고서 이름을 궐리사라 하라. 사우의 편액은 써서 내리겠다. 봄가을로 지방 수령에게 향香과 축祝을 내려 제사를 모시게 하고 제사에 쓰이는 제수들은 대략 니성尼城 궐리사의 예대로 시행하되 한사코 정갈하고 간략하게 하라. 그렇게 하고 나면 이른바 새로 세웠다는 영당은 고을 유생들이 사사로이 세운 것에 불과하고 또 간직했던 영정마저도 함께 봉안했으니 재목이며 돌들도 당연히 이곳에 옮겨 세워야 할 것이다. 어찌 감히 사사로이 제향을 드릴 일이겠는가. 서원 지키는 재생도 그 마을에서 대대로 살아온 공씨가 하도록 하고 다른 유생은 감히 섞이지 못하게 하여 시빗거리가 없도록 하라. 이 전교를 써서 강당에 게시

하라.

권리사의 '권리'는 공자를 모신 사당을 의미한다. 공자의 출생지가 중국 산둥성 취푸의 권리闕里였기 때문에 붙은 이름이다. 공자의 후손인 공씨들은 수원에 권리사(현재 오산 권리사, 경기기념물 제147호)를 만들면서도 살구나무를 심지 않고 은행나무를 심었다. 이곳은 조선 중종 때 문신이자 공자의 64대 손인 공서린孔瑞麟이 서재를 세우고 후학을 가르치던 곳이다. 충청남도 논산시 노성면(니산) 교촌리에도 유생들이 세운 권리사(충청남도 기념물 제20호)가 있다. 니산의 권리사는 언제 설립했는지는 정확하지 않지만, 1741년(영조 17) 8월 7일 관련 기사가 나온다.[69]

정자의 은행나무 중 한강 정구가 창녕 현감 시절에 세운 부용정芙蓉亭(경남 창녕군 성산면 곽천대산로 94-9)의 사례[70]도 주목할 필요가 있다. 정구는 부용정을 제자인 부용당 성안의成安義(1561~1629)에게 물려주었다. 1592년 임진왜란이 일어나자 홍문관 정자正字 성안의는 고향 창녕에서 의병을 모집하고 충의위忠義衛 성천희成天禧, 유학 곽찬郭礶 등과 함께 약 1000여 명을 거느리고 곽재우郭再祐 휘하에서 활약했다. 성안의의 의병 활동은 아래 실록의 기록[71]에서 확인할 수 있다.

경상좌도 안동부에 주차한 본도 순찰사 한효순韓孝純의 군사 1만 명, 울산군에 주차한 본도 절도사 박진朴晉의 군사 2만5000명, 창녕현에 주차한 의병장 성안의成安義의 군사 1000명, 영산현靈山縣에 주차한 의병장 신갑辛碑의 군사 1000명, 경상우도 진주에 주차한 본도 순찰사 김성

부용정 은행나무

일金誠一의 군사 1만5000명, 창원부에 주차한 본도 절도사 김시민金時敏의 군사 1만5000명, 합천군에 주차한 의병장 정인홍鄭仁弘의 군사 3000명, 의령현에 주차한 의병장 곽재우의 군사 2000명, 거창현에 주차한 의병장 김면金沔의 군사 5000명[이상은 왕경의 남쪽에 있으며 경성과의 거리는 7~8일 정이나 12~13일 정이다].

성안의의 의병 활동은 정경운鄭慶雲(1556~?)의 『고대일록孤臺日記』에서도 확인할 수 있다. 『고대일록』은 실록의 기사에서 볼 수 있듯이 경남 함양 지역을 중심으로 한 경상우도 지역의 임진왜란 당시의 의병 활동과 남명 조식의 제자들, 특히 정경운의 스승 정인홍을 비롯해서 김면, 조종도, 곽준, 이대기 등의 의병 활동 내용을 수록하고 있다. 성안의와 관련한 『고대일록』의 내용을 살펴보면 다음과 같다.

2월 15일 경자庚子[72]
선전관 이수훈李受訓이 군에 도착하여, 명나라 군대의 승첩勝捷에 관한 정황을 모두 말해주었다. 판교判校 오운吳澐, 초계草溪의 곽율, 산음山陰의 김락金洛, 단성丹城의 조종도趙宗道, 학서學瑞의 김정룡金廷龍, 정자正字 성안의가 군에 모여 명나라 군대를 지원하는 일에 대해 의논했다. 또 경상우도의 각 고을에 통문을 내고 유사를 나누어 정했다. 큰 고을은 술 50동이와 소 세 마리를, 작은 고을은 술 30동이와 소 두 마리를 내기로 정하여, 명나라 군대가 남쪽으로 내려오는 날을 기다렸다가, 단사호장簞食壺醬으로 길가에서 맞이하기로 했다. 이것은 실로 사람들이 모두 원하는 것이기는 하지만, 백성의 능력이 고갈된 상황이라 변변치 못한 성의나마 표시할 수 없을까 걱정된다.〔통문은 별록에 상세히 보인다.〕

윤11월 17일 정유丁酉[73]

성주城主가 군사를 거느리고 의령으로 달려갔다. 종사관 성안의와 개령현감 최규보崔圭甫가 나를 초대하여 함께 애기를 나누었다. 나와 정사고鄭士古가 천천히 대화를 나누었다. 최규보는 학질에 걸려서 매우 여위고 고달픈 모습이었다. 심유격沈遊擊의 동생이 한양에서 군에 당도했다. 벽에 걸린 시에 차운하기를,

우연히 진남루에 왔건만 偶來鎮南樓

계절은 이미 가을이 아니구나 時序已非秋

고목나무가 정원에 서 있고 古木當庭立

차가운 향기 난간을 스치며 떠오르네 寒香拂檻浮

외로운 몸 이국땅에 머물면서도 孤身留異域

한 번 꿈꾸면 중국 고향 땅에 도달해 있네 一夢到中州

언제쯤 전쟁이 마무리되어 那得烽烟靜

가벼운 마음으로 고향에 돌아갈 수 있을까 翩翩還故隩

정월 24일 계묘癸卯[74]

익호장군 김덕령金德齡의 선문先文이 군에 도착하여 곧바로 수길秀吉의 소굴을 쳤다고 하니, 장하다. 문별장文別將 안희安憙의 통문이 군에 도착했다. 공간公幹과 지부志夫가 소모 유사召募有司가 되어서 온 고을에

부용정 파행문

통문을 돌렸다. 날이 저물었을 때 종사관 성안의를 찾아가서 뵈었다.

성안의가 부용정(경남문화재자료 제248호)에 머문 것은 아버지의 병 때문이었다. 현재 부용정에는 1580년 창녕 현감이었던 정구가 심은 것으로 추정하는 은행나무 한 그루가 살고 있다. 현재 은행나무의 나이는 400살 정도다. 부용정의 은행나무는 창녕군 고암면의 행동재 은행나무와 밀접한 관계가 있다. 행동재의 은행나무도 정구가 창녕 현감 시절 심었기 때문이다. 아울러 부용정의 '파행문把杏門'은 살구나무를 은행나무로 인식하고 있는 또 하나의 사례라는 점에서 매우 중요한 자료다. 파행문은 글자대로 해석하면 '살구나무를 잡는 문'이지만, 여기서는 '은행나무를 잡는 문'을 의미한다.

영천 옥간정의 은행나무

—— 옥간정玉磵亭(경상북도 유형문화재 제270호)은 1716년 봄 훈수塤叟 정만양鄭萬陽(1664~1730)과 지수箎叟 정규양鄭葵陽(1667~1732)이 인재를 양성하기 위해 지은 것이다. 두 사람은 매산梅山 정중기鄭重器(1685~1757), 명고鳴皐 정간鄭幹(1692~1757) 등 많은 인재를 배출했다. 그들은 조정의 부름을 마다하고 이곳에서 제자를 기르는 데 전념했다. 현재 옥간정에는 「옥간정만영玉磵亭謾詠 병소기幷小記」가 걸려 있다.[75]

계곡의 네 번째 굽이가 '영과담盈科潭'이다. 못가에 작은 정자를 지어 은거하면서 편액을 '옥간'이라 하니, 물에서 따온 것이다. 무릇 정자는 두 칸이니 헌軒은 서쪽에 있고 방은 동쪽에 있다. 첨익簷翼은 네 칸이다.

남쪽의 첫째 칸은 헌과 왕래할 수 있는 청마루다. 북쪽 가까운 곳에 두 칸은 방이고, 네 번째 칸은 주방이다. 헌과 남쪽 언덕을 '격진병隔塵屛'이라 하고, 그 밑에 있는 대를 '광풍대光風臺'라 하니, 여름에 좋다. 광풍대 서쪽을 '지어대至魚臺'라 하니, 낚시에 좋다. 지어대 동쪽에 있는 것을 '제월대霽月臺'라 하니, 밤에 좋다. 정자 아래 바위틈을 메꾸어 작은 연못을 만들었다. 그것은 마치 홀 모양과 같고, 나무에 홈을 파서 샘물과 통하는 수로를 만드니, 고여 있는 물이 수십 섬이다. 차가운 별빛이 다가와 비치고, 하늘의 구름과 달그림자가 어른거린다. 소장한 서책이 수천 권이요, 거문고가 한 벌이다. 복숭아 만 송이요, 버들가지 천 갈래요, 소나무 열 그루 우뚝하게 뻗어 있다. 박달나무, 석류나무, 계수나무, 개나리, 해당화 각각 한 그루에 창포와 국화를 차례로 배열하니 대부분 세속의 꽃과 나무가 아니다. 감나무, 대추나무, 배나무, 사과나무, 앵도나무 등도 바깥에 배열하니, 시절마다 붉은 것은 붉고, 흰 것은 희고, 푸르고 푸른 것은 푸르고 푸르구나. 주인 형제 그곳에 살면서 아침저녁으로 구멍 난 해진 학창포 꿰맨 벽소대로 향을 피워놓고 독서로 스스로 즐거움을 삼았다. 잠시 지겨우면 산에서 나물을 캐기도 하고, 물에서 낚시도 하고 시를 지어 벽에 걸기도 한다. 간혹 뗏목을 타고, 거문고를 타고, 복희씨의 옛 노래 읊으니, 깊은 골짜기에 울려 퍼져 풀과 나무들도 화답한다.

첫 번째, 양쪽 언덕에 복숭아꽃 활짝 피니, 붉고 희게 활짝 피었네.(봄)

두 번째, 녹음이 바다처럼 푸르니, 꾀꼬리가 이곳을 오르내리네.(여름)

세 번째, 곳곳마다 물든 단풍 숲은 쌓아놓은 비단에 수를 겹쳐놓은 듯

하네.(가을)

네 번째, 산골 시냇물 가의 차가운 소나무는 울창하게 푸름을 머금고 있네.(겨울)

다섯 번째, 아침 늦게 묵은 안개가 걷히지 않고 있네.(아침)

여섯 번째, 찾는 나그네 드물 때면, 낚시하고, 거문고를 가지고 뗏목을 타기도 하네.(낮)

일곱 번째, 화산에 해저무니, 아지랑이도 흐릿하네.(해 저물녘)

여덟 번째, 앞 못에 달빛 내리니, 물에 뜬 달빛은 금이 번쩍이는 듯하네.(저녁)

아홉 번째, 산에 한 차례 비가 내리니, 가을 물소리 화난 듯 우렁차네.(비가 옴)

열 번째, 아름다운 옥빛 숲속은 매우 반짝거리기에 사랑할 만하네.(눈이 옴)

대개 사물 중에 좋아할 만한 것은 어떤 사물이든 모두 사람의 뜻을 상하게 할 수 있다. 산과 물도 사물이다. 그런데도 대성大聖인 공자는 "산을 좋아하고 물을 좋아한다"는 말을 했고, 증석曾晳은 "기수沂水에서 목욕하고 무우舞雩에서 바람을 쐰다"고 했다. 정자程子와 주자朱子 같은 여러 군자도 산림 중 조금이라도 아름다운 곳을 만나면 문득 시를 읊조리며 집으로 돌아오는 것을 잊어버렸던 건 어찌 된 일인가? 아마도 인지仁智의 즐거움을 마음에 얻어서 사물에 붙인 것이 아니겠는가?

우리가 거치하는 곳은 모두 산수山水다. 열 개의 경치가 같지 않고 즐거움도 무궁하니, 이 즐거움이 산 때문인가? 물 때문인가? 아니면 산도 아니고 물도 아니면서 스스로 그 즐거움을 즐기는 것인가? 그러나 인지를 체득함에 있어 깊이가 있는 사람이 아니면 어찌 쉽게 말할 수 있겠는가? 다음과 같이 시를 지었다.

「훈과 지塤篪」

본래 길이 세상에서 떠나 도피하려는 것을 배우는 것이 아니고
本非長往學逃塵

우연히 맑은 시냇가에 터를 잡으니 마치 인연이 있는 듯하네 偶卜淸溪若有因

꽃과 나무들이 물에 있으면서 피고 지며 花木一庭開落處

바람과 구름이 모든 골짜기에서 말고 펴네 風雲萬壑卷舒辰

산중의 형형색색은 모두 내가 즐기는 일이니 山中色色皆吾事

옥간정 밖에서 유유자적하게 지내니 별천지 사람이네 齋外悠悠是別人

한가하게 만년에 여기에 왔지만 부족한 것이 없으니 閑捧晩來無不足

다만 형제 둘이 나란히 누워 남은 봄을 보내네 直須雙臥送餘春

* 이 시는 훈수 정만양이 지은 것이다.

한 줄기 물이 맑고 깊어 티끌을 허락하지 않으니 一帶澄泓不許塵

소연한 띠 집 석대 위에 지었네 瀟然茅屋石臺因

꽃이 피고 잎이 떨어지는 것은 산중의 책력이고 開花落葉山中曆

흰 달과 성긴 바람은 술 취한 뒤 경치라네 皓月疎風醉後辰

아무 일 없을 때 거문고를 타니 속세의 운치가 아니고 無事彈琴非俗韻

때로 낚시질하니 어부와 비슷하네 有時垂釣似漁人

박태기나무 그늘 좋은 곳에 소나무 문을 닫고서 荊陰好處松門掩

함께 시서를 읽으며 늦은 봄을 보내네 共把詩書送晚春

* 이 시는 지수 정규양이 지은 것이다.

경북 영천시 화북면 횡계리에 위치한 옥간정 제영시題詠詩와 병서幷序는 조선 성리학자들의 삶을 고스란히 보여준다. 우선 옥간정 주변의 조영을 언급한 '광풍대'와 '제월대'는 중국 북송의 황정견이 주돈이의 인품을 표현한 것을 빌린 이름이다. 처음 등장하는 '영과담'은 바위를 메워서 만든 연못을 의미하지만 성리학자들의 공부 태도를 상징하는 단어다. '영과담'의 '영과'는 '웅덩이를 메운다'는 뜻이다. 이 구절은 『맹자』 「이루離婁 하」와 「진심盡心 상」에서 각각 확인할 수 있다.

서자徐子가 물었다. "중니께서 자주 물을 칭찬하여 '물이여! 물이여!' 했으니 어찌해서 물을 취했습니까?"

맹자가 말했다. "근원이 좋은 물은 혼혼히 흘러 밤낮을 그치지 않아서 구덩이를 채운 뒤라야 전진해서 사해四海에 이른다. 학문에 근본이 있는 자는 이와 같다. 공자께서 이 때문에 취한 것이다."[76]

물을 관찰하는 데는 방법이 있으니, 반드시 그 여울목을 봐야 한다. 해와 달에 밝음이 있으니, 빛을 받아들이는 곳에는 반드시 비추는 것이

옥간정

옥간정 은행나무

다. 흐르는 물의 물건 됨은 웅덩이가 차지 않으면 흘러가지 않는다. 군자가 도를 뜻함에도 문장을 이루지 않으면 통달하지 못한다.[77]

맹자의 주장은 도에는 근본이 있다는 뜻이다. 즉 물의 여울목을 보면 물의 근원을 알 수 있고, 해와 달이 어디든 비추니, 밝음에 근본이 있다는 뜻이다. 학문은 반드시 점진적으로 해야 하며 문장을 이룬다는 것은 쌓인 것이 많아서 밖으로 드러나는 일이라고 했다. 따라서 성인의 도는 크면서도 근본이 있으니 배우는 자는 반드시 점진적으로 해야 한다. 정만양과 정규양이 '영과담'을 만든 것도 맹자의 지적처럼 가장 기본적인 공부에 충실하기 위해서였다. '격진병'은 '속세와 떨어진 병풍바위'라는 뜻이다. 격진병도 성리학자로서의 도학 정신을 잘 드러낸 명칭이다.

두 사람이 옥간정에 심은 나무들도 주목할 필요가 있다. 그들이 옥간정 주변에 심은 나무는 복사나무, 버드나무, 소나무, 박달나무, 석류나무, 계수나무, 개나리, 해당화이며 풀은 창포와 국화다. 두 사람은 이들 나무를 세속의 나무라 여기지 않았다. 여덟 종류의 나무 중에는 사군자가 없고, 국화만 사군자에 속한다. 소나무는 세한삼우歲寒三友에 속한다. 따라서 두 사람이 심은 식물은 소나무와 국화를 제외하면 전통적인 성리학자의 상징 나무와 거리가 멀지만, 당시 성리학자들의 식물에 대한 인식을 보여준다는 점에서 중요한 정보다. 옥간정 밖에 심은 감나무, 대추나무, 배나무, 사과나무, 앵도나무 등은 열매가 중시되는 나무라는 공통점이 있다.

옥간정은 두 사람 사후에도 많은 이의 관심을 끌었다. 경상남도 창녕군에서 태어난 창사昌舍 손명래孫命來(1664~1722)의 『창사집昌舍集』에는 「옥간정십경운「玉澗亭十景韻」이 수록되어 있다. 갈암葛庵 이현일李玄逸(1627~1704)의 아들 이재李栽(1657~1730)는 정만양에게 보내는 시[78]를 다음과 같이 남겼다.

「정만양의 횡계옥간정 시에 차운하다次鄭皆春萬陽橫溪玉澗亭韻」

꿈같은 신선 사는 곳에 들어가 속세의 티끌 밖으로 나가니 夢入仙區 逈出塵

물과 구름 깊은 곳 길은 유래가 없네 水雲深處路無因

사시사철 세월 매일같이 즐겁고 四時光景欣同趣

하나의 방에 울려 퍼지는 휘파람 소리 슬프게 퍼지네 一室嘯歌慨後辰

갈무리한 기구들은 애초부터 세상을 등지려 한 것이 아니고 藏器初非逃世者

거문고 안고 누가 딴마음 있는 줄 알리오 抱琴誰識有心人

한가한 가운데 지극한 즐거움은 하늘로만 향하니 閒中至樂天偏餉

두 그루 앵도나무 자라 저절로 봄이로구나 雙棣長成自在春

이재의 시에서 가장 중요한 것은 '이체二棣'다. '체'는 앵도나무를 의미한다. 정만양과 정규양 형제가 옥간정에 앵도나무를 심은 것은 이 나무가 '형제의 우애'를 상징하기 때문이다. 이재는 형제간의 우애야말로 가장 아름다운 봄이라는 것을 표현했다.

두 사람이 언급한 나무 중에는 은행나무가 등장하지 않는다. 그러나 현재 옥간정 계곡 주변에는 100살이 넘은 은행나무 한 그루가 살고 있다. 두 사람이 심은 것은 아니지만 후손들이 두 사람의 정신을 계승하기 위한 뜻을 담았다. 그러나 이곳의 은행나무는 계곡과 바로 인접해 있고 공간도 좁아서 홍수가 발생하면 위험에 처할 수 있다.

4. 살구나무의 오역 사례

── 살구나무와 은행나무는 우리나라와 중국의 성리학을 이해하는 데 중요한 나무다. 그런데 종종 오역한 사례를 볼 수 있다. 예컨대 『조선왕조실록』 성종 2년(1471) 11월 10일의 예조에서 언급한 기사가 그렇다. "여름에는 대추나무[棗]와 은행나무[杏]에서 불을 취하며"에서 번역자는 '행'을 은행나무로 번역했는데, 이는 오역이다. 실록의 내용은 중국의 『주례』 기사다. 중국에서 '행'을 은행나무로 이해하는 경우는 없다. 『조선왕조실록』 명종 1년(1546) 6월 22일의 성균관 유생의 상소문 중에서도 오역 사례를 확인할 수 있다. 번역자는 상소문의 행단을 "성묘를 이른 말. 중국 산둥성 취푸현의 공자 묘전에 은행나무가 있어 행단이라 했고, 공자가 행단 위에서 강학했다는 고사가 있어 학문을 닦는 곳을 일컫게 되었다"고 풀이했다. 『조선왕조실록』 성종 2년(1471) 11월 10일의 기사도 마찬가지다.

> 지난번에 전수傳敎를 받자오니, "개화改火의 법은 경외京外가 같지 않으니, 금후로는 옛 제도를 따라 시행施行하라" 했으므로, 삼가 『주례周禮』를 안험하니, "사환司爟이 행화行火하는 정령政令을 맡아, 사시로 국화國火를 변화시켜서 때때로 퍼지는 질병을 구원했다" 하고 그 주註에 이르

기를, "봄에는 느릅나무[楡]와 버드나무[柳]에서 불을 취하고, 여름에는 대추나무[棗]와 은행나무[杏]에서 불을 취하며, 하계夏季에는 뽕나무[桑]와 산뽕나무[柘]에서 불을 취하고, 가을에는 갈참나무[柞]와 느릅나무[楡]에서 불을 취하며, 겨울에는 느티나무[槐]와 박달나무[檀]에서 불을 취한다"고 했습니다.[79]

여기서도 '행'을 은행나무로 번역했는데, 이는 살구나무다. 실록의 내용은 중국의 『주례』 기사다. 『주례』와 유사한 내용이 『회남자淮南子』에 나온다.[80] 『주례』의 내용은 『조선왕조실록』 태종 6년(1406) 3월 24일의 기사에도 등장한다. 이 기사의 번역자는 '행'을 살구나무로 바르게 번역했다. 이와 유사한 내용이 연산 11년(1505) 12월 24일 기사에도 등장하는데 '행'이 살구나무로 제대로 번역돼 있다. 연산 12년(1506) 3월 22일의 기사도 행수杏樹를 살구나무로 번역했다.[81]

전하께서는 자세히 살피소서. 신들은 조종의 배양培養하는 은혜를 입고 성상의 생성生成하는 은택을 촉촉하게 받아 채근採芹하는 대열에 참여하고 행단杏壇 곁에서 주선周旋한 지 여러 해입니다.[82]

번역자는 주에서 "성묘聖廟를 이른 말. 중국 산둥성 취푸현의 공자 묘전에 은행나무가 있어 행단이라 했고, 공자가 행단 위에서 강학했다는 고사가 있어 학문을 닦는 곳을 일컫게 되었다"라고 잘못 풀이했다. '행'자를 번역할 때 아래의 '소행小杏'처럼 사용하면 오역할 가능성이 거의 없다.[83]

「백화보와 함께 매화 시를 지으면서 동파의 운을 쓰다梅花同白父作用東坡韻」

우물 밑에 미세한 양의 기운이 돌아오니 井底微陽廻

가지 사이 들썩거리는 매화의 뜻이여 枝間花意動

옥 떨기 꽃망울 쉬 터지지 않더니 瓊苞不易坼

흰 서리 꽃송이 이제는 감상할 만 霜蘂已堪弄

봄보다 일찍 앞서 드러낸 선명한 빛 的皪早偸春

엄동설한 잘도 참아낸 가냘픈 몸매 輕盈巧耐凍

성품은 빙설의 맑은 기운이 한데 모였고 性鍾氷雪淸

장소는 거마의 시끄러움을 벗어났어라 境絶輪蹄鬧

그런데 웬일인지 궁중에 거하면서 頗訝玉皇居

때때로 달님을 뒤따르게 하는 것은 時令月姊從

화심花心이 납월에 맞추어 열렸나니 芳心趁臘開

결백한 모습은 선천적으로 타고났도다 皓態出天縱

작은 살구는 손자로나 간주한다 할까 小杏視兒孫

선도 복숭아 정도라야 형제가 될 수 있지 蟠桃爲伯仲

(후략)

조선시대 성리학자들은 살구나무를 '행'과 함께 '행수杏樹'라는 말로도 지칭했다. 그러나 행수 역시 아래의 시 번역에서 보듯이 살구나무 대신 은행나무로 번역하고 있다.

「밤중에 앉아 남고를 그리며 장난삼아 지어서 바치다夜座憶南皐戲呈」[84]

19년이 지났어도 미관말직 그대로라 十九年過只未官 깃대 지닌 중랑보다
오히려 더 어려운 일 中郎持節較猶難 선조께서 올린 상소 어두운 길 햇빛
이고 先人尺疏昏衢日 오늘날 높은 문장 큰 바다의 물결이네 昭代高文大海瀾
털끝만도 기를 못 펼 일이라곤 없는데 未見一毫宜屈抑 어이하여 열 식구
기한에 허덕이나 胡令十口有饑寒 은행나무 언덕의 봄바람 속 초가집에 春
風杏樹壇邊屋 한가로이 서울 장안 기와집들 바라보네 開把王城萬瓦看

번역자는 정약용의 시에 등장하는 '행수단杏樹壇'을 '은행나무 언덕'이라
고 옮겼지만, 정약용은 '살구나무 언덕'을 의미하는 '행단'으로 사용했을 가
능성이 매우 높다. 정약용은 행단이 은행나무가 아닌 살구나무라는 사실
을 정확하게 지적했기 때문이다. 아래 허백당虛白堂 성현成俔(1439~1504)의
시에 대한 번역은 중국의 행단과 우리나라의 행단을 정확하게 구분해서 설
명했다.

「은행나무 아래에 흙으로 단을 쌓다杏樹下築土作壇」[85]

은행나무 짙은 그늘 두어 이랑 됨 직한데 綠樹陰濃數畝寬
햇볕이 침투 못 해 한기가 들 정도네 日光不透凜生寒
내가 와서 시 읊을 곳 얻은 것을 기뻐하여 我來喜得吟詩處
주제 넘게 선니처럼 행단을 만들었네 政效宣尼作杏壇

위의 시에 대해 번역자는 다음과 같이 주석했다.

선니宣尼는 공자다. 행단杏壇은 공자가 제자들과 강학하던 곳으로, 단을 쌓고 그 둘레에 살구나무를 심었기 때문에 행단이라고 했다 하며, 우리나라에서는 성균관에서 보듯이 살구나무 대신 은행나무를 심었다고 한다. 여기서는 강학의 의미보다는 은행나무 아래 단을 쌓아 쉴 수 있는 자리로 삼았다는 뜻으로 한 말이다.[86]

제3장

측백나무와
잣나무의 생태

1. 측백나무의 생태와 문화

── 늘푸른큰키나무인 측백나뭇과의 측백側柏나무는 이름이 열매 및 오행五行과 연결되어 있다. 측백나무는 잎이 납작하고 도깨비 뿔 같은 돌기가 달린 손가락 마디만 한 열매가 달린다. 측백나무의 한자 '백'은 바로 이 나무의 열매를 본 떠 만들었다. 흰 '백白'은 열매 모양이기도 하지만 '좌청룡左靑龍 우백호右白虎'에서 보듯이 오행에서 서쪽을 의미한다. 다른 나무는 모두 동쪽을 향하고 있는데 측백나무만 서쪽으로 향해 있었기 때문이다. 나무는 광합성을 위해서 햇빛을 향해 가지를 뻗어야 살아가는 데 유리하다. 그래서 보통은 나뭇가지만 봐도 방향을 알 수 있다. 나무는 햇빛을 가장 많이 받을 수 있는 남쪽으로 가지를 뻗는다. 그러나 측백나무는 다른 나무와 달리 서쪽으로 기울었다는 것이다. 이 같은 얘기는 측백나무가 '음수陰

柏'임을 암시한다. 나무는 모두 햇빛을 좋아하는 '양수陽樹'지만, 환경에 따라 그늘에서도 잘 살아가는 나무들이 있다. 측백나무가 여기에 해당한다. 중국 명나라 이시진李時珍(1518~1593)의 『본초강목』에서는 측백나무를 곁으로 치우쳐 자란 잎을 취해서 약에 넣는다는 의미에서 붙인 이름이라고 설명하고 있다.

우리나라의 나무 중 천연기념물 제1호가 대구광역시 동구 도동에 살고 있는 측백나무들이다. 이곳 측백나무가 천연기념물 제1호인 것은 남쪽 한계선을 알려주어 식물학적으로 매우 중요하기 때문이다. 그런데 도동 향산香山의 측백나무는 바위틈에서 살고 있다. 가까이서 보면 안타까운 심정을 금할 수 없을 만큼 처절하게 생명을 유지하고 있다. 이를 보면 측백나무가 척박한 곳에서도 얼마나 잘 자라는지 금방 알 수 있다. 도동 측백나무 숲외에 경북 안동과 영양, 충북 단양에도 천연기념물 숲이 있다. 이들 숲은 모두 바위에 형성되어 있다는 공통점이 있다. 서유구는 『임원경제지』에서 측백나무 심는 법을 다음과 같이 자세하게 언급했다.[1]

측백나무를 심는 방법은 나무의 씨가 여물 때 채취해서 이듬해 2~3월을 기다렸다가 씨를 물에 일어 가라앉는 깃을 골라서 습한 땅에 놓아둔다. 2~3일에 한 번씩 일어주고 싹이 나오길 기다린다. 기름진 땅을 파서 두둑을 만들고 물을 흠뻑 준 다음 싹이 든 씨를 그 위에 고르게 뿌리고 부드러운 흙으로 반 치 정도 덮어준다. 다시 물을 대어 덮은 흙이 굳어지도록 한다. 2~3일에 한 번씩 물을 주고 너무 습하지도 마르지도 않게 관리한다. 싹이 나오면 사방에 낮은 울타리를 세워 보호하니 그것은 두꺼비가 먹어버릴까 염려해서다. 자주 물거름을 주고 몇 자 정도 자랄 때까지 기다렸다가 나눠 심는다.(『농정전서農政全書』) 가을에 작은 가지를 두세 자 잘라 땅에 꽂아도 살 수 있다.(『농정전서』). 측백나무 씨는 심으면 쉽게 발아한다.(『화한삼재도회和漢三才圖會』) 5~6월 긴 장마 때에 가을보리를 구덩이 속에 깔고 심으면 백이면 백 모두 산다.(『산림경제보』) 측백나무의 특징은 햇빛을 좋아하므로 일 년 내내 햇빛을 잘 쬐게 하고 거름물을 세네 번 주면 잎이 파랗고 무성해진다.(『군방보群芳譜』)

현재 가장 나이가 많은 측백나무는 중국 산시陝西성 황제릉黃帝陵의 측백나무로 무려 5000살이다. 황제릉의 측백나무는 '헌원백軒轅柏'이라 부른다. 나는 이 측백나무를 보기 위해 직접 답사를 다녀왔다.[2] 나무 앞에는 황제가 직접 심었다는 표지석이 있다. 중국에서 가장 나이가 많은 측백나무를 황제와 연결시키는 것은 황제가 한족漢族의 시조라고 믿기 때문이다. 황제는 헌원軒轅이라 부른다. 이는 그가 수레를 만들었기 때문이다. 황제는 수레를 비롯해서 배, 궁실, 문자, 음률, 역법, 관직 등 여러 문명을 발명·창조한 인물이다. 『산해경山海經』[3]에서는 다음과 같이 황제의 역할을 묘사하고 있다.

계곤산係昆山에 공공대共工臺가 있다. 활을 잘 쏘는 사람은 감히 북쪽을 향하지 못한다. 푸른 옷을 입은 사람을 황제여발黃帝女魃이라 한다. 치우蚩尤가 무기를 만들어 황제를 치자, 황제가 이에 응룡應龍에게 기주冀州 아래서 치우를 공격하게 했다. 치우는 응룡이 물을 모아둔 것을 풍

황제릉 측백나무

백風伯과 우사雨師에게 부탁해서 폭풍우로 거침없이 쏟아지게 했다. 이에 황제가 천녀天女인 발魃을 내려보내자 비가 그쳤고, 마침내 치우를 죽였다. 발이 다시 하늘로 올라갈 수 없게 되자 그가 머무는 곳에서는 비가 내리지 않았다. 숙균叔均이 이 사실을 황제에게 아뢰자, 황제는 그녀를 적수赤水의 북쪽에 살게 했다. 숙균은 밭농사의 책임자가 되었다. 발이 그곳에서 빠져나오면 그를 쫓아내려는 사람들은 "신이여! 적수의 북쪽으로 돌아가소서"라고 명령하듯 말했다. 그들은 우선 물길을 깨끗하게 하고 크고 작은 도랑을 터서 통하게 했다.

중국의 황제는 결코 전설상의 인물이 아니다. 황제가 치우와 싸운 내용은 조선시대 과거시험의 제목[4]에도 등장한다.

정시庭試의 서제書題는 '평치우송平蚩尤頌'이었다. 방이 발표되었는데, 이상질李尚質이 문과의 장원이고, 오희철吳希哲이 무과의 장원이었다. 정시에 입정入庭한 유생의 수는 920인이고 미시未時로 한정했는데, 거둔 시권試券의 수는 664장丈이었다.

중국에서는 황제릉을 만들어 실존 인물처럼 받들고 있다. 그러나 중국에서만 황제를 실존 인물로 받드는 게 아니라 우리나라에서도 꾸준히 황제를 받들었다. 조선의 태조 이성계는 1393년 1월 1일 새해 첫날에 신하들과 함께 중국 황제가 있는 곳을 향해 축하 의식을 시행했다.[5]

임금이 여러 신하를 거느리고 황제의 정조正朝를 하례하고 비로소 조정 제도의 관복을 입었다. 예를 마치고 난 뒤에 임금이 전에 앉아서 중외中外 관원의 조하朝賀를 받았다. 도평의사사都評議使司에서 전문箋文을 올리고, 각 도의 도절제사·안렴사·목사·도호부사가 모두 전문을 올리고 방물方物을 바쳤다. 양광도 안렴사 조박趙璞은 역대 제왕이 학문하고 정치하는 강목綱目의 그림을 바치고, 교주 강릉도 안렴사交州江陵道按廉使 정탁鄭擢은 사상보師尚父가 단서丹書를 받들어 무왕武王을 경계한 그림과 『대학연의大學衍義』 2부를 바쳤으며, 알도리幹都里는 살아 있는 호랑이[生虎]를 바쳤으므로, 이내 여러 신하에게 잔치를 내렸다. 좌시중 조준趙浚이 술잔을 받들어 헌수獻壽했다.

"정월 초하루 새해의 아침에 신 등은 큰 경사를 감내하지 못하여 삼가 천세수千歲壽를 올립니다."
여러 신하가 모두 천세千歲를 세 번 불렀다. 임금이 술잔을 다 비우고 여러 신하에게 앉기를 허락하니, 신하들이 두 번 절하고 자리에 나아가 앉아서 한껏 즐기고 파했다. 해가 지매 군기감으로 하여금 불놀이[火戲]를 설치하게 하고 이를 구경했다.

단서丹書에는 중국 고대의 황제黃帝와 전욱顓頊의 도道가 기재되어 있다. 붉은 참새인 적작赤雀이 물고 온 글이다. 이처럼 우리나라에서도 왕조 차원에서만이 아니라 성리학자들의 글에서도 황제는 자주 등장하는 인물이다. 특히 측백나무가 황제의 무덤 앞에 있다는 사실은 중요한 의미를 갖는다.

측백나무를 무덤에 심는 사례를 제공하기 때문이다.

2. 잣나무의 생태와 문화

―― 늘푸른큰키나무 잣나무의 다른 이름으로는 백자목柏子木, 과송果松, 홍송紅松, 신라송新羅松, 해송海松, 유송油松, 오수송五鬚松, 오엽송五葉松, 오립송五粒松, 송자송松子松 등이 있다. 백자목은 잣나무 열매를 의미하고, 과송은 잣을 과일로 인식한 이름이다. 홍송은 붉은 소나무라는 뜻이지만 잣나무의 어느 부분을 붉다고 했는지는 알 수 없다. 다만 중국 청대의 사료에서도 홍송을 잣나무로 표기하고 있다. 신라송은 잣나무가 신라에서 생산된다는 의미다. 이 이름은 중국 사람들이 붙인 것이다. 그만큼 신라에서 생산한 잣의 품질이 뛰어났기 때문이다. 신라송은 중국 명대에 나온『본초강목』과 청대에 나온『식물명실도고』등에서는 해송자海松子로 부르고 있다. 두 문헌에서는 해송자가 신라에서 생산되며, 맛이 향기롭고 아름다워 중국에서 생산되는 잣과 다르다는 점을 언급하고 있다. 특히『본초강목』은 신라에서 잣을 바쳤다고 기록하고 있다. 유송은 잣에 기름이 있기 때문에 붙인 이름이고, 오수송과 오엽송 등은 잣나무의 잎이 다섯 개라는 의미다.

독일 출신 필리프 프란츠 폰 지볼트Philipp Franz von Siebold(1796~1866)와 요제프 게르하르트 추카리니Joseph Gerhard Zuccarini(1797~1848)가 붙인 학명에는 잣나무가 한국 원산koraiensis임이 명시되어 있다. 서유구는『임원경제지』6에서 잣나무를 심는 방법을 다음과 같이 소개하고 있다.

2~3월에 씨를 심는데, 그 방법은 소나무를 심는 것과 같다. 열매 껍질과 함께 심을 때는 반드시 껍질을 문질러 뾰족하게 해서 쉽게 싹이 나도록 해야 한다.(『증보산림경제』) 해송자를 심는 방법은 늦가을에 씨가 익었을 때 온전한 상태로 따 내려서 토굴 속에 깊이 묻는 것이다. 해빙이 된 이후에 꺼내보면 씨마다 싹이 나 있다. 손가락 크기만 한 나뭇가지를 사용해서 땅을 찔러 구멍을 만들고, 구멍의 깊이는 옷 만드는 자로 1자 7분을 넘지 않도록 한다. 구멍마다 씨 하나를 넣어 가볍게 덮고 채우면 5년 안에 열매를 먹을 수 있다.(『행포지杏蒲志』)

해송자, 즉 잣나무에 대한 서유구의 소개 자료는 모두 우리나라 것이다. 중국에도 잣나무가 없지는 않지만, 그곳에서도 우리나라 잣나무를 우수하다고 평가한 마당에 굳이 중국 자료를 이용할 필요가 없었을 것이다. 더욱이 중국 자료에는 잣나무에 대한 기록이 많지 않다.

최충헌의 아들 최우崔瑀(?~1249)도 잣나무에 관심이 많았다. 『고려사高麗史』 「열전列傳」을 보면 그는 안양산安養山에 있는 잣나무를 옮겨다 집 뜰에 심었다. 그런데 안양산은 강도江都에서 며칠 걸리는 거리였다. 게다가 옮긴 시기도 추운 겨울이었다. 그래서 이 작업에 참가한 어떤 사람이 다음과 같은 방을 붙였다. "사람과 잣나무 중 어느 쪽이 소중한가?" 고려 25대 충렬왕의 비인 제국대장공주齊國大長公主(1259~1297)는 민간에서 잣을 거둬들여 강남에 보내 장사까지 해서 많은 돈을 벌었다. 특히 그녀는 잣이 나지도 않은 지역에서까지 잣을 징수해 백성의 원성을 샀다.

잣나무에는 울릉도처럼 섬에서 자라는 섬잣나무, 북미에서 건너온 스트

로브잣나무(미국오엽송), 다른 잣나무에 비해 키가 작아 누워 있는 듯하다
고 이름 붙인 눈잣나무(천리송) 등이 있다.

제4장

측백나무와
잣나무의 문화 변용

1. 공자 무덤과 측백나무

── 주나라는 측백나무를 무덤에 심는 사례를 한층 강화했다. 주나라는
상商나라 후기에 발생한 봉건제도를 한층 강화하면서 무덤에서도 나무를
통해 신분을 구분했다. 즉 주나라의 최고 통치자인 천자天子의 무덤에는 소
나무를, 천자가 분봉한 제후諸侯의 무덤에는 측백나무를, 제후가 분봉한
사士의 무덤에는 회화나무를 심도록 했다.

중국 취푸의 공묘 주변에는 온통 측백나무 숲이다. 사士의 신분이었던
공자의 무덤에 측백나무가 있는 것은 그가 죽은 후 '소왕素王'으로 추앙되
면서 제후의 반열에 올랐기 때문이다. 중국에서 아주 나이가 많은 측백나
무로는 민자건閔子騫(기원전 536~기원전 487)이 심었다는 측백나무를 들 수
있다. 춘추 말 노나라 출신의 민자건은 공자의 제자로 덕행에 힘썼는데 노

나라의 권력자였던 계손季孫씨의 대부大夫가 노나라 비현費縣의 태수를 권해도 거절할 정도였다.(『논어』「옹야雍也」) 현재 안후이성 쑤宿현의 민자건 사당 서쪽에 높이 16미터, 기둥 둘레 4.38미터의 2500살 먹은 측백나무가 살고 있다.[1]

측백나무를 무덤이나 사당에 심은 사례는 아주 많은데 당나라 시인 두보杜甫의 시에서 확인할 수 있다.

「고백행古栢行」[2]

공명의 사당 앞 늙은 측백나무 孔明廟前有老栢

가지는 청동, 뿌리는 돌과 같아 柯如青銅根如石

서리 같은 흰 껍질 빗물에 젖어 둘레는 40발 霜皮溜雨四十圍

검은빛 하늘 찔러 그 높이는 2000척 黛色參天二千尺

구름이 오면 기운은 무협에 접해 길게 뻗고 雲來氣接巫峽長

달이 나오면 찬 기운 설산에 통하여 희었더라 月出寒通雪山白

임금과 신하가 그때 그 시절에 만났으니 君臣已與時際會

수목은 오히려 사람을 위해 애석하게 생각하네 樹木猶爲人愛惜

생각하니 옛날 길은 금정 동쪽을 감돌아서 憶昨路遶錦亭東

유선주와 제갈무후 같은 사당에 모셨도다 先主武侯同閟宮

높이 솟은 가지, 줄기는 옛날 교외 언덕에 있고 崔嵬枝榦郊原古

고요한 단청 빛은 창문에 비쳤더라 窈窕丹青戶牖空

높이 솟고 뿌리박아 자리 잡았지만 落落盤據雖得地

나무는
—
어떻게 문화가 되는가

까마득히 홀로 솟아 모진 바람 세차구나 冥冥孤高多烈風

부지하고 버틴 것은 바로 신명의 힘 扶持自是神明力

똑바로 꼿꼿하니 원래가 조화의 힘이라 正直原因造化功

큰 집 넘어질 때 대들보 기둥과 같이 大廈如傾要梁棟

만 마리 소 고개를 돌리니 산처럼 무거워라 萬牛回首丘山重

글을 써서 내지 않아도 세상이 이미 놀랐고 不露文章世已驚

베어도 좋다 버티어도 누가 능히 운반할고 未辭剪伐誰能送

괴로운 마음은 어찌 개미의 괴롭힘을 막을까만 苦心豈免容螻蟻

향기로운 잎은 마침내 난봉의 보금자리 되나니 香葉終經宿鸞鳳

지사와 숨은 선비는 한탄하지 마소서 志士幽人莫怨嗟

예부터 재목이 크면 쓰이기 어렵다네 古來材人難爲用

두보의 시에 나오는 측백나무는 쓰촨성 청두成都에 있는 제갈공명 사당, 즉 무후사武侯祠 앞의 측백나무다. 정말 어마어마한 나무인데 직접 보지 않으면 결코 그 위용을 알 수 없다. 우리나라에서 가장 나이가 많은 측백나무인 천연기념물 제1호 도동 측백나무는 200살에 불과하다. 줄기도 그렇게 굵지 않아 시에서 묘사하는 모습과 전혀 다르다. "늙은 측백나무 / 가지는 청동, 뿌리는 돌과 같아 / 서리 같은 흰 껍질 빗물에 젖어 둘레는 40발 / 검은빛 하늘 찔러 그 높이는 2000척"이라는 구절은 결코 과장이 아니다. 한편 제갈공명 사당의 측백나무는 단단하면서도 흰 색깔을 띠지만 황제릉과 숭양서원의 측백나무는 줄기가 검다. 두 곳의 측백나무가 제갈공명 사당 앞의 측백나무보다 나이가 더 많다는 점을 감안하면 측백나무는 나이가 들수록 줄기가 검게 변한다는 것을 알 수 있다. 대산大山 이상정李象靖 (1710~1781)의 글[3]에서 보듯이 조선시대 성리학자들은 「출사표出師表」와 함께 「고백행」을 외웠다.

무덤에 측백나무를 심는 전통은 시대마다 조금씩 달랐다. 한나라 무제는 측백나무를 선장군先將軍에, 당나라 무제는 5품의 대부大夫에 비유했다. 한나라 무제가 선장군에 임명한 측백나무는 허난성 숭산 자락에 위치한 숭양서원에 살고 있다. 이곳 측백나무의 나이는 4500살이다. 숭양서원은 남송의 주희가 1178년 남강군 지사 시절 낡은 서원을 수리해 재흥한 백록동서원白鹿洞書院, 후난성 창사長沙의 악록서원嶽麓書院, 허난성 상추商丘의 응천서원應天書院 혹은 허난의 수양서원睢陽書院과 함께 중국 송대의 4대 서원 중 한 곳이다. 숭양서원은 북위北魏 484년 불교의 숭양사에서 시작해서 수나라와 당나라 때 도교의 숭양관으로 이어지다가 오대五代의 후주後周 때는 태을서원太乙書院으로 바뀌는 등 오랜 역사를 갖고 있는 서원이다. 북송 초기에는 태실서원太室書院이라 불리다가 1035년 인종仁宗 때 숭양서원으로 바뀌었다. 숭양서원은 북송 때 정호·정이 형제가 학술 강연을 한 곳이었다. 현재 숭양서원에는 두 형제가 심은 회화나무가 살고 있다.[4]

숭양서원에는 4500살의 측백나무 외에 맞은편 담 근처에 2700살의 측백나무도 있다. 한나라 무제가 숭산을 유람할 당시에는 이곳에 측백나무가 세 그루 있었다. 그래서 그는 측백나무에게 각각 대장군大將軍, 이장군二將軍, 삼장군三將軍을 하사했다. 그러나 명나라 때 한 그루가 불에 타 없어지고 지금은 두 그루만 남았다. 숭양서원에는 대장군과 이장군 외에도 900살 전후의 측백나무가 여러 그루 있다. 아마도 북송 때 바뀐 숭양서원 시절에 심은 것으로 보인다. 측백나무는 중국의 역사와 함께했으며 사찰과 서원에서 중요하게 여겨지는 나무다.

숭산 자락엔 소림사가 있다. 소림사의 달마굴 암자에는 육조六祖 혜능惠能(638~713)이 고향인 광둥성 조계曹溪에서 가져와 심었다는 1300살의 측백나무가 살고 있다.[5] 이곳의 측백나무는 높이가 30미터에 이를 만큼 키가 크다. 나는 달마굴의 측백나무를 보지 못했지만, 달마대사의 수제자인 혜가慧可가 머물렀던 이조암二祖庵에 있는 900살짜리 측백나무를 보았다. 원래는 모두 두 그루였는데 한 그루는 내가 다녀간 2014년에 불에 타버렸다고 한다.

조선시대에는 중국 주나라의 제도, 즉 『주례周禮』를 신봉했다. 선농단先農壇은 국가 차원의 제단이었다. 성리학이 조선 정부의 지배 이념이었다면, 농업은 경제 기반이었다. 선농단은 농업을 국가 차원에서 장려하고 풍년을 기원하는 장소다. 선농은 최고 지배자인 임금과 신하들이 백성의 농업을 장려하기 위해 시험을 하는 장소이기도 했다. 현재 서울시 동대문구 왕산로에 위치한 선농단의 주신主神은 중국의 신농씨神農氏와 후직씨后稷氏다. 조선은 태조 때부터 선농단을 설치하고 왕이 직접 제사에 참여하기도 했다. 임금은 선농단에 제사를 지낸 후 적전籍田에서 친경親耕했다. 조선시대 각 왕조의 임금은 선농단 앞에 농사를 지을 수 있는 땅을 마련해서 선농단에 제사를 지낸 후 직접 밭을 갈아 농사의 소중함을 모든 사람에게 알렸다. 선농단 남쪽에는 임금이 선농하는 장면을 볼 수 있는 관경대觀耕臺가 있었다.

선농단에 모신 신농씨는 전설상의 인물이지만 중국은 물론 우리나라 농경 신화에도 큰 영향을 주었다. 전설에 따르면, 신농씨의 성은 강姜이고, 어

숭산 소림사 전경

소림사 이조암 앞 측백나무

머니는 유교씨有嬌氏의 딸이며, 소전씨小典氏의 아내가 되어 신룡神龍에게서 영감을 얻어 사람의 몸에 머리는 소를 닮은 신농씨를 낳았다. 신농씨의 머리가 소를 닮은 것은 소가 농사에 매우 중요한 동물이었기 때문이다. 다른 자료에서는 다른 이야기가 전해져온다. 소전의 왕비 안등安登이 화양華陽에서 노니는데 용 머리 모양을 한 신이 있어 상양商羊에서 감응해 신농씨를 낳았다. 신농씨는 사람의 얼굴에 이마에는 용처럼 뿔이 돋았고 농사를 잘 지어 신농이라 했으며 처음으로 천자가 되었다.[6] 일반적으로 신농씨는 화덕火德을 지니고 있었기 때문에 염제炎帝라 불렀다. 그는 나무를 잘라 구부려서 뇌사耒耜를 만들어 백성에게 농경을 가르쳤으며, 백초百草를 맛보아 약초를 찾아내 병을 고쳤고, 오현금을 만들었으며, 팔괘八卦를 겹쳐 64효爻로 점을 보는 점술占術을 고안해냈고, 시장을 세워 백성에게 교역을 가르쳤다. 그래서 신농씨는 농업과 의약, 음악, 점서占筮, 경제의 조신祖神으로서 중국 문화의 원천으로 꼽힌다. 신농씨 설화는 이름에서 알 수 있듯이 '농업의 신'이며, 농업이 시작된 신석기시대 이후의 산물이다. 주 왕조의 시조인 후직도 '직'에서 알 수 있듯이 농업과 밀접한 관계가 있다. 후직은 농경 신이자 오곡의 신이었다. 성姓은 희姬씨이고, 이름은 기棄다. 『사기史記』「주본기周本記」에 따르면, 후직은 유태씨有邰氏의 딸이자 제곡帝嚳의 아내가 된 강원姜原이 거인의 발자국을 밟고 잉태하여 아들을 낳았다. 그러나 그것이 불길하다 해서 세 차례나 내다 버렸지만 그때마다 구조되었다. 그는 나중에 요제堯帝의 농관農官이 되고 지금의 산시성 우궁武功현 부근의 태邰에 책봉되어 후직이 되었다.[7]

선농단에 대한 기록은 『조선왕조실록』에 자세히 나와 있다. 우선 태종

연간의 기록은 다음과 같다.

예조에서 제사諸祀의 단壇·유壇의 제도를 아뢰었다. "선잠단先蠶壇과 영
성단靈星壇은 높이가 3척, 둘레가 8보 4척이고, 사방으로 나가는 계단
이 있으며, 선농단은 양유兩壇가 같고, 유는 각각 25보이며, 마사단馬祀
壇·마조단馬祖壇·선목단先牧壇·마보단馬步壇은 각각 너비가 9보, 높이가
3척이고, 사방으로 나가는 계단이 있습니다."

원단圓壇·사직社稷·풍운風雲·뇌우雷雨·선농先農의 여러 단에 재실齋室
을 지었으니, 예조의 계문에 따른 것이었다. 또, 아뢰기를, "제삿날에 혹
비와 눈을 만나면 충호위忠扈衛로 하여금 악차幄次를 설치하여 행제行祭
하게 하소서." 하고, 또 아뢰기를, "원단·풍운·뇌우의 여러 단을 빌건
대, 예전 제도에 의하여 쌓고 담 밖 사방에 나무를 심고 각각 인정人丁
을 정하여 지키소서." 하니, 모두 그대로 따랐다.

『조선왕조실록』 성종 연간의 기록은 임금과 신하들의 선농 과정을 언급
하고 있다.

임금이 선농단에 나아가 제사지내기를 의식과 같이했다. 제사를 마치
자 승정원에 전교하기를, "지난달에는 마침 비가 내려서 행사를 할 수가
없었는데, 이번에는 별과 달이 명랑하여 행사할 때에 일에 차질이 없었
으니 내가 매우 기쁘다. 은지를 내리고자 하니, 환궁한 뒤에 아뢰는 것
이 좋겠다." 하고, 드디어 적전에 나아가 친경하되 5퇴를 하고서 중지하

고, 관경대에 환어하니, 세자가 따라서 갈고, 대신 윤필상 등도 따라서 갈았으며, 서인들이 다 갈고 끝마치기를 의식과 같이 했다.

조선시대 선농단은 국가의 중요한 기념 공간이었다. 여기엔 1972년에 천연기념물 제240호로 지정된 '서울 선농단 향나무'가 살고 있다. 선농단의 향나무는 500살로 추정된다. 이 향나무의 나이는 곧 조선 성종 대와 맞물려 있다. 따라서 선농단을 비롯한 각종 제도를 정비한 성종 연간에 심겼을지도 모른다. 향나무는 국가의 중요한 행사에 필수였던 향을 만드는 재료였다. 선농단의 향나무는 그 자체로 농사의 신에게 중요한 상징 나무였던 것이다.

천연기념물 제1호인 도동의 측백나무도 처음엔 달성 서씨의 무덤에 있었다. 이 같은 전통은 지금도 우리나라 전역의 무덤에서 아주 쉽게 확인할 수 있다. 사실 우리나라에서는 무덤에 측백나무와 더불어 향나무를 많이 심는다. 도동 측백나무가 있는 산의 이름은 향산香山, 즉 '향나무 산'이다. 당시 사람들은 측백나무와 향나무를 정확하게 구분하지 않고 사용했던 것이다. 향나무는 측백나뭇과지만 분류학을 잘 몰랐던 시절에는 비슷한 나무를 같이 사용한 사례가 적지 않았다. 따라서 우리나라에는 무덤과 사당에 향나무를 심은 사례가 매우 많다.

사당에 측백나무 대신 향나무를 심은 대표적인 곳은 경주 양동마을의 서백당書百堂 향나무다. 양동마을 안골의 중심에 위치한 서백당은 성종 15년(1454) 양민공襄敏公 손소孫昭(1443~1484)가 지은 집이다. 손소는 경주 손씨의 입향조다. 서백당은 위인이 세 명 태어난다는 얘기로 유명한 집이다.

실제 손중돈孫仲暾(1463~1529)과 이언적이 이곳에서 태어났다. 서백당은 건축학적으로도 연구의 대상일 만큼 중요한 건물인데, 향나무도 이에 못지않게 주목할 만한 가치가 있다. 사당 앞에 위치한 향나무는 500살이지만 천연기념물로 지정되지는 않았다. 서백당의 향나무는 사당을 상징하는 나무이며 향단의 향나무와 연결해서 볼 필요가 있다. 향단의 향나무가 공자를 기리는 행단 뒤편의 향나무와 밀접한 관계가 있듯이, 서백당의 향나무도 단순히 제사 기능을 가진 사당만을 위한 나무는 아니다. 따라서 서백당의 향나무는 이중적인 의미를 갖는다.

경북 청송군 장전리의 향나무는 영양 남씨의 무덤에 있는 천연기념물(제313호)이다. 400살에 이르는 이곳의 향나무는 현재 우리나라에서 무덤가에 사는 향나무 중에서 가장 나이가 많다. 특히 이 나무는 측백나무의 문화 변용을 잘 보여주는 사례라는 점에서 주목할 필요가 있다. 지금까지 나무에 대한 인문학적 연구에서 무덤과 사당의 나무를 분석의 대상으로 삼은 연구 사례는 없다. 무덤과 사당의 나무를 문화 변용 차원에서 연구한 사례는 더더욱 없다. 사실 성리학과 관련해서 무덤은 매우 중요한 공간이다. 특히 성리학 중에서도 주자학을 신봉한 조선의 성리학에서 무덤과 사당은 효를 이해하는 데 있어 매우 중요한 요소다. 조선사회는 국가에 대한 '충忠'보다 '효孝'를 더욱 중시했다. 따라서 효를 실천한 구체적인 공간인 무덤과 사당에 어떤 나무를 심느냐도 중요한 고려의 요소였다.

경상북도 울진군 죽변면 후정리의 향나무는 마을의 수호신이다. 향나무와 서낭당 당집이 함께하고 있기 때문이다. 마을 사람들에게 향나무는 신목神木이다. 이 나무는 천연기념물 제158호로, 나이는 500살 정도다. 우리

청송 영양 남씨 무덤의 향나무

울진 후정리 향나무

나라 서낭당은 성황신을 모시는 마을 단위의 사당이다. 그래서 서낭당은 성황당城隍堂이라고도 불린다. 서낭 신앙은 고려 문종 때 신성진新城鎭에 성황사城隍祠를 둔 것이 시초다. 그 뒤 고려에서는 다음의 글[8]에서 보듯이 각 주·부·현마다 서낭을 두었다. 고려 고종이 몽골을 물리칠 수 있었던 것이 서낭신의 도움 덕분이라 여겼던 까닭이다.

가을 7월에 욱郁이 사수현泗水縣(경남 사천)에서 죽었다. 욱은 문장에 능하고 또 풍수에 정통했다. 일찍이 아들 순詢에게 은밀히 금 한 주머니를 주면서 말하기를, "내가 죽거든 금을 술사術師에게 주어 현의 성황당 귀룡동歸龍洞에 장사지내고, 장사지낼 때 반드시 시체를 엎어 묻게 하라" 했다.

조선시대에도 서낭 신앙은 계승되었다. 이성계는 즉위 후 여러 산천의 서낭에 제사를 올렸고, 태종은 송악松岳서낭과 백악白岳서낭을 모셨다.[9]

백악白嶽의 성황신에게 녹을 주었다. 이전에는 송악松嶽의 성황신에게 녹을 주었는데, 한양으로 도읍을 정했기 때문에 옮겨서 준 것이다.

태종은 다음에서 보듯이 한양에 성황신을 모시는 성황당을 만들어 제사지내고, 고을마다 사직단을 세우도록 했다.[10]

신도新都 성황신을 예전 터에 옮겨 사당을 세우고서 제사하기를 빕니다. 하니, 그대로 따랐다. 한양부는 성황당의 옛 터였다. 또 아뢰기를, "『홍무예제洪武禮制』를 상고하건대, '부·주·군·현에 모두 사직단을 세

위서 봄가을에 제사를 행하고, 서민에 이르기까지도 또한 이사里社에 제사를 지낸다고 했습니다. 원하건대, 이 제도에 의하여 개성 유후사 留後司 이하 각 도의 고을마다 모두 사직단을 세워 제사를 행하게 하소 서." 하니, 윤허했다.

조선시대 성황신에 대한 믿음을 보여주는 극적인 장면은 인조가 겨울에 비가 계속 내리자 후원에 가서 빌고, 대신도 성황당에 보내 빌도록 했다는 기록이다.[11]

상이 동궁 및 승지, 사관을 거느리고서 후원의 밖에서 기도했는데, 향을 피우고 사배四拜하고서 빌기를, "이 고립된 성에 들어와서 믿는 것은 하늘뿐인데, 겨울비가 갑자기 내리니 모두 흠뻑 젖어 죽고 말 것입니다. 내 한 몸이야 죽어도 애석할 것이 없지만 만 백관과 백성이 하늘에 무슨 죄가 있습니까. 조금이라도 날을 개게 하여 우리 만민을 살려주소 서." 하고, 그대로 땅에 엎드려 통곡하면서 울기도 하고 기도하기도 하며 미말未末에 이르렀는데, 의복이 피부까지 흠뻑 젖었음에도 울면서 기도하는 것을 그만두지 않았다. 승시 등이 나아가 엎드려 일어나기를 청했으나 상은 여전히 땅에 엎드려 울며 기도하기를 멈추지 않았고, 김류 등이 밖에서 들어와 잠시 물러날 것을 간청했으나 상은 여전히 따르지 않았다. 시종하던 관원과 시위하던 자가 모두 눈물을 흘려 옷깃을 적시지 않는 자가 없었다. 김류 등이 나아가 어의御衣를 붙잡고 한동안 일어나기를 청하니, 상이 비로소 일어나 사배하고 물러났는데, 눈물이 양볼에 흘러내리니, 보는 자들이 오열했다. 인하여 중신重臣을 보내어 성황당에 날씨가 개기를 빌게 했다.

조선의 조정에서 성황당에 제사를 지내는 모습은 고종 시대까지 계속되었다. 그만큼 성황신은 민간은 물론 중앙정부 차원에서도 중시되었다. 이런 점에서 울진 후정리의 향나무는 서낭 신목으로서 매우 가치가 높다. 물론 이곳의 향나무가 500년 전부터 서낭 신목이었는지를 알 수 있는 기록은 없지만 고려 때부터 면면히 이어온 서낭 신앙을 감안하면 울진 후정리 향나무는 다른 지역의 서낭 신목이 대부분 소나무인 것과 비교할 때 매우 독특하다. 이 향나무가 서낭 신앙과 무관하다면 결코 지금까지 살아남지 못했을지도 모른다.

2. 한 나 라 무 제 와 측 백 나 무

── 중국 한나라 무제는 숭양서원의 측백나무를 대장군, 이장군, 삼장군 등으로 임명한 데서 알 수 있듯이 측백나무와 무척 관련이 깊은 황제였다. 그는 고조 유방劉邦이 한나라를 세운 이후 국내외적으로 가장 강력한 정책을 펼친 황제였다. 그 이유는 할아버지 문제文帝와 아버지 경제景帝의 유산 덕분이었다. 한 무제는 이를 이어 흉노를 정벌했고 유교를 국교로 삼아 강력한 유가정책을 실시했다. 그는 기원전 115년에 측백나무로 대를 만들었다. 이를 '백량대柏梁臺'라 불렀다. 한 무제는 백량대에서 신하들을 모아놓고

한시를 짓게 했는데 이를 '백량체柏粱體'라 한다. 백량체에 기초한 한 무제의 문화 정책은 이후 많은 사람에게 영향을 주었다. 아래의 글[12]에서도 이를 확인할 수 있다.

명나라의 서정경徐禎卿이 이르기를, "칠언법七言法의 시초는 모두 백량柏粱이라고 한다. 그러나 영척甯戚이 소를 두드리며 이미 남산편南山篇을 지은 것이 있다. 그 규칙은 소리가 길고 글자를 마음대로 놓을 수 있어서 글을 이루기가 쉬우므로 기운을 온축하고 말을 조탁하는 것이 오언시와 약간 차이가 있다. 한漢, 위魏 시대의 작품에는 악부가 많고 당대唐代의 명가名家들은 또 가歌와 행行이 많아 이렇게 칠언으로 기록된 것은 얼마 되지 않는다. 그러나 악부나 가와 행은 들추어 올렸다가 갑자기 꺾어 내리듯이 변화를 주는 것을 귀하게 여기는 반면, 고시古詩는 넉넉하고 화평한 분위기를 띠며 법도를 잘 지키는 경향이 있으므로 그 체재가 자연히 같지 않다. 학자들이 충분히 익혀 무젖게 되면 응당 터득되는 것이 있을 것이다"라고 했다.

냉천冷泉 이유원李裕元(1814~1888)은 중국 명나라 서정경이 백량체를 '칠언법'의 시작이라 평가한 것을 반박하고 있지만, 한편으로 백량체가 칠언법의 시초라는 사실을 홍보하는 측면도 있다. 조선시대에도 한 무제의 이러한 문화 정책의 영향을 받았다. 그중 한 사례를 소개하면 다음과 같다.[13]

「멀리 남적만 이웅에게 부치다 遠寄南敵萬以雄」

남팔 남아 다시 해동에 났으니 南八男兒更海東

그대의 집안 형제들 고인의 풍모 있네 君家兄弟古人風

사부는 오주의 동주, 서주이고 吳州詞賦東西住

명성은 한나라 대풍군, 소풍군이라네 漢代聲名大小馮

숙직하면 금호부의 낭관이 되었고 應宿爲郎金虎部

시를 논하면 백량대 높은 자리에 앉았지 論詩上坐柏梁宮

소갈증 걸린 하늘 끝 나그네 가련히 여기리니 應憐病渴天涯客

주남에 머무르는 태사공 같구나 留滯還同太史公

　위의 시는 용주龍洲 조경趙絅(1586~1669)이 시북市北 남이웅南以雄 (1575~1648)에게 보낸 것이다. 적만敵萬은 남이웅의 자字다. 남이웅은 1636년 병자호란으로 남한산성까지 왕을 호종한 공으로 좌찬성에 올랐다. 이듬해에는 소현세자가 볼모로 심양瀋陽에 잡혀갈 때 우빈객으로 세자를 극진히 호위한 공으로 춘성부원군春城府院君에 봉해졌다. 시에서 언급하고 있듯이 그의 집안은 대대로 부자였지만, 그는 사치를 억제한 사람으로 평판이 높았다. 그러나 말년에 당뇨로 고생했다. 조경은 이런 남이웅의 생애를 사마천의 아버지 태사공 사마담史馬談이 주남에 머무른 탓에 황제를 수행하지 못해 끝내 분기憤氣가 치솟아 죽은 것에 비유하고 있다.

　한나라 무제가 측백나무로 만든 백량대는 시의 형식에만 영향을 준 것이 아니라 관직에도 영향을 주었다. 중국 한나라 어사대御史臺는 '백대柏臺'

라 불린다. '백대'는 어사대 앞에 측백나무를 심었기 때문에 생긴 이름이다. 측백나무의 서릿발 같은 기상은 관리들의 비리를 조사하는 일을 상징한다. 어사대 주위에 측백나무가 무성한 탓에 까마귀가 많이 앉아 '오부烏府'라 불리기도 했다.

3. 사헌부와 측백나무

—— 중국 한나라의 어사대였던 '백대'는 조선시대 사헌부司憲府에 해당된다. 그래서 조선시대에 중국의 사례를 따라 사헌부를 '백부柏府' 혹은 '오부烏府'라 불렀다. 조선 정부의 공식 기록을 통해서 구체적으로 살펴보자. 우선 '백부'의 『승정원일기』 사례[14]는 다음과 같다.

> 일찌감치 과거에 급제해서 잠시 중요한 직책에서 재주를 시험했고, 마침 풍운風雲의 때를 만나 임금을 돕는 공적을 이루었다. 은대銀臺와 옥서玉署에 출입하게 되어서는 성대하게 현대부賢大夫로 불리었고, 백부柏府와 미원薇垣을 두루 역임해서 옛날 간쟁諫爭하는 신하의 풍채가 너너하게 있었다. 지위와 명망에 으뜸으로 추대되어 전형銓衡하는 이조참의의 직임에 발탁되었으니, 내 마음에서 선택하고 여러 사람에게 물은 것이었다. 충청북도 관찰사가 되어 군병들이 안도했고, 기보畿輔를 다스리는 명을 받아서는 적절히 방어했다.

위의 내용은 인조가 경상도 관찰사 취헌翠軒 유백증兪伯曾(1587~1646)에게 교서를 내린 것이다. 인조가 그에게 '백부'를 역임했다고 얘기한 것은 그의 관찰사 직책을 의미한다. 관찰사는 중앙의 사헌부처럼 지방 외관을 규찰하고, 국왕의 특명을 받아 1년에 두 차례 수령을 비롯한 모든 외관에 대한 성적을 평가하는 역할을 담당했다. '백부'의 『조선왕조실록』 사례[15]는 다음과 같다.

수족과 같은 신하가 달존達尊의 아름다움이 있으면, 임금의 도리는 공경하는 예의를 더해야 한다. 이것은 고금의 좋은 법규요, 나 혼자서 하는 사사로운 은혜가 아니다. 생각하건대, 경은 타고난 자품이 깨끗하고 마음가짐이 견고하며, 국가의 전례에 익숙하고 의리에 통달하며, 청백하고 검소하게 백성을 다스려 일찍부터 선량한 관리로서 이름이 드러났고, 마음과 뜻이 뭇 사람보다 높고 크게 뛰어나서 재상의 체통을 지녔다. 백부柏府의 장長이 되니 기강이 서고, 묘당廟堂에 들어오니 국책이 결정되었다.

위의 내용은 세종이 영돈령領敦寧 월정月亭 유정현柳廷顯(1355~1426)에게 궤장几杖을 하사한 교서다. 유정현은 1404년(태종 4)에 전라도 관찰사·중군동지총제中軍同知摠制(1409)에 판한성부사를 거쳐 1410년에 형조판서로 승진했으며, 이후 예조판서·서북면도순문찰리사西北面都巡問察理使·평양부윤·대사헌·이조판서·참찬의정부사參贊議政府事·병조판서·찬성사 등 요직을 거친 뒤 1416년에는 좌의정, 얼마 지나지 않아 영의정에 임명되었다. 세종이 그를 '백부의 장'이라 일컬은 것은 그가 사헌부의 최고 책임자인 종2품 대사헌을 지냈기 때문이다. '백부'의 『일성록』 사례[16]는 다음과 같다.

7개 도에서 유생 이득리李得履 등이 상소하여 사공위司空位의 사당을 세워 제사하는 전례典禮를 청했는데, 상께서 너그러운 비답을 내리셨다. 이어 전교하시기를, "명하여 의견을 물으려 하니 마음이 안정되지 않는다. 이 일은 지극히 중대하므로 널리 의견을 물어야 마땅하겠다. 충자와 함께 향축을 맞이하고 전송한 뒤에 정전正殿에 앉을 것이니, 시원임 대신이 입시할 때 종신宗臣 정1품, 문신과 무신 2품 이상, 서울에 있는 유신, 백부栢府, 미원薇院은 함께 입시하라. 세손이 시좌할 때에는 입직한 춘방만 입시하라." 했다.

『승정원일기』와 『일성록』에서 언급한 '백부'와 '미원'은 '사헌부'와 '사간원'을 일컫는 별칭이다. 중앙의 기록 외에 개인 문집에서도 백부의 사례를 찾아볼 수 있다. 양촌陽村 권근權近(1352~1409)은 대사헌 성석용成石瑢(?~1403)을 조문하는 시[17]에서 그를 백부에 비유했다. 사헌부는 '백대'와 '부백' 혹은 '오부'로도 불렸다. 이 같은 사례는 정부의 공식 기록에서만이 아니라 개인 문집에서도 쉽게 확인할 수 있다. 우선 백대의 사례[18]를 살펴보면 다음과 같다.

「동년 성의숙에게 부치다寄同年成誼叔」

그대는 다행히 시대 구제할 능력을 펼치면서 喜君方展濟時才

아침에는 화전 저녁에는 백대를 출입하는데 朝出花甎暮柏臺

나는 아무 의미 없이 동성의 외랑에 있으니 東省外郞無意味

땅을 생각해 일찍 돌아온 이 몸이 부끄럽소이다 却慙懷土早歸來

시에 등장하는 성의숙은 가정稼亭 이곡李穀(1298~1351)과 함께 제과制科에 급제한 중국인 성준成遵을 가리킨다. 이곡은 1333년 원나라 정동성征東省 향시鄕試에 수석으로 급제했다. 시의 동성외랑이 곧 이곡의 관직이다. 시의 내용은 이곡이 성준과 작별한 내용이다. 시에 등장하는 '화전花甎'은 '꽃무늬 벽돌'을 뜻하면서 '학사원學士院'을 가리킨다. 당나라 때 학사가 근무하는 내각內閣 북청北廳 앞 섬돌에 화전이 있었기 때문에 생긴 말이다. 우리나라 고려시대에도 이 같은 용례를 그대로 사용했다.[19]

「이인로와 손득지가 화답해와 다시 위의 운에 차하다李郞中仁老孫翰林得
之見和復用前韻」

은대와 옥당 마주 대해 서 있는데 銀臺直對璧門開

예로부터 한림의 청선淸選 더욱 고상했네 自古尤難選翰才

한 발자국 화전花甎도 오히려 과분하거든 一步花甎猶過望

오유汚儒의 다시 들어옴이 얼마나 요행이런가 愚儒何幸得重來

손득지의 '한림' 벼슬은 학사원의 관원을 일컫는 말이다. 그래서 이규보는 '화전'을 인용했다. 부백의 사례[20]는 다음과 같다.

「감찰의 화축에 제하다 題監察軸」

궁괴는 저 멀리 도성 거리를 비춰주고 宮槐遙映 아득히 바람을 한껏 머금은 부백이라 府柏迥含風 아침 출근할 때쯤엔 안개도 말끔히 사라지고 霧應晨衙淨 저녁 퇴근 무렵에는 말발굽 먼지도 가라앉네 塵隨晚辟空 분대 分臺할 땐 치관多冠들이 잠깐 동안 흩어졌다 分司俄散多 합동 조사 나갈 때는 총마驄馬가 나란히 내닫나니 合契忽聯驄 술잔 잡고 마실 때도 그저 맑고 엄숙할 뿐 把酒淸還厲 그 모습이 그림 속에 영락없이 담겨 있네 相看畫圖中

시에 등장하는 '궁괴'는 '궁궐의 회화나무'라는 뜻이자 '궁궐'을 의미한다. 중국 주나라에서는 삼공三公의 자리에 회화나무를 각각 심어서 '삼괴三槐'라 불렀다. 우리나라에서도 이러한 예를 따랐다.[21] 시의 내용 중 '치관'은 해치관獬多冠의 약칭으로, 어사御史가 법을 집행할 때 머리에 쓰는 모자를 말한다. 치관은 해태를 닮은 모자다. 해태를 정의로운 동물로 여겼기 때문에 붙인 이름이다. 어사대부御史大夫·중승中丞 등은 모두 해치관을 썼다.[22] 오부의 사례는 많지 않지만 다음의 시[23]에서 확인할 수 있다.

「관산서원에 한강 선생을 봉안하는 글冠山書院奉安寒岡先生文」

진실로 선생께서는 展也先生

하늘이 낸 걸출한 분입니다 天挺英豪

일찍이 선각자를 만났으니 早得先覺

남명 선생과 퇴계 선생이었습니다 山海退陶

처음 스승에게 배우러 나간 곳은 發軔指南

덕계 선생의 문하였습니다 德溪之門

(…)

지난날 조정이 위태로워지고 曩際危朝

세상이 명이에 빠져들어 世入明夷

바람에 쏠리고 물결에 휩쓸리니 風靡波蕩

누가 떳떳한 도리를 부지하겠습니까 孰扶民彝

이에 대사헌에 계실 적에 爰長烏府

회피하지 않고 할 말을 다했으니 盡言不避

나라의 명맥을 유지하는 데 維持國脈

청렴한 의론이 죽지 않았습니다 淸論不死

간송澗松 조임도趙任道(1585~1664)의 글에서도 보듯이, 한강 정구는 이황과 조식의 제자이자 한훤당寒暄堂 김굉필金宏弼(1454~1504)의 외증손으로 유명하다. 정구는 조임도의 지적대로 두 사람에게 배우기 전 1555년 김인후·이황의 문인이었던 성주향교 교수 덕계德溪 오건吳健(1521~1574)에게 역학을 배웠다. 그는 1563년 향시에 합격했으나 이후 과거를 포기하고 학문 연구에 전념했다. 1573년(선조 6) 같은 고향 출신 김우옹金宇顯의 추천으로 예빈시참봉禮賓寺參奉에 임명되었으나 나가지 않았다. 그는 1580년 처음 창녕 현감으로 관직생활을 시작했다.[24] 조임도가 관산서원에 정구의 위판位版을 봉안하는 글을 쓴 것도 정구의 창녕 현감 역임 때문이었다.

경상남도 창녕군 고암면 우천리에 위치한 관산서원은 1620년(광해군 12)에 지방 유림이 정구·강흔姜訢·안여경安餘慶의 학문과 덕행을 추모하기 위해 창건했다. 정구의 위패는 1638년(인조 16) 2월에 봉안되었다. 관산서원은 1711년(숙종 37)에 사액되었지만, 서원 철폐령으로 훼철되었다. 지금은 관산서당冠山書堂(문화재자료 제335호)이며, 관산은 창녕의 진산鎭山 화왕산을 일컫는다. 관산서원은 서원 철폐 과정에서 서원에 봉안한 신위를 어떻게 처리했는지를 보여주는 실물이 발견된 우리나라 최초의 서원이다. 2009년 문화재청 국립가야문화재연구소의 발굴 당시 서원 철폐 과정에서 묻은 '매주埋主'가 발굴되었다.

4. 쌍백당과 잣나무

—— 우리나라에서 '백'은 대부분 측백나무가 아닌 '잣나무'로 문화 변용되었다. 전국에는 두 그루의 측백나무를 뜻하는 '쌍백雙柏/雙栢'의 당호가 적지 않지만 실제 나무는 대부분 잣나무다. 그중에서 측백나무에서 잣나무로 문화 변용된 대표적인 사례는 경상북도 군위군 한밤마을에 위치한 쌍

백당雙柏堂이다. 쌍백당은 홍우태洪宇泰의 집이다. 그는 1836년 집을 지은 후 소나뭇과의 잣나무를 심고, 사당 앞의 사랑채의 당호를 쌍백당雙柏堂이라 지었다. 당호가 쌍백당인 것은 잣나무가 두 그루이기 때문인데, 이 나무들이 오늘까지 살고 있다. 『율리세고栗里世稿』에는 1842년 홍우태의 친구 이이건李以鍵이 쓴 「쌍백당기雙柏堂記」가 수록되어 있다. 홍우태의 친구 이이건은 『논어』 「자한子罕」의 "날씨가 추워진 뒤에야 소나무와 측백나무가 늦게 시듦을 안다歲寒然後知松柏之後凋"는 구절을 인용하면서 이곳의 잣나무를 설명하고 있다. 이이건은 공자의 '송백'의 '백'을 측백나무가 아닌 잣나무로 수용했다.

홍우태의 당호와 같은 제목의 당호 중 유충립柳忠立(1572~?)의 쌍백당을 들 수 있다. 월사月沙 이정귀李廷龜(1564~1635)의 시[25]에서 확인할 수 있다.

「부윤 유충립에 대한 만사挽柳府尹忠立」

높은 명성의 그대 선친 일찍 세상 떠났더니 先府高名屆短期

하늘이 남은 복을 쌓아 두 아들에게 남겼어라 天將積慶二郎遺

구학에서 훤출히 하늘 찌르는 기상 다투어 우러렀건만 爭瞻聳壑昂霄氣

조복朝服을 갖춰 입고 홀 꽂았을 때는 보지 못하였노라 未覩垂紳搢笏時

벼슬살이 10년 동안 여망을 한몸에 받았건만 宦只十年輿望宿

삼대를 곡하게 된 오늘 내 삶이 너무 더디구나 哭今三世我生遲

일찍이 쌍백당의 시를 내게 지어 달라더니 曾求雙柏堂中詠

어이 차마 이 시를 가지고 만사로 삼을거나 忍把玆詩作挽詞

시 해석에 따르면, 이정귀는 유충립의 부친 유희갱柳希鏗과 친구였다. 유희갱은 명성이 높았으나 일찍 죽었다. 조부가 죽은 지 10년 만이었다. 쌍백당은 바로 유충립이 조상을 위해 세운 집이다. 미수眉叟 허목許穆 (1595~1682)의 다음 글에서는 쌍백재雙柏齋의 사례[26]를 볼 수 있다.

「쌍백재명서雙柏齋銘序 安山」

안산安山 한씨韓氏의 마유리馬遊里 바닷가 별장에 오래된 두 그루의 잣나무가 서 있는 집이 있다. 이는 그 선친의 옛 집이라 한다. 한씨의 이름은 덕량德亮이고, 자는 명중明仲이다. 그가 내게 말하기를 "바닷가 토질은 척박하고 늪이 많지만 물고기와 소금이 많고 나무도 많습니다. 선친의 옛 집에 두 그루의 잣나무가 있는데, 이것도 선친께서 심으신 것이라 저의 추모하는 마음이 선친의 무덤에서만 일어나는 것이 아닙니다. 어른께서 부디 한마디 가르침을 주십시오" 했다. 그의 말이 매우 훌륭하니 또한 효자의 마음이다.

그대의 선친은 훌륭한데도 이름이 묻히고 말았다. 내가 일찍이 그의 묘지명을 지은 적이 있는데, 그대의 선친은 충실하고 신중하며 독실하고 후덕한 데다 학문을 좋아했다. 여러 차례 과거에 응시하였지만 낙방하자, 이를 부끄럽게 여겨 바닷가에서 농사짓고 고기 잡으며 탐하지도 않고 다투지도 않았다. 가정에서는 진실하여 속이지 않고 이치를 따랐으며 세속에 물들지 않는 고상한 행실이 있었으나 세상에 알려지지 않았다. 제사를 엄숙히 지내고 친족을 친애하고 예법을 잘 지킨 일들은 모두 옛사람이 행한 일들이었으니, 옛말에 이른바 숨은 덕이 있는 분일 것이다. 『예기』에 "자기 몸을 공경하는 자는 자기 어버이를 공경한다" 했다. 그러므로 군자君子는 한 번 발을 들 때에도 감히 부모를 잊지 않으며 한 번 말을 꺼낼 때에도 감히 부모를 잊지 않는다고 했다. 하물며 그 거처하시던 집과 심으신 나무는 모두 선친을 생각나게 하는 것들이니, 자신을 돌아보아 경계하고 조심하며 감히 태만하게 대하지 말아야 할 것이 곧 여기에 있다. 그러니 이것들을 공경하지 않아서야 되겠는가. 이어 다음과 같이 명을 짓는다.

공경하라 敬之哉
이곳에 머무르고 居於斯
이곳에서 움직이고 作於斯
이곳에서 먹고 자면서 寢食於斯
부디 효자의 생각을 잊지 말라 篤不忘孝子之思
공경하라 敬之哉

이처럼 쌍백당과 쌍백재는 조상을 위한 후손들의 효성을 드러낼 때 사용하는 당호다. 물론 잣나무의 기상을 통해 자신의 곧은 마음을 드러내기 위한 것이기도 했다. 그러나 그런 마음에는 무엇보다도 조상을 향한 마음이 간절했다.

5. 덕천서원과 잣나무

── 경남 산청군 시천면에 위치한 덕천서원德川書院은 남명南冥 조식曺植 (1501~1572)을 모시는 서원으로, 이언적을 모신 경주 안강의 옥산서원과 이황을 모신 경북 안동의 도산서원과 함께 경상도를 대표하는 서원이다. 덕천서원은 1576년(선조 9) 최영경, 하항 등이 조식의 학덕을 기리기 위해 강학하던 곳에 세웠으나 임진왜란으로 불타버렸다. 1602년에 다시 건립했으며 1609년에 사액되었다. 그러나 덕천서원은 옥산서원, 도산서원과 달리 서원 철폐 때 훼철되었다. 지금의 건물은 1930년대에 복원한 것이다. 덕천서원에서는 조식과 함께 그의 제자인 최영경을 모시고 있다. 이 같은 사실은 조임도의 아래 시27에서 확인할 수 있다.

「덕천서원을 찾아가다 신해년 봄 尋德川書院辛亥春」

남쪽 고을에 두 징사가 있었으니 南州兩徵士
남명과 수우당이라네 山海與愚堂
세상을 피해 비록 근심 없이 살았지만 遯世雖無悶
시대를 걱정하며 역시 잊지 못했다네 憂時亦不忘
염완입나의 풍모는 아득하고 廉頑風緬邈
격탁양청의 도는 깊고도 머네 激濁道深長
고상함은 유학을 부지했으니 高尙扶名敎
어찌 굳이 임금을 섬길 필요가 있었으랴 何須事帝王

덕천서원 전경

조임도의 시를 통해서 신해년(1611, 광해군 3)에 덕천서원 숭덕사崇德祠에는 남명 조식과 수우당 최영경을 모시고 있었다는 사실을 알 수 있다. 시의 '염완'은 '염완입나廉頑立懦'의 줄임이다. 『맹자』「만장萬章 하」에 따르면, "백이伯夷의 풍도를 들으면 완악한 지아비는 청렴해지고, 나약한 지아비는 뜻을 세운다"에서 따온 것이다. '격탁'은 '격탁양청激濁揚淸'의 줄임이다. 즉 탁류를 밀어내고 청류를 끌어올린다는 뜻이니 곧 악을 제거하고 선을 장려한다는 의미다. 최영경을 덕천서원에 모신 내용은 갈암葛庵 이현일李玄逸의 「수우당守愚堂 선생 최공 행장」[28]에서 확인할 수 있다. 조임도는 조식을 무척 존경했다. 그가 조식을 존경한 이유는 다음과 같다.[29]

「남명집을 읽다讀南冥集」

세 조정의 부름을 받아 일곱 번 벼슬에 제수되었지만 三朝徵士七除官
한 번 임금께 인사하고 푸른 산에 누웠다네 一拜君門臥碧山
남명은 아무 한 일 없었다고 말하지 말라 莫道南冥無事業
맑은 풍모 백세토록 우리나라에 떨치리니 淸風百世振東韓

조임도는 조식의 연보에 발문을 썼을 만큼 그에게 큰 관심이 있었다. 특히 시에서 보듯이 조식이 벼슬하지 않고 산천재에서 학문에 전념한 사실을 높이 평가했다. 현재 덕천서원에는 홍살문을 지나 정문인 시정문時靜門 앞에 은행나무가 살고 있다. 이곳의 은행나무는 다른 서원의 은행나무와 마찬가지로 성리학을 상징하는 나무다. 그래서 덕천서원의 상징 나무도 은행

덕천서원 잣나무

덕천서원의 은행나무

나무다. 덕천서원의 은행나무는 면우俛宇 곽종석郭鍾錫(1846~1919)의 시[30]에도 등장한다.

그런데 덕천서원에는 서원의 강당인 경의당敬義堂에서 조식과 최영경을 모신 숭덕사로 가는 담 쪽에 잣나무가 살고 있다. 나이가 아주 많지 않아서 수십 년 전에 심은 나무로 보인다. 서원에 잣나무가 사는 경우는 매우 드물다. 후학들이 서원의 마당에 잣나무를 심은 뜻은 분명 경의당의 '경의'와 결코 무관하지 않을 것이다.

'경'과 '의'는 남명 조식이 평생 강조한 학문의 기준이었다. 경은 안을 밝히는 것이고, 의는 밖으로 결단해서 행동하는 것이다. 조식과 같은 해에 태어난 퇴계가 '경'을 강조했다면, 조식은 경과 의를 함께 강조했다. 후학들이 잣나무를 심은 것은 경과 의를 강조한 조식의 정신을 드러냄과 동시에 자신들도 조식과 같은 삶을 살기 위한 징표다. 덕천서원은 이른바 '강우유맥江右儒脈', 즉 경상우도 유학의 총본산이다. 따라서 이 같은 의미를 가진 덕천서원에 잣나무가 살고 있다는 것은 의미가 깊다.

6. 측백나무의 오역 사례

── 중국의 측백나무를 잣나무로 오역한 사례는 적지 않다. 오역과 관련해서 가장 먼저 언급한 것은 『시경』 「국풍國風·패풍邶風」에 등장하는 「백주柏舟」다. 먼저 『시경』의 내용부터 살펴보면 다음과 같다.

두둥실 측백나무 배가 汎彼柏舟

물결 따라 떠내려가네 亦汎其流

밤새 잠 못 이루었으니 耿耿不寐

남모를 걱정이라도 있나봐 如有隱憂

내 마실 술 없어 微我無酒

나가 노닐지 못하는 건 아니라네 以敖以遊

(…)

『시경』의 「백주」는 「용풍鄘風」에도 같은 제목으로 등장한다.

두둥실 떠 있는 저 측백나무 배여 汎彼柏舟

저 황하 가운데 떠 있네 在彼中河

두 갈래 머리 더펄거리는 저분이 髧彼兩髦

진실로 내 배필이니 實維我儀

죽음을 걸고 맹세컨대 딴 데 시집가지 않으리 之死矢靡他

어머니는 곧 하늘이시거늘 母也天只

어이하여 이 마음 헤아려주지 않으시나요 不諒人只

두둥실 떠 있는 저 잣나무 배여 汎彼柏舟

저 황하 가에 떠 있네 在彼河側

두 갈래 머리 더펄거리는 저분이 髧彼兩髦

진실로 내 배필이니 實維我特

죽음을 걸고 맹세컨대 나쁜 마음 갖지 않으리 之死矢靡慝

어머니는 곧 하늘이시거늘 母也天只

어이하여 이 마음 헤아려주지 않으시나요 不諒人只

위의 시에 대해 번역자는 '백주'를 '측백나무 배'가 아니라 '잣나무 배'로 오역했다. 중국의 작품에 등장하는 '백柏'은 모두 측백나무다. 아래『승정원 일기』의 내용[31]에 나오는 것도『시경』의 구절인데도 잣나무로 번역했으니 오역이다.

> 시독관 정태화가 진강했다. '백주오장柏舟五章'을 음으로 읽고 해석하기를 한 번씩 했다. 상도 한 번 읽었다. 정태화가 아뢰기를,
> "편제篇題에 보이는 '형장衡漳'의 '횡横' 자를 상께서 잘못 읽으셨습니다. 이 글자[衡]는 우공禹貢을 보면 음이 '횡横'으로 되어 있습니다. 잣나무로 배를 만들었는데 한갓 물 위에 떠 있을 뿐이니, 저 사람이 지아비를 받들어야 하는데 버림을 받아 애통해하는 것입니다. 애통함이 마음 깊은 곳에 있어 잠시도 잊을 수 없기 때문에 술로 그 근심을 풀 수 있는 것이 아닙니다.

만약 번역한 대로 당시 현종이『시경』을 이해했다면 어떤 상황이 벌어질까. 임금에게『시경』을 강독한 정태화鄭太和(1602~1673)는 과연 '백주'를 어떻게 가르쳤을까. 이 문제는 아주 중요하다. 왜냐하면 이 문제는 단순히 '백주'를 어떻게 이해하느냐의 차원이 아니라 중국의 경전, 나아가 고전을 어떻게 이해할 것인가와 밀접한 관계가 있기 때문이다.『시경』은 춘추 시대의

민요를 중심으로 모은 중국에서 가장 오래된 시집이다. 공자가 305수를 모아서 편찬한 것이 지금의 『시경』이다. 『시경』은 주로 황하 중류 중원中原의 시이며, 주나라 초부터 춘추 초기까지의 작품이다. 『시경』은 굴원屈原의 『초사楚辭』와 더불어 중국 고대 시가를 연구하는 데 필수 교과서이고 오경 중하나다. 특히 『시경』은 공자가 무척 강조한 작품이었기 때문에 조선시대 성리학자들의 필독서였다. 이런 점에서 『시경』에 대한 정확한 이해는 매우 중요하다.

『시경』을 읽을 때 가장 기본적으로 이해할 것은 서주 초와 춘추 초라는 시대적 배경과 황하 중류라는 지역적 배경이다. 어떤 작품이든 시대 배경을 이해하지 않으면 정확하게 파악할 수 없다. 『시경』도 마찬가지로 형성 배경을 충분히 이해한 뒤에 읽어야 한다. 『시경』의 '백주'를 반드시 잣나무가 아닌 측백나무로 해석해야 하는 이유도 바로 여기에 있다. '백주'를 '잣나무 배'로 번역한다는 것은 불가능한 것을 가능한 것처럼 오해하게 만든다. 황하 중류는 숭산의 소림사나 숭양서원에서 보듯이 측백나무가 아주 많은 지역이다. 따라서 측백나무는 배를 만드는 데 아주 적합한 나무였다. 그러나 이곳에서는 잣나무를 찾아보기 어렵다. '백주'에 대한 오역은 아래에서도 확인할 수 있다.[32]

「봉성 사람 정녀 나씨의 일을 읊다詠鳳城羅貞女事」

(…) 천 년 동안 백주栢舟의 절개를 이을 수 있었던 것은 千載可繼栢舟詩
중원 땅의 여인들 또한 드물었던 일인데 中州女子亦罕有 빛나고 빛나는

아름다운 덕 누가 가르쳤나 顯顯令德孰敎之 위대한 명明의 교화 참으로
유구하구나 大明遺化諒彌久

번역자의 역주는 다음과 같다.

백주栢舟는 『시경』 「용풍」에 나오는 시의 제목으로, 중국 위衛나라 태자
공백共伯의 처 공강共姜이 남편 사후에 재가하지 않고 절조를 지킨 내
용을 읊은 시다. 본문은 다음과 같다. "두둥실 떠 있는 저 잣나무 배여.
(…) 어이하여 이 마음 헤아려주지 않으시나요. 두둥실 떠 있는 저 잣나
무 배여. (…) 어이하여 이 마음 헤아려주지 않으시나요."

조선시대 문집에 수록된 시를 통해서도 측백나무에 대한 오역은 쉽게
발견할 수 있다. 특히 측백나무와 관련해서 조선시대 시 번역에서 나타나
는 특징은 시의 번역과 주석 간의 괴리다. 이 문제는 아래 시를 통해서 살
펴보자.[33]

「잣나무에 사는 까마귀의 노래로 청하 수령으로 떠나는 송희진을 전송
하다柏鳥謠送淸河宋宰希進」

어사대 잣나무 뿌리 바위처럼 굳게 뻗어 臺中柏根如石
봄철부터 비와 이슬 은혜 듬뿍 받으면서 春來雨露借恩光
겨울에도 여전히 푸르른 자태 뽐냈는데 歲寒依舊靑靑色

잣나무 위 까마귀들 종적 감춘 채 柏上烏尾畢逋

진나라 집엔 오지 않고 계수나무에 서식하며 不向秦家桂樹棲

아침저녁으로 날아갔다 날아오네 飛去飛來朝復晡

어사대에 있다가 남쪽으로 가는 길손 臺端御史南遷客

청하현 날아간 물오리에 신발 한 짝 淸河縣裏雙鳧舄

잣나무 잎 무성하면 까마귀 떠나지 않으리니 柏葉不凋烏不去

돌아와서 또 다시 어사대에 앉으시라 歸來又坐臺中席

위의 시는 어사대와 관련한 내용이라는 것을 아주 쉽게 알 수 있다. 이 시의 경우 측백나무를 잣나무로 번역한 것은 문화 변용으로 볼 여지가 전혀 없는 것은 아니다. 작가가 중국의 어사대에 빗대어 송희진을 비유한 것으로 볼 수 있기 때문이다. 문제는 아래의 주석이다.

사헌부의 고사와 관련된 시라는 뜻이다. 한나라 때 어사부에 잣나무가 줄지어 서 있었는데, 그 나무 위에 수천 마리의 까마귀가 서식했으므로, 어사대를 오대烏臺·오부烏府·백대柏臺라고 했다 한다.

위의 주석은 중국의 경우를 설명하면서 측백나무를 잣나무로 오역한 명백한 사례다. 그러나 측백나무를 정확하게 번역한 사례[34]가 없는 것은 아니다.

「오래된 측백나무, 집 북쪽에 두 그루 측백나무가 있다古柏宅北有雙柏」

오래된 측백 오래된 측백 그늘 벼랑에 자라면서 古柏古柏生陰崖

엷은 하늘 짙푸른 녹음 집안에 가득하네 薄天蒼綠滿家

우뚝한 비늘 껍질 푸른 하늘 솟아 있고 崢嶸鱗甲上靑冥

용의 울음 달은 찬데 금빛 물결 밝구나 龍吟月冷金波明

푸른 구리 곧은 줄기 귀신이 지탱하니 蒼銅直榦鬼神持

매서운 바람 이는 곳에 생황 소리 들려오네 烈風起處聞簫笙

서리 내려도 고운 빛은 대와 솔을 누르지만 橫霜秀色壓松筠

세찬 눈이 흩뿌려도 사뭇 푸르고 푸르네 饕霰虐雪長靑靑

떠돌던 자진은 천도복숭에 취해서 飄飄子晉醉碧桃

손으로 녹옥장 짚고 봉래 영주 올랐지만 手携綠玉登蓬瀛

푸른 옷깃 엄숙하게 행단에서 모시고 肅肅靑衿杏壇侍

주선하여 인을 물어보며 푸른 패옥 울리네 周旋問仁蔥珩鳴

눈꽃은 손만 하여 온 우주가 어두운데 雪花如手宇宙昏

우뚝하게 홀로 서니 백이 맑은 덕과 같네 挺然獨立伯夷淸

이런 모습 굴원인가 소보, 허유인가 是屈原乎巢許乎

완악한 자 청렴해지고 게으른 자 뜻 세우는 맑은 바람 생기네 頑廉懶立淸風生

경박한 말 전도된 것 갓을 바로 쓰게 하고 薄言顚倒整佩冠

달빛 아래 술 마시니 술잔이 분주하네 月下酬酌奔瑤舫

뽀얀 먼지 털어내고 장엄 절도 본받자니 拂素欲摹壯與節

명공께서 좋은 이름 싫어할까 염려되네 恐了明公惡好名

아아, 장인의 항렬 정녕 합당할 텐데 猗歟正合丈人行

즐겨 복숭아, 자두와 봄의 영화 다투리오 肯與桃李爭春榮

〔주석 해석〕

원문의 '용음龍吟'은 본디 젓대 소리를 형용한 것으로, 이백의 시 「청취적聽吹笛」에

"바람이 불어 종산을 감아 도니, 일만 구렁이 다 용의 울음소리로다風吹繞鍾山 萬壑皆

龍吟" 하여, 용의 울음을 젓대 소리에 비유했다. 여기서는 측백나무에 부는 바람 소

리를 형용한 것이다.

위의 시 번역에서는 본문의 '고백古柏'을 '오래된 측백'으로 정확히 옮겼으
며, 주석 '용음'에 대한 해석도 적절하다. 서유구는 "해송자, 즉 잣나무를 속
칭 '백柏'이라 하는 것은 잘못이다"[35]라고 분명히 밝혔다. 그러나 『훈몽자회
訓蒙字會』에는 '백'을 잣나무로 표기하고 있다. 현재 우리나라의 문헌자료 중
디지털화한 경우만 살펴봐도 측백나무를 잣나무로 오역한 사례는 이루 헤
아릴 수 없을 만큼 많다. 특히 고려와 조선시대의 관청 사료는 일정한 범위
에서 확인할 수 있지만 문집의 경우는 매우 방대해서 일일이 점검조차 할
수 없는 실정이다. 만약에 측백나무를 잣나무로 무의식적으로 번역하면 시
와 본문 내용을 오해할 여지가 아주 많다는 점에서 시급하게 수정할 필요
가 있다.

향나무와
전나무의 생태

1. 향나무의 생태와 문화

—— 향香나무는 나무에서 향이 난다는 뜻이지만, 직접 맡아보면 향을 느끼기 어렵다. 향나무의 이름은 이 나무로 향을 피우기 때문에 나온 것이다. 그러나 학명에는 향나무를 의미하는 유니페루스Juniperus 외엔 향나무의 특징을 나타내는 단어는 없다. 학명 중 키넨시스chinensis에서 이 나무가 중국 원산지임을 알 수 있고, 영어권에서도 단순히 중국의 향나무로만 표기하고 있다. 그러나 울릉도에 향나무가 자생하고 있다.

향나무의 한자 이름은 회백檜柏, 향목香木, 회檜 등으로 표기하고 있다. 한자 표기 중 회는 중국『시경』에 따르면 잎은 측백나무, 몸은 소나무라 풀이한다.『이아익爾雅翼』에는 회를 괄栝과 같은 의미로 사용하고 있다. 흔히 노송나무로 알려져 있는 괄은 향나무를 말한다. 그리고 회는 원백圓柏이라 불렀으며, 원백은 곧 향나무의 다른 이름이다. 향나무를 원백이라 부른 것은 잎이 납작한 측백과 구분하기 위해서였다.

향나무는 불교와 아주 밀접한 관련이 있다. 절 혹은 사찰을 향계香界, 극락세계를 향국香國, 불사에 올리는 돈을 향전香錢, 부처 앞에서 향을 피우고 서약하는 것을 향화정香火情이라 불렀다. 중국 선종의 창시자 달마達磨, Bodhidharma(?~528?)가 태어난 곳도 남인도의 향지국香至國이었다. 향나무가 불교와 인연을 맺은 것은 결국 이 나무로 향을 피웠기 때문이다. 왕소군, 초선, 양귀비와 더불어 중국 4대 미인 중 한 사람인 서시西施가 난초를 찾아다녔다는 길도 향경香徑이다. 미인의 혼도 향혼香魂이라 부른다.

향나무에는 비스듬히 땅에 누워 있는 눈향나무도 있다. 눈향나무는 누워 있기에 한자로 언백偃柏이라 부른다. 흔히 옥향玉香이라 부르는 둥근향나무는 전체 모습이 공처럼 생겨서 붙인 이름이다. 그래서 둥근향나무를 한자로 구백球柏이라 한다. 미국에서 들여온 연필향나무는 이 나무로 연필을 만들었기 때문에 붙인 이름이다. 향나무는 염주를 만드는 데 주요한 나무였다.[1]

향나무는 국가의 중요한 행사나 건물에 필요한 향을 만드는 데 필수였다. 조선 정부는 향축香祝을 배행한 향실관원香室官員인 교서관 박사를 두었다. 특히 조선은 향을 얻기 위해서 '매향埋香'을 실시했다. 향나무를 산골짜기에서 흘러내려오는 물과 바닷물이 만나는 지점, 즉 포구에 오랜 세월 묻어두면 돌덩이처럼 굳어지는데 향 중에서 으뜸인 침향沈香이 된다. 이 침향을 만드는 것이 매향이다. 침향은 30년 이상의 나무라야 가능하고, 최소 20~30년의 기간이 걸린다. 침향은 중국의 경우 불교국가였던 당대부터 귀한 향약香藥을 대표했다. 중국에서는 향을 피워 신명을 받들고자 할 때 침향을 제일로 쳤고, 유향乳香은 다음이었다. 수지樹脂의 밀도가 100퍼센트인 침향은 향료이면서도 약재인 향약으로, 70퍼센트 이하의 침향 계통은 모두 향료로 사용했다.[2]

매향은 불교국가였던 고려시대 때부터 성행했다. 그러나 지금은 매향의 전통이 사라져서 그 과정이나 중요성에 대해서 잘 알지 못한다. 얼마 전 전북 김제시 금산면에 위치한 미륵신앙의 근본도량인 금산사에서 600여 년 만에 침향의식이 재연됐다. 이날 의식은 전남 나주에서 자란 수령 천 년의 향나무를 통해 시연되었다. 매향 의식은 매향으로 얻어진 침향을 통해 미륵보살이 있는 도솔천으로 들어가 극락성토에서 왕생할 수 있다는 믿음이 담겨 있다. 매향의 전통을 확인할 수 있는 자료도 남아 있다. 그중에서 중요한 자료는 '매향비埋香碑'다. 1387년(우왕 13)에 매향한 곳에 세운 '사천 흥사리 매향비'(보물 제614호)는 1309년(충선왕 1)에 건립된 고성삼일포매향비高城三日浦埋香碑와 1335년(충숙왕 복위 4)에 새겨진 정주침향석각定州沈香石刻과 더불어 우리나라에서 침향을 알 수 있는 중요한 자료다. 더욱이 이곳의 매향비는 비문이 마멸되어 탁본만 전해오는 고성매향비와 18자만 전하는 정주석각에 비하면 비석과 비문이 완전하다는 점에서 귀중한 자료다. 사천 매향비는 4100인이 결계結契하여 국태민안國泰民安과 미륵보살의 하생下生을 염원하는 총 204자의 축원의 내용을 담고 있다. 1988년 12월 21일 전라남도기념물 제137호로 지정된 해남 매향암각문은 1406년(태종 6)에 세워졌다. 이곳 암각문에는 해남의 옛 지명인 죽산현竹山縣의 동쪽 패포貝浦에 미타향도彌陀香徒 58명과 상당上堂 주민들이 함께 모여 매향했다는 사실과 1406년에 세웠으며, 매향 의식은 법당의 주관 하에 혜관惠觀 등이 참여했다는 사실이 적혀 있다.

고려시대와 조선시대의 매향은 국가의 의식에 사용하기도 하고 불교 사찰의 벽화에 사용하는 등 아주 귀중하게 사용되었다. 지금까지 고려시대와 조선시대의 사찰에 벽화가 남아 있는 것도 매향을 통한 침향을 확보했기 때문이다. 향나무에서 추출한 향의 중요성은 매향비를 만드는 과정에서 동원된 '향도香徒'에서도 확인할 수 있다. 향도는 전통 시대에 여러 가지 공동 목적을 달성하기 위해 결성한 조직체이지만 기본적으로 불교 신앙 활동을 중심으로 조직된 신도 결사체였다. 향도는 불교 신앙에서 향이 중요했다는 것을 보여주는 용어다. 향도는 뒷날 서로 마음이 맞는 문사文士를 일컫는 말이었다.

「정원재가 얻은 두 분 은문恩門의 시권 뒤에 차운하여 제하다次韻題鄭圓齋所得兩息門詩卷後」

소년에 식견 탁월하여 삼책을 진달하고 少年卓識陳三策
중년에 재질 고명하여 양도를 읊으신 분 中歲高才賦兩都
오십 가까운 나이에 조정을 사직하고 還笏彤庭近知命
약 화로에 불경을 든 향도가 되셨구려 藥爐經卷是香徒

향나무 중에 카이즈카향나무가 있다. 카이즈카향나무는 이 나무의 학명 *Juniperus chinensis* var. *kaizuka* Hort 중 종소명에 등장하는 이름

달성공원 카이즈카향나무

이다. 종소명은 이 나무가 일본 원산이라는 뜻이다. 학명에는 중국 원산도 표기하고 있지만 우리나라에서는 카이즈카향나무로 부른다. 카이즈카향나무는 한자 '패총'의 일본 말이다. 패총은 일본 오사카의 지명이다. 향나무를 개량한 카이즈카향나무는 적응력이 아주 뛰어나다. 이 나무는 실 모양의 소라 같은 측백나무를 의미하는 '나사백螺絲柏'이라 불린다. 카이즈카향나무는 향나무와 마찬가지로 측백나뭇과다. 학명 중 유니페루스Juniperus는 측백나뭇과의 노간주나무를 의미하는 고대 라틴어 이름이다. 그런데 이러한 카이즈카향나무가 우리나라 기념 공간에 아주 많지만, 어떤 기념 공간에 있느냐에 따라 나무에 대한 문화사적인 측면에서 평가할 필요가 있다. 그중에서 대구광역시 중구 달성공원의 카이즈카향나무는 이와 관련해서 중요한 위치를 차지한다.

공원은 공동체의 삶을 평가할 수 있는 중요한 지표다. 공원은 공동체의 여가에 필수이기 때문이다. 여가는 여유로운 삶을 평가하는 중요한 조건이다. 특히 도심의 공원은 그 지역민의 삶에 결정적인 역할을 담당한다. 여가 생활에서 공원이 중요한 것은 이곳에 나무가 있기 때문이다. 나무는 여가 생활의 핵심이다. 쉰다는 뜻을 가진 한자 휴休가 바로 '사람이 나무에 기댄 모습'이다. 달성공원은 대구 도심의 공원 중에서 핵심이다. 그런데 달성공원은 단순한 공원이 아니라 대구의 정체성을 간직하고 있는 역사공원이다. 달성공원에는 고대의 토성이 남아 있다. 그래서 나는 달성고원을 대구의 배꼽이라 부른다.

나는 대학 입학과 함께 대구에 온 뒤 여러 차례 달성공원에 갔지만 나무를 공부한 뒤에도 몇 차례나 방문했다. 나무를 공부하기 전까지는 달성공원을 동물원으로 기억했지만 나무를 공부한 뒤부터는 달성공원을 자연생태의 보고로 바라보고 있다. 그런데 달성공원의 동물원은 이전을 둘러싼 대구의 현안으로 등장한 지 꽤 오랜 시간이 지났지만 아직도 결론을 내지 못하고 있다. 따라서 달성공원은 아직도 정체성을 확립하지 못한 채 어정쩡한 위치에 놓여 있다.

달성공원은 우리나라에서 자연생태와 인문생태 및 사회생태를 거의 완벽하게 갖춘 공원이다. 많은 나무로 자연생태를, 토성과 수운 최제우 동상 등으로 인문생태를, 공원 주변 동네를 통해 사회생태를 갖추고 있다. 그러나 대구광역시는 이렇게 완벽한 생태를 갖춘 달성공원을 제대로 활용하지 못하고 있다. 이것만큼 안타까운 일도 없을 것이다.

달성공원 정문에 도착해서 안으로 들어가 정면을 바라보면 공원의 평지가 끝나는 지점에 가장 먼저 눈에 띄는 두 그루의 나무가 있다. 어떤 계절에 오든 정문으로 들어와서 공원을 둘러보면 이 두 그루는 항상 눈에 띈다. 바로 늘푸른큰키나무 카이즈카향나무다. 카이즈카향나무가 달성공원의 중심에 자리 잡고 있는 사연을 알고 나면 마음이 무척 무겁다. 두 그루의 카이즈카향나무는 조선의 순종황제와 일본의 이토 히로부미가 이곳을 방문해서 심은 기념식수이기 때문이다. 히로부미가 대구를 방문한 기념으로 이곳에 들러 굳이 카이즈카향나무를 심은 것은 이 나무가 일본을 상징하기 때문이다.

카이즈카향나무를 볼 때마다 늘 빈센트 반 고흐의 「사이프러스와 별이 있는 길」이 떠오른다. 사이프러스도 측백나뭇과의 편백나무인지라 카이즈카향나무와 형제다. 그러나 달성공원의 카이즈카향나무는 몸집에 비해 키가 작아 나사백의 느낌이 강하지 않다. 달성공원의 카이즈카향나무는 대구에서 아주 보기 드물 만큼 나이가 많지만 역사의 아픔을 간직하고 있다. 일본 제국주의가 1907년 이곳을 신사와 공원으로 만들었기 때문이다. 그러니 이토 히로부미가 이곳에 카이즈카향나무를 기념식수한 것은 이곳을 일본의 신사처럼 만들고 싶었기 때문이다. 달성공원의 중앙 원형 광장은 일본 도쿄의 우에노 공원과 무척 닮았다. 나는 몇 년 전 우에노 공원을 방문한 적이 있다. 현재 달성공원에는 중앙뿐만 아니라 동서 편으로도 카이즈카향나무가 아주 많다. 그런데 달성공원 중앙에 위치한 두 그루의 카이즈카향나무 앞에는 우리나라를 상징하는 느릅나뭇과의 참느릅나무가 한 그루 살고 있다. 달성공원의 중앙에 한국을 대표하는 참느릅나무와 일본을 상징하는 카이즈카향나무가 마주하고 있는 모습은 어쩔 수 없이 아픈 역사를 떠오르게 한다. 역사에는 언제나 상흔이 남아 있다. 그런데 그동안 우리나라에서는 일제강점기의 건물에 대해서만 관심을 가졌다. 일제강점기의 나무에 대한 관심은 최근의 일이다.

달성공원에서 카이즈카향나무와 참느릅나무 외에 눈여겨봐야 할 나무는 카이즈카향나무 뒤편에 살고 있는 콩과의 회화나무다. 현재 이곳 회화나무 앞에는 대구광역시에서 만든 '서침나무'라는 안내판이 있다. 회화나무를 서침나무라고 부르는 것은 조선 세종 때 서침이 달성공원을 기부했기 때문이다. 두 그루의 회화나무는 서침의 선비정신을 상징한다. 달성공원에 갈 때마다 카이즈카향나무 안으로 들어가서 회화나무를 바라본다. 이곳 카이즈카향나무는 줄기가 아주 굵어서 아주 묘한 분위기를 자아낸다. 특히 나이가 많은 카이즈카향나무는 줄기에 골이 깊게 파인 게 특징이다. 회화나무는 카이즈카향나무와 더불어 달성공원을 상징하는 나무다. 회화나무는 북쪽 토성 가장자리에도 많이 살고 있을 뿐 아니라 나이도 제법 많은 편이다. 그러나 토성 가장자리의 회화나무는 숲속에 살고 있어서 그 존재가 잘 드러나지 않는다. 더욱이 다른 나무들과의 햇볕 경쟁에서 밀린 탓인지 줄기에 상처가 심하다.

나는 달성공원의 나무 중에서도 관풍루 앞 느릅나뭇과의 팽나무에 마음이 끌린다. 이곳의 팽나무는 공간이 아주 넓어서 마음껏 가지를 뻗었기 때문이다. 카이즈카향나무가 일제강점기 우리나라 역사의 아픔을 품고 있는 반면, 팽나무는 독립의 기상을 드러내는 듯하다. 한 존재가 어떻게 살아야 하는지를 잘 보여준다.

최근 기념식수의 철학 문제가 신문과 방송에서 중요한 문제로 대두되고 있다. 특히 달성공원의 카이즈카향나무를 비롯해 현충사의 금송이 일본을 상징하는 나무라는 점에서 기념식수의 철학 문제에서 관심의 중심으로 떠올랐다. 달성공원 내 수운 최제우의 동상 주변은 온통 카이즈카향나무가 둘러싸고 있다. 최재우가 사형된 대구 종로초등학교 정문에도 카이즈카향나무가 많이 있다. 대구 동구 망우공원의 곽재우 동상 주변에도 카이즈카향나무가 둘러싸고 있다. 이런 현상은 대구만이 아니라 전국 어디서나 쉽게 발견할 수 있다.

기념식수의 철학 문제는 곧 나무를 역사와 문화로 인식하는 문제다. 한 그루의 나무를 역사와 문화로 인식하지 않는다면 굳이 기념식수의 수종을 거론할 필요조차 없다. 특정 공간의 카이즈카향나무를 문제 삼는 것도 이

제5장
—
향나무와 전나무의 생태

나무가 단순히 물질로서의 나무가 아니라 역사와 문화를 지닌 존재이기 때문이다. 일본과 직접적인 관계가 없는 공간에서는 카이즈카향나무의 존재를 거론할 필요가 없다. 이 문제와 관련해서 한 가지 분명히 짚고 넘어갈 것은 기념식수의 철학 문제는 우선 나무의 존치 여부와 무관하게 논의해야 한다는 사실이다. 그러나 일각에서는 충분한 논의조차 하지 않은 채 존치 여부에 관심을 갖는다.

한 그루의 나무는 사람이 선택하는 순간, 더욱이 기념 공간에 심는 순간, 인문생태의 기능을 띤다. 따라서 기념식수는 매우 신중하지 않으면 예상 밖의 문제가 발생할 수 있다. 그러나 국가의 지도자는 물론 각 분야 책임자들의 기념식수에서는 철학을 찾아보기 힘들다. 특히 전국 공공기관을 비롯한 개인 주택조차 일본 조경이 판을 치고 있다. 이는 우리나라 전통조경에 대한 식견과 철학이 없는 조경업자들의 무지가 낳은 결과지만, 근본적으로는 각 기관의 책임자가 무지하거나 철학이 없어서 생기는 결과다. 이같은 근본적인 문제를 해결하지 않은 채 기존의 식수만을 거론하는 것은 큰 의미가 없다. 단순히 기념 공간에 일본 원산의 나무 대신 우리나라 원산의 나무를 심는 것만으로 문제를 해결할 수 있다고 생각한다면 큰 오산이다. 나무가 문제가 아니라 나무를 비롯한 공간을 바라보는 철학이 중요하기 때문이다.

2. 전나무의 생태와 문화

—— 전나무는 예전엔 '젓나무'라 부르기도 했다. 이 나무에서 우윳빛의 액이 나오기 때문이다. 이는 한국 식물학계의 거목 이창복 교수가 붙인 이름이다. 최세진의 『훈몽자회』에 따르면 전나무의 한자 이름은 '젓나모 회檜'다. 우리나라의 옛 문헌에는 전나무를 흔히 삼杉으로 표기하고 있다. 중국에서도 전나무를 송삼松杉 혹은 냉삼冷杉으로 표기한다. 전나무의 또 다른 한자 이름은 종樅이다. 이 한자는 곧게 자라는 전나무의 모습을 본뜬 글자다. 『설문해자』에는 전나무가 잎은 소나무, 몸은 측백나무를 닮은 것으로 풀이하고 있다. 회는 『삼재도회』에서도 나오는 것처럼 측백나무를 의미하는 백栢과와 연칭하여 백회栢檜로 사용한다.

러시아의 식물학자 막시모비치가 붙인 전나무의 학명 중 아비에스*Abies*는 '전나무'를 의미하는 라틴어 이름이다. 홀로필라*holophylla*는 '갈라지지 않는 잎'을 뜻한다. 이 나무는 재질이 좋아 예부터 건축재, 특히 기둥재로 많이 사용했다. 경남 합천의 해인사 팔만대장경판 보관 건물인 수다라장, 그리고 경남 양산의 통도사와 전남 강진의 무위사 기둥의 일부도 전나무다. 그래서 전국의 유명 사찰에서는 전나무를 쉽게 볼 수 있다. 특히 강원도 오대산의 월정사 입구의 전나무 숲은 일품이다. 다음의 시[3]에서도 사찰의 전나무를 만날 수 있다.

「보개산 지장사에서寶蓋山地藏寺」

산에 노는 맛이 사탕수수 씹는 것 같아 遊山如啗蔗

아름다운 경치에 들어감이 사랑스럽네 最愛入佳境

구름 바라보니 함께 무심해지고 雲望共無心

계곡 길엔 홀로 그림자와 짝하노니 溪行獨携影

종소리 울려라 숲과 계곡은 텅 비고 鐘魚林壑空

전각엔 전나무가 차갑구나 殿宇松杉冷

몹시 푸른 행전을 마련하고 싶어라 甚欲辦靑纏

바람 맞으며 다시 세 번 반성하네 臨風更三省

목은牧隱 이색李穡(1328~1396)이 읊은 시에 등장하는 보개산 지장사는 현재 북한 철원군에 위치한 사찰이다. 원래 번역자는 시에 등장하는 송삼松杉을 소나무와 삼나무로 풀이했지만, 전나무가 맞을 것이다. 지장사는 사찰이고 송삼이 전나무를 의미한다는 점을 감안해서 보자면 그렇다. 더욱이 강원도 철원의 기후를 고려하면 남쪽에서 자라는 삼나무를 상상하기 어렵다. 이색은 지장사와 인연이 아주 많았던지 아래와 같이 지장사 중수기까지 썼다.

「보개산 지장사 중수기寶盖山地藏寺重修記」[4]

내가 중 자혜慈惠를 좌주座主 익재선생益齋先生의 부중府中에서 처음 서로 만나보니, 키가 크고 이마가 넓으며 모양이 질박하고 말이 곧아 선생이 매우 사랑했다. 그가 있는 곳은 보개산 지장사다. 익재선생이 돌아가실 적에도 자혜가 곁을 떠나지 않고 자제子弟가 부형父兄에게 하는 것과 같이 하니, 진실로 상인上人(중의 존칭. 자혜를 가리킴)은 여러 중 가운데서 특별히 뛰어남을 알았다. 자혜가 일찍이 절 일로써 경사京師(북경)에 달려가서 공경들을 만나보았기 때문에, 이름이 중궁中宮에 퍼져 내탕금을 내어 절 기구를 만들었고, 절이 이룩되자 임천 위선생危先生의 글을 빌어 절을 만든 전말을 기록하여 돌에 새겨서 배에 실어 보내고, 자혜는 향폐香幣를 받들고 역마로 달려와서 돌을 절의 정원 가운데 세우고, 낙성회를 크게 베풀었으니 참으로 그는 유능한 사람이다. 신축년에 병화가 절에 미쳐서 집이 남은 것은 대개 3분의 1이었는데, 자혜가 분발하여 새로 세우려고 하니, 이에 원조元朝 황비와 본국 왕비가 돈을 대고 철원군鐵原郡 최맹손崔孟孫과 감승監丞 최충보崔忠輔가 이를 도왔다. 정당政堂 이공李公은 그 조부가 자혜를 사랑한 까닭과, 판사 박후朴侯는 그 장인이 자혜를 사랑한 까닭으로, 자혜를 대우하기를 익재선생의 평상시와 같이하여 다 재물을 베풀어서 중건하는 공을 마치게 한 것이다. 병진년 4월 25일에 대장경을 전독轉讀하여 낙성식을 했다. 자혜가 말하기를, "나는 지금 늙었으나 내가 이 절에 대해서는 일을 부지런히 했으니, 현시의 글을 좋아하는 사람을 찾아서 이 일을 기록하지 않으면, 다른 날 돌에 새긴 기록을 읽는 이가 오늘 일을 어찌 알겠는가? 지금 돌에 글을 새기려고 하나 돌이 이 땅에 나지 않고, 연경으로 달려가고자 하나 길도 막혔고 내 몸도 매우 쇠했으므로, 장차 목판에 새겨

벽에 걸어두었다가 돌에 새기는 일은 뒤에 동지를 기다리겠소" 하니, 그 말이 매우 슬퍼서 내가 차마 사양하지 못하고 이에 말하기를, "명산 보찰이 없는 곳이 없는데 반드시 이 산에서만 살고 이 절만 수리하는 데는 무슨 까닭이 있는가" 하니, 자혜가 초연히 말하기를 "스승의 명이라, 그렇지 않으면 참으로 공의 말과 같이 할 것이오" 했다. 아, 자혜는 능히 그 스승을 저버리지 않도다. 그 스승이 누구냐고 물으니 진공대로眞空 大老라 한다. 내 일찍이 특이한 사람이라는 얘기를 들었으나, 그 얼굴을 알지 못함을 항상 한탄했는데, 지금 자혜와 더불어 말할 기회를 얻으니 어찌 다행이 아니리오. 제자는 스승을 저버리지 않고, 자손은 선조를 저버리지 않는 것이 나의 소망이요 소망이다. 어찌 함께 기록해 후세에 권하지 않으리요. 이에 기록한다.

중수기에 따르면 이색이 지장사의 주지를 만난 것은 익재益齋 이제현李齊賢(1287~1367)의 관청이었다. 이제현은 1353년 계림부원군鷄林府院君 시절 이색을 포함한 35인을 선발한 바 있다. 이제현도 아래와 같이 지상사 관련 시5를 남겼다.

「보개산 지장사에서 소릉의 용문 봉선사의 운을 쓰다寶蓋山地藏寺用小陵 龍門奉先寺韻」

그 옛날 무극옹이 當年無極翁
도안으로 좋은 경치 개척했네 道眼開勝境

짧은 산기슭에 구름 뿌리 뭉쳐 있고 短麓團雲根

작은 연못엔 산 그림자 비쳐 있네 方塘倒峯影

나뭇잎 떨어지니 오솔길 희미하고 葉落秋徑微

솔바람 불어오니 집이 썰렁하다 松吟夜堂冷

늙어가며 현관을 엿보게 되어 投老窺玄關

맹렬하게 공부 못함이 부끄럽네 泯泯慙猛省

　　이제현은 이색과 달리 지장사와 관련한 시를 지으면서 송삼松杉 대신 소
나무[松]라는 글자만 사용했다. 이색과 이제현의 지장사 관련 시에서 주목
할 것은 지상사를 언급하면서 지장사 앞에 '보개산'을 붙이고 있다는 사실
이다. 지장사는 '지장보살'을 주불로 모신 사찰인데도 굳이 보개산이라 붙
이는 것에는 나름대로 이유가 있다. 우리나라 사찰은 대부분 산에 위치한
산중 사찰이다. 그래서 사찰은 어떤 산에 위치하느냐에 따라 사찰의 의미
도 달라진다. 아울러 사찰이 위치하면서 산의 이름도 사찰의 성격과 함께
다시 설정되는 경우가 많다. 그래서 사찰의 명칭 앞에 산의 이름을 붙이는
것이 매우 중요하다. 더욱이 현재 우리나라 사찰 앞에도 산 이름을 붙여서
사용한다. 예컨대 대구광역시 동화사桐華寺의 경우 팔공산 자락에 있기 때
문에 '팔공총림八公叢林', 송광사의 경우에는 조계산에 있기 때문에 조계총
림曹溪叢林, 양산 통도사의 경우 영축산에 있기 때문에 '영축총림靈竺叢林'이
라 부른다. 전나무를 송삼으로 표현한 또 다른 사례는 아래 시[6]에서 확인
할 수 있다.

제5장
－
향나무와 전나무의 생태

「신초정예 이 산속에서 부친 시에 차운하다次辛草亭山中見寄詩韻裔」

어젯밤 자욱이 내리는 눈이 날리는 꽃처럼 어지럽더니 昨宵蜜雪亂飄花

새벽에 전나무들이 곧게 서 있거나 기울어져 있는 것을 보았네 曉見松杉

整復斜

앉아 보현보살의 은세계를 대하니 坐對普賢銀色界

비로소 내 몸이 절에 있다는 것을 알겠네 始知身在梵王家

(…)

　위의 시는 급암及菴 민사평閔思平(1295~1359)이 신초정, 즉 신예辛裔(?~
1355)가 그에게 보낸 시에 답한 것이다. 이 시의 번역자는 송삼을 소나무와
삼나무로 표현하고 있지만 이색의 시에서 보는 것처럼 삼나무는 기후 조건
상 이 지역에서 사는 데 부적절하다. 전나무를 냉삼으로 표현한 사례는 김
제민金齊閔(1527~1599)의 아래 시7에서 확인할 수 있다.

「김인후가 스님 담준에게 준 글과 시축에 차운하다次河西韻書澹俊詩軸」

지팡이 세운 듯 비석은 틈이 나 있고 住筇幽石罅

경쇠소리 전나무 소리 같네 鳴磬冷杉風

물 길러 소나무 잎에 화답하니 汲水和松葉

얼음 두드리니 작은 시내로다 敲氷小澗中

합천 해인사 장경각 북쪽 옆의 '학사대學士臺'는 고운孤雲 최치원崔致遠의 영혼으로 자란 나무로 알려져 있다. 즉 학사대의 전나무는 최치원이 이곳에서 제자를 가르치다 죽은 뒤 그 영혼이 다시 태어난 나무다. 학사대의 '학사'는 최치원이 지낸 '한림학사翰林學士'에서 빌린 이름이다. 우리나라는 물론 세계적으로 학사대처럼 죽은 영혼으로 태어난 나무는 적지 않다. 이런 설화들은 그만큼 나무가 신령스럽다는 것을 말해준다. 나무에 대한 인간의 믿음은 나무의 장수에 큰 영향을 준다. 이곳 전나무의 나이가 천 살이라는 얘기가 있지만 실제 나이는 아니다. 다만 천 살이라는 얘기는 최치원의 영혼과 비례하여 생긴 것이다. 정극후鄭克後(1577~1658)의 「학사대에 올라 최치원을 생각하다登學士臺憶崔孤雲」[8]에서도 찾아볼 수 있다.

학사대 전나무에 대해서는 『고운선생사적孤雲先生事蹟』「여지승람략輿地勝覽略」이나 겸재 정선의 「해인사도海印寺圖」에서도 확인할 수 있다. 특히 최치원의 후손인 조선 중기 백불암百弗庵 최흥원崔興遠(1705~1786)의 『백불암집百弗菴集』권13 「잡저雜著·유가야산록遊伽倻山錄」중 다음의 기록은 학사대 전나무를 이해하는 데 큰 도움을 준다.

고운 최치원 선생이 손수 심은 소나무가 이미 말라버리고 그루터기만 남았다. 나는 지금 마침 2월이고 비가 오니 소나무를 심기에 적합하므로 종을 시켜 네 그루의 작은 소나무를 캐서 그 곁에 심게 했다.

而孤雲手植松已枯, 獨其查在矣. 余以爲此行適値二月, 天又雨, 正合植松, 乃命奴採四小松 植其傍.

최흥원의 기록은 현재 학사대 전나무의 나이를 가늠하는 데 도움을 주지만 한 가지 아쉬운 것은 그가 종을 시켜 심은 것은 전나무가 아니라 소나무라는 사실이다. 『여지승람』에는 분명 전나무로 표기했지만 최흥원은 무슨 연유로 소나무로 표기했는지 알 수 없지만 오기誤記거나 전나무를 소나무로 착각했을 가능성도 없지 않다.

전나무는 유럽에서 '크리스마스트리'로 사용해서 더욱 유명하다. 이 나무는 아래와 같은 얘기가 전한다.9

옛날 유럽의 한 숲속에 나무꾼과 딸이 살고 있었다. 마음씨 착한 소녀는 숲을 몹시 사랑하여 항상 숲속에 나가 요정들과 함께 시간을 보냈고, 날씨가 추워서 나갈 수 없는 날엔 요정들을 위해 전나무에 작은 촛불을 켜놓았다. 아버지는 성탄절 이브에 딸에게 좋은 선물을 주기 위해 깊은 숲으로 나무를 하러 들어갔다가 그만 길을 잃었다. 그런데 알 수 없는 불빛이 반복해서 보여 집까지 무사히 다다르게 되었다. 숲속의 요정들이 친구인 소녀의 아버지를 위해 불빛으로 인도한 것이었다. 그때부터 유럽에서는 귀한 손님이 오실 때에는 집 앞의 전나무에 촛불을 켜두고 맞이하는 풍속이 생겼으며, 성탄절에도 새로 태어난 아기 예수를 영접하는 뜻으로 전나무에 촛불을 밝히고 아름답게 장식했다.

유럽의 설화는 지금까지 전나무를 크리스마스트리로 사용하는 유래를 담고 있다. 아울러 전나무가 북유럽처럼 추운 곳에서도 잘 살 수 있다는 것을 보여준다.

향나무와
전나무의 문화 변용

1. 『시경』 '회읍송주檜楫松舟'와 향나무

── 향나무는 한국인들에게는 아주 익숙한 단어지만 중국의 문헌에서는 찾아볼 수 없다. 중국에서는 향나무를 '회檜'라고 부른다. 중국에서 '회'가 등장하는 자료는 『시경』「위풍衛風·죽간竹竿」의 '회읍송주檜楫松舟'다.

「낚싯대竹竿」

길고 긴 대나무 막대 들고 기수에서 낚시질을 하고 있으나 籊籊竹竿, 以釣 于淇

어찌 그대를 생각하지 않겠는가? 멀어서 데려올 수가 없는 거지 豈不爾 思, 遠莫致之

천원은 왼편에 흐르고, 기수는 오른편에 흐르고 있네 泉源在左, 淇水在右

여자란 시집가면 부모 형제와 멀어진다더니 女子有行, 遠兄弟父母

기수는 오른편에 흐르고 천원은 왼편에 흐르고 있네 淇水在右, 泉源在左

생긋 웃을 때의 고운 흰 이 딩동거리는 구슬 찬 모습 그리워라 巧笑之瑳,
佩玉之儺

기수는 넘실넘실 향나무 노 달린 소나무 배 떠 있네 淇水滺滺, 檜楫松舟.

수레나 타고 나가 놀면서 내 시름이나 씻어볼까나 駕言出遊, 以寫我憂.

'위풍'은 '위나라의 노래'를 의미한다. 지금의 허난성 북쪽에 위치해 있던 위나라는 주나라 무왕의 동생 강숙康叔이 분봉 받은 제후국이었다. 그래서 강숙은 위나라의 시조다. 주나라에서는 봉건제도를 실시했기 때문에 천자는 자식들에게 땅을 나눠줬다. 땅을 분봉 받은 자는 곧 그 지역의 시조다. 위나라는 서주西周 말 제8대 경후頃侯 때 전성기를 맞았지만, 춘추시대에 이르러 제齊·진晉·송宋·노魯 등에게 압박을 받으면서 쇠퇴하기 시작했다. 기원전 600년에는 북적의 침략을 받기도 했지만 교통의 요지라서 문화를 유지할 수 있었다. 그러나 전국시대에 강대국이었던 진秦나라와 위魏나라 사이에 끼어 있나가 진나라의 2세 황제에 의해 멸망되었다.

「낚싯대竹竿」 중 '회'에 대해서 그간 다양한 견해가 있었다. 우선 주자의 해석부터 살펴보면 다음과 같다.[1]

주자가 말했다. '회'는 나무 이름이니 측백나무와 비슷하다. 『본초』에 말했다. 그 나무는 높이 솟아 있고, 그 껍질은 얇으며, 그 껍질 속은 매끄럽고 윤기 있다. 꽃은 가늘고 자잘하며, 열매는 송이를 이루고, 모양은 마치 작은 방울 같다. 서리 내린 뒤에 넷으로 쪼개지면 속에는 몇 개의 씨앗이 있으니, 크기는 보리 낱알만 하고, 매우 향기로워 사랑할 만하다. 측백나무 잎에 소나무 몸이 회다.

위의 내용은 정약용의 아들 정학유丁學游(1786~1855)가 지은 책에서 주자의 풀이를 인용한 것이다. 그런데 주자의 '회'에 대한 풀이는 자신의 견해라기보다는 『본초』에 근거한 것이지만, 주자가 참고한 『본초』가 무슨 책인지 정확하지 않다. 『신농촌초경神農本草經』이나 『본초연의本草衍義』, 그리고 본초학을 집대성한 『본초강목』에는 '회'가 등장하지 않는다. 그런데 역자는 '회'를 '전나무'로 풀이하면서 주자의 글을 번역했다. 과연 주자의 풀이는 전나무인가, 향나무인가. 우선 '회'가 측백나무와 비슷하다는 점에 주목할 필요가 있다. 향나무는 측백나뭇과의 늘푸른바늘잎큰키나무이고, 전나무는 소나뭇과의 늘푸른바늘잎큰키나무다. 따라서 향나무와 전나무는 전혀 다른 종류의 나무다. 다음은 수형과 껍질이다. 『본초』에서 소개한 수형은 높이 솟아 있다. 이는 나무의 높이가 상당하다는 뜻이다. 다음은 껍질이다. 『본초』에서는 껍질이 얇고, 껍질 속은 매끄럽고 윤기 있다고 소개하고 있지만 나무의 껍질에 대한 소개만으로는 어떤 나무인지 분간하기 어렵다. 더욱이 나무의 경우 나이에 따라서 껍질의 상태가 달라서 일률적으로 설명할 수 없다. 다만 향나무의 경우 기본적으로 껍질이 회갈색이면서 세로로 얇게 조각조각 벗겨진다. 전나무의 껍질은 잿빛이 돌면서 거칠다. 다음은 꽃과 열매다. 주자가 소개한 꽃은 가늘고 자잘하며, 열매는 송이를 이루고 모양은 마치 작은 방울 같다. 사실 이 부분이 '회'를 이해하는 데 결정적인 단서를 제공한다. '꽃은 가늘고 자잘하다'부터 검토하면, 향나무의 경우 암수딴그루라서 수나무에는 수꽃이, 암나무에는 암꽃이 핀다. 개화 시기는 시대와 지역에 따라 조금씩 다르지만 대체로 4월경이다. 수꽃은 타원형이고 노란색이며, 암꽃은 둥그스름하며 가지 끝이나 겨드랑이에 달린다. 전나무는 암수한그루라서 같은 나무에 수꽃과 암꽃이 핀다. 수꽃은 황록색이며 달걀형이다. 암꽃은 타원형이다. 다음은 열매에 대해서 살펴보면, 향나무는 처음엔 둥글며 검은색으로 익는다. 전나무의 열매는 원통형이다.

주자가 해석한 '회'를 정리하면 전나무가 아니라 향나무다. 두 나무의 결정적인 차이는 꽃과 열매다. 향나무의 꽃은 주자의 인용대로 자잘하며, 열매는 작은 방울 같다. 반면 전나무의 꽃은 상당히 크며, 열매는 방울처럼 생긴 것이 아니라 길쭉하다. 이 같은 두 나무의 특징을 염두에 두면서 다시 청나라 서정徐鼎의 해석을 검토해보자.[2]

『본초』에서 말했다. '회'는 측백나무의 잎에 소나무의 몸이다. 『집전』에서 말했다. 나무의 이름이니, 백과 비슷하다. 『모시정의』에서 말했다. 『서경』에 '괄'이라는 글자로 쓰여 있다. 『우공』에 춘椿(참죽나무) 줄기와 '괄栝'과 '백柏'이라 말했고, 『주』에 '백'의 잎에 '송'의 몸을 '괄'이라 한다고 했으니 이것과 더불어 한가지다. 『아익雅翼』에서 말했다. "'회'는 다른 이름으로 '괄'이다. 성질이 추위를 잘 견디고 목재가 커서 배와 노, 널을 만들 수 있다." 『좌전』에서는 "널의 사면과 윗면에 장식이 있다"고 했고, "기수에 향나무와 소나무로 만든 배로다"라 했다. 지금 사람들도 '원백

圓柏'이라 부르는데, 측백나무와 구분하기 위해서다.

서정의 작품에 대해 번역자는 '회'를 전나무로 번역했다. 서정이 정리한 '회'는 전나무가 아니라 향나무다. 향나무는 '원백'이라 부른다. 그 이유는 측백나무의 잎은 납작한 데 비해 향나무는 둥글기 때문이다. '회'가 향나무인지 전나무인지를 다시 확인하기 위해 중국에서 가장 이른 시기의 사전인 『이아주소』의 '회'를 소개하면 다음과 같다.[3]

> 경문經文: 회는 잎이 백柏이고, 몸은 송松이다.
> 이아주爾雅注: 『시경』에 "회檜로 만든 노와 소나무로 만든 배"라고 했다.
> 이아소爾雅疏: 여기서는 종樅과 회檜의 다른 이름을 구별했다. 잎은 송松이면서 몸체는 백柏인 것이 종樅이며, 잎이 백이면서 몸은 송인 것의 명칭이 회다. 곽박이 "지금 태묘에 대들보로 이 나무를 쓴다"고 한 것은 당시의 경험으로 한 말이다. 주의 "시자소위尸子所謂" 이하는 『시자』「작자綽子」편의 글이다. 주에서 인용한 『시경』의 "회즙송주檜楫松舟"는 『시경』「용풍鄘風·죽간竹竿」편의 글이다. 모전에 "즙은 배를 나가게 하는 것이다"라 한 것이 이것이다.

번역자는 '회'를 전나무로 풀이했다. 더욱이 같은 문장에서 '회'를 '회화나무'로 번역했다. 앞에서 '회'에 대해 검토한 "잎이 백柏이고, 몸은 송松"이라는 구절은 전부 『이아』에서 인용했다. 『이아소』에서 언급한 내용은 '회'를 이해하는 데 있어 중요하다. 즉 "잎은 송松이면서 몸체는 백柏인 것이 종樅

이며, 잎이 백이면서 몸은 송인 것의 명칭이 회다"라는 구절은 향나무와 전나무 이해에 중요한 정보를 제공한다. '회'를 향나무로 봐야 하는 결정적인 부분은 '잎'이다. 향나무는 부모인 측백나무의 잎을 많이 닮은 반면 전나무의 잎은 부모인 소나무를 닮았기 때문이다. 전나무와 소나무 잎은 겉으로 보면 다르지만 자세히 보면 바늘잎이 닮았다.

현재 중국에서는 『시경』의 구절과 관련해서 '회'를 향나무로 소개하고 있다.[4] 소개한 사진도 분명 향나무며, '회'를 원백으로 밝히면서 『이아익』의 내용도 수록하고 있다. 아울러 현재 대만의 홍회紅檜와 황회黃檜를 소개하고 있다. 특히 향나무는 정원에 즐겨 심는다는 내용과 함께 베이징의 고원백古圓柏 사진을 실었다.

'회'가 향나무인지 전나무인지를 확인하는 또 다른 방법은 그림이다. 중국의 경우 식물에 대한 세밀화 자료가 적지 않게 남아 있다. 왕기王圻·왕사의王思義의 『삼재도회三才圖會』에는 '백'만 나오고[5] '회'는 나오지 않는다. 우선 청나라 초에 나온 『수시통고授時通考』의 내용부터 살펴보자.[6] 『수시통고』에는 『이아익』의 내용을 그대로 소개하고 있다. 다만 『농상통결農桑通訣』의 내용을 인용해서 심는 방법을 소개하고 있다. 그런데 『수시통고』의 내용 중 하나 분명한 것은 '회'의 그림이 향나무라는 사실이다. 다음은 오기준吳其濬의 『식물명실도고植物名實圖考』에 등장하는 '회'를 검토해보자. 『식물명실도고』에는 '백'과 '회'를 그림과 함께 붙여서 설명하고 있다.[7]

백柏: 『본경本經』 상품上品이며, 잎은 기름지며 열매는 둥글고 약으로 사용한다. 원백圓柏과 측백側柏이 있다. 원백은 곧 '괄栝'이며 심재가 붉은 것은 민간에서 혈백血柏이라 부른다.

회檜: 회는 곧 괄이며 『서소書疏』에 괄은 측백의 잎과 소나무의 몸이며,
『이아』의 회와 같다. 『이아익爾雅翼』에 지금 사람들은 원백이라 불러 측
백나무와 구분한다. 원백 중 자백刺柏은 나무의 성질이 회와 비슷하다.
『노학암필기老學庵筆記』에 해회海檜와 토회土檜 두 종류가 있다. 해회는 파
악하기 어려우며, 그 잎을 다른 것과 비교할 수 없다. 회와 백은 하나의
가지에 틈이 있고, 회와 백은 정원에 많이 심어서 즐긴다. 또한 삼우백三
友柏은 한 그루에 잎이 둥글기도 하고, 납작하기도 하고, 가시가 있다.

『식물명실도고』의 내용을 보면 '회'는 분명 측백나무와 관련해서 설명하
고 있지만 분명 향나무다. 『식물명실도고』의 지적 중에서 주목할 것은 측
백나무와 향나무를 정원에 심어서 즐긴다는 부분이다. 전나무는 정원수로
심어서 즐기는 나무가 아니다. 다음은 『식물명실도고』의 그림이다. 『식물명
실도고』의 '백'과 '회'는 분명 닮았다. 그림상으로도 '회'는 전나무가 아니다.
서광계徐光啓의 『농정전서農政全書』에서도 '회'를 '괄'과 '원백'으로 소개했다.[8]

우리나라에서도 '회'가 무슨 나무인지를 검토한 논문이 발표되었다.[9] 논
문에서 '회'와 관련해서 언급한 자료는 『시경』과 『이아익』이다. 논문에서는
중국에서 '회'를 향나무로 해석하고 있다는 것을 정리하고 있다. 논문에서
는 우리나라의 자료를 통해 '회'에 대한 해석의 변화를 검토하고 있다. 또한
'회'를 전나무, 노송나무, 편백 등 세 종류로 분류해서 설명하고 있다. 이는
향나무의 문화 변용에 대한 설명이다.

2. 중국 산둥성 공부의 '선사수식회先師手植檜'

── 중국 산둥성 취푸의 공부孔府 내 행단 뒤편에는 '선사수식회先師手植檜'라는 간판이 있다. '공자가 직접 심은 향나무'라는 뜻이다. 이는 중국은 물론 우리나라 유학 공간에 향나무를 심는 근거를 제공했다. 물론 현재 공부의 향나무를 공자가 직접 심었는지를 확인할 수 있는 자료는 없다. 그러나 공부의 향나무는 공자가 심었다는 사실 여부를 떠나 현재 공자와 관련한 기념 공간에 있는 것만으로 충분한 권위를 지닌다. 아울러 공자가 공부의 향나무를 직접 심지 않았다고 하더라도 자료를 통해 그가 향나무에 관심이 있었다는 것을 간접적으로 이해할 수 있다.

공자의 얘기를 담고 있는 『논어』와 공자의 사상을 계승한 『맹자』에는 향나무가 등장하지 않는다. 그러나 『논어』에는 추측할 수 있는 기록이 남아 있다. 『논어』 「계씨季氏」에서 일단을 확인할 수 있다.

진항이 백어에게 물었다.
"그대는 선생님께 뭔가 특별한 것을 들은 게 있는가?" 백어가 대답했다.
"없었습니다. 일찍이 홀로 서 계실 때 제가 빨리 걸어 뜰을 지나는데, '시를 배웠느냐?' 하고 물으시기에 '못했습니다' 하고 대답했더니, '시를 배우지 않으면 말을 할 수 없다' 하시므로 제가 물러나 시를 배웠습니다.
陳亢問於伯魚曰, "子亦有異聞乎?" 對曰, "未也. 嘗獨立, 鯉趨而過庭, 曰, '學詩乎?' 對曰, '未也.' '不學詩, 無以言.' 鯉退而學詩."

공부 선사수식회(향나무)

백어는 공자의 큰 아들 '이鯉'다. 공자의 제자들은 스승이 아들에게는 특별히 교육하는지가 궁금했다. 그래서 진항이 백어에게 직접 그러한 사실을 물었다. 그런데 백어는 아버지가 특별히 가르치는 것은 없지만 꼭 『시경』을 읽는지를 물었다는 사실을 얘기했다. 이후 '과정過庭'은 아래에서 보듯이 '가정교육'을 뜻하는 단어가 되었다.

「성절사 김영공 상용을 전송하다送聖節使金令公尙容」[10]

아직 젊은 나이에 옥당에 성큼 들어서서 玉署猶年少

한 해에도 몇 번이나 관각에서 승진한 분 金闈不歲遷

역로를 치달려 예를 묻고 돌아와서 郵程廻問禮

사신의 부절 쥐고 중국으로 가시누나 使節去朝天

효성을 아울러 바치면서 과정의 가르침도 받고 孝得過庭便

나라 위한 충성으로 전대專對하러 떠나는 길 忠惟報國專

변방 소식 지금은 어디를 가나 똑같으니 邊聲今一槩

산 넘고 물 건너 멀리 간다 원망 마오 跋涉莫悠然

「홍양의 수재守宰로 나가는 박중련을 전송하며送朴仲漣出宰興陽」[11]

낭관이 현령 된 게 어찌 영전이리요 省郞爲縣豈榮遷

좋아 죽는 그 모습이 괴이쩍도다 怪爾玆行喜欲顚

친가와 거리 멀어 재롱도 못 부리고 親舍遠仍違彩服

부인이 혹 가난하여 비녀 팔까 해서라오 孀人貧或拆花鈿

관아 출근길 추정하는 뜰과 가깝고 官程近接趨庭路

차조를 심을 밭도 너끈한 해변가 고을 海邑兼饒種秫田

부침하는 허망한 세상 말할 게 뭐 있으랴만 浮世升沈何足道

몸을 위한 계책으론 이 길이 약간 나으리라 較量身計此差便

중국 송나라 범공칭范公偁의 『과정록過庭錄』을 비롯해서 많은 성리학자가 백어와 관련한 고사를 계승했다. 우리나라의 경우 연암 박지원의 둘째 아들 박종채朴宗采(1780~1835)는 아버지의 신상·생활상·교우·업적·저술 등을 기록한 뒤 책 이름을 『과정록過庭錄』이라 붙였다.[12]

공자는 아들 백어를 비롯 제자들에게도 『시경』을 강조했다. 그가 『시경』을 강조한 것은 "불학시 무이언不學詩, 無以言"에서 볼 수 있듯이 일상에서 말을 할 수 없었기 때문이다. 왜 말할 수 없는가. 『시경』에 식물과 동물에 대한 많은 정보가 들어 있었기 때문이었다. 특히 『시경』의 식물은 중국의 식물을 이해하는 '경전'에 해당하며 고대의 식물백과사전이라 불린다. 공자가 『시경』을 강조했다는 것은 그만큼 그가 식물에 대한 이해가 깊었다는 것을 의미한다. 『시경』은 식물에 대한 이해 없이는 거의 해독할 수 없기 때문이다. 『시경』의 가치는 『논어』「양화陽貨」에서 한층 분명하게 알 수 있다.

공자가 말했다. "너희는 어찌해서 시를 배우지 않는가?"

시는 일으킬 수 있으며(주자: 뜻을 감발하는 것이다),

살필 수 있으며(주자: 득실을 상고하는 것이다),

무리를 지을 수 있으며(주자: 화목하면서도 방탕한 데로 흐르지 않는 것이다),
원망할 수 있으며(주자: 원망하면서도 성내지 않는 것이다),
가까이는 어버이를 섬길 수 있으며, 멀리는 임금을 심길 수 있으며(주자: 인륜의 도가 시에 갖추어 있지 않음이 없으니, 이 두 가지는 중한 것을 들어서 말씀하신 것이다),
새와 짐승, 풀과 나무의 이름을 많이 알 수 있다(주자: 부수적으로 많은 지식을 얻을 수 있다)

子曰, "小子何莫學夫詩? 詩, 可以興, 可以觀, 可以群, 可以怨. 邇之事父, 遠之事君, 多識於鳥獸草木之名."子謂伯魚曰, "女爲周南 召南矣乎? 人而不爲周南 召南, 其猶正牆面而
/
立也與?"

공자가 백어에게 말했다. 너는 주남과 소남을 배우는가? 사람으로서 주남과 소남을 배우지 않으면 마치 담을 마주하고 서 있는 것처럼 답답한 사람이 될 것이다

子謂伯魚曰, "女爲周南 召南矣乎? 人而不爲周南 召南, 其猶正牆面而立也與?"

한마디로 사람 구실을 하기 위해서는 반드시 읽어야 한다는 것이다. 공사가 강조한 말 중에 『시경』을 읽으면 많은 지식을 얻을 수 있다는 구절은 공자가 향나무를 분명히 알고 있었다는 사실을 증명한다. 공자가 주나라 초와 춘추시대 초까지 산재한 시를 『시경』에 305수로 정리하면서 『시경』에 등장하는 식물을 정확하게 이해하지 못했다는 것은 상상할 수 없다. 그래서 제자들에게 『시경』을 읽어야 말을 할 수 있고, 지식을 널리 얻을 수 있다고 강조했던 것이다. 다산 정약용의 아들 정학유는 공자의 이러한 말에

감동해서 『시명다식詩名多識』을 편찬했다. 공자가 『시경』을 강조한 또 다른 이유는 그가 『시경』을 한 마디로 평가한 '사무사思毋邪', 즉 '생각에 사악함이 없다'는 것 때문이었다. 조선의 정조의 말[13]을 통해서도 『시경』의 뜻을 알 수 있다.

관觀의 뜻은 대단한 것으로, 『주역』에서 시작되고 『시경』에서 이루어졌다. 바람이 지상에 부는 것이 관괘觀卦인데, 땅에는 반드시 물이 있는 법이므로 물과 바람이 서로 만나면 그것이 환괘渙卦가 되어 문장을 이룬다. 복희씨가 올려다보면서 관찰하고 내려다보면서 관찰했던 것이 바로 천문天文을 관찰했던 것이다. 복희씨 이후로 문장이 날을 거듭할수록 더욱 개명되어 칙천勅天의 노래가 우제禹帝의 군신 사이에서 나왔고, 성주成周 시대로 내려와서는 문왕, 무왕, 성왕, 강왕康王의 정치에 주공, 소공, 굉요閎夭, 산의생散宜生 같은 현자들이 도왔기에 교화가 실현되고 풍속이 아름다워져서 대아大雅가 지어졌던 것이다.

공부자께서, "시詩는 볼 것이 있다"고 하셨듯이 「주남周南 · 소남召南」에서는 주나라가 왜 흥성했는지를 볼 수 있고, 「기욱淇奧 · 한록旱麓」에서는 군자의 학문하는 과정을 볼 수 있으며, 「목과木瓜」에서는 남 주기 좋아하는 예가 성행했음을 볼 수 있고, 「치의緇衣」에서는 어진 이를 좋아하는 정성이 지극한 것을 볼 수 있으며, 「벌단伐檀」에서는 어진 이들이 일부터 먼저 하고 먹을 것을 뒤로 했음을 볼 수 있고, 「실솔蟋蟀」에서는 풍속이 검소했음을 볼 수 있다. 「칠월七月」에서는 농사일의 어려움을 볼 수 있고, 「녹명鹿鳴」에서는 「연례燕禮」의 질서 정연함을 볼 수 있으며,

성균관 대성전 앞 향나무

「동궁形弓」에서는 공로에는 반드시 보답했음을 볼 수 있고, 「고양羔羊」에서는 「선정善政」에는 반응이 있었음을 볼 수 있으며, 「육아蓼莪」에서는 효자가 어버이 사모하는 것을 볼 수 있고, 「채숙采菽」에서는 현명한 왕은 제후들을 존경했음을 볼 수 있다. 그리고 그것들을 통합해서 보면 삼백편의 시가 모두 '사무사思毋邪'를 벗어나지 않는다.

공자의 한마디 한마디는 법이다. 공자가 심은 향나무도 의심의 여지없이 법이었다. 그 향나무는 곧 공자의 사상을 의미한다. 후계자들은 그가 심은 향나무를 통해 스승의 사상을 실천하려고 노력했다. 그래서 우리나라 성리학 공간에서 향나무를 만나는 것은 아주 쉬운 일이다.

3. 경주 양동마을 향단 및 관가정과 향나무

── 경주 양동마을은 2010년 7월 31일 유네스코 세계문화유산으로 등재되었다. 자연생태와 조선시대의 인문생태를 잘 보존하고 있기 때문이었다. 월성 손씨와 여강 이씨가 만든 양동마을은 주산主山 설창산雪倉山의 163미터 봉우리 문장봉文章峰에서 갈라진 네 줄기의 능선과 골짜기가 '물勿' 자형을 이루고 있다. 양동마을의 핵심 공간은 향단香壇(보물 제412호)과 관가정觀稼亭(보물 제442호)이다. 향단은 중종 때의 이언적이 경상감사로 부임했을 때인 1540년에 건립했다. 향단은 이곳에 향나무가 있기 때문에 붙인 이름이다. 향단은 건축학적인 높은 가치로 보물로 지정되었지만 향나무가 있

서백당

향단 향나무

는 향단도 건축 못지않게 중요한 문화자산이다.

이언적은 외가인 양동의 서백당에서 태어났다. 그는 관가정의 주인공인 손중돈孫仲暾(1463~1529)에게 글을 배웠고 1530년 사간원 사간에 임명되었다. 그 뒤 김안로金安老(1481~1537)의 재등용을 반대하다가 관직에서 쫓겨났고 경주 안강의 독락당獨樂堂에서 은거했다. 이언적의 삶은 크게 양동과 안강으로 나눠서 봐야 한다. 양동마을의 서백당과 향단이 이언적의 어린 시절과 노모를 모신 곳이라면, 독락당은 그가 심신을 달래면서 학문에 몰두한 곳이었다.

이언적의 관직 생활은 김안로의 죽음으로 다시 시작되었다. 그는 홍문관 부교리를 비롯해서 형조와 예조판서까지 승진하는 등 순탄하게 보내는가 싶더니 윤형원 등이 사림을 축출하기 위해 을사사화乙巳士禍를 일으키자 의금부 판사에서 물러났고 을사사화의 여파인 양재역 벽서 사건이 일어나 강계로 귀양 가서 죽었다. 이언적은 귀양 가서 죽기 전 왕에게 올리는 '진수팔조進修八條'를 작성했다. 임금의 학문에 필요한 내용을 담은 '진수팔조'는 이언적의 서자인 잠계潛溪 이전인李全仁(1516~1568)이 1566년(명종 21) 임금에게 올렸다. 명종은 아들이 올린 이언적의 글을 받고 다음과 같이 말했다.[14]

초야에 있으면서도 아비의 뜻을 잊지 못했으니, 내가 그 성의를 가상히 여긴다.

'진수팔조'는 이언적이 성리학의 정립에 얼마나 노력했는지를 잘 보여주

향단 향나무

는 글이다. 그는 27세 때부터 선배 학자인 망재忘齋 손숙돈孫叔暾과 조한보曹漢輔 사이에 벌어진 '무극태극無極太極' 논쟁에 참여했다. 이언적의 자세는 당시로서는 아주 당찬 것이었다. 그는 주리적主理的 관점에서 두 사람의 견해를 모두 비판했다. 세 사람의 글은 조선 성리학에서 매우 중요한 비중을 차지하며 이 논쟁을 엮은 책이 바로 유명한 『태극문변太極問辨』이다. 책은 한강 정구가 엮었고, 월사月沙 이정구李廷龜(1564~1635)가 서문[15]을 썼다.

> 태극문변太極問辨이란 무엇인가? 전대의 것으로 말하자면 고정考亭 주부자朱夫子가 두 육씨陸氏와 논변한 것이고, 후대의 것으로 말하자면 회재 이언적 선생이 손숙돈·조한보와 논변한 것이다. 이것을 책으로 만든 이는 누구인가? 한강 정공鄭公이다. 나에게 서문을 맡긴 이는 누구인가? 회재 선생의 손주인 첨지 이준李浚이다. 이른바 태극이란 무엇인가? 대저 형이상자形而上者가 도道이고 일음일양一陰一陽을 도라고 하는 것이다. 도체道體의 지극至極을 말하면 태극이라 하고, 태극의 유행流行을 말하면 도라고 하니, 기실은 한 가지 물건이다. 방소方所도 없고 형상도 없어 사물이 있기 이전부터 있으면서도 사물이 있은 뒤에도 성립되어 있지 않은 적이 없고 음양의 밖에 있으면서도 음양 속에 운행하지 않은 적이 없다. 이에 염계濂溪 주돈이周敦頤가 학자들이 태극을 하나의 물건으로 따로 존재하는 것으로 잘못 알까 걱정하여 '무극無極' 두 글자를 덧붙여서 그 개념을 분명히 밝혔다. (…) 우리 동방에서는 진유眞儒가 배출되어 학술에 다른 갈래가 비록 드물지만 간혹 이치를 정밀히 보지 못하여 고원高遠 쪽으로만 추구하는 경향이 있다. 손씨와 조씨 두 분

이 '무극' 두 글자의 뜻을 허무虛無·적멸寂滅로 보았는데 다행히도 회재 선생이 반복해서 의견을 개진하고 자상하게 깨우쳐서 도체를 드러내어 밝히고 이단의 설을 공격하여 깨뜨렸다. 선생의 설 중에 "이쪽의 허虛는 허하면서도 있는 것[虛而有]이고 저쪽의 허는 허하면서 없는 것[虛而無]이며, 이쪽의 적寂은 고요하면서 감응하는 것[寂而感]이고 저쪽의 적은 고요하면서 소멸한 것[寂而滅]이다. 노자가 말한 유무有無는 유와 무를 둘로 본 것이고 주자가 말한 유무는 유와 무를 하나로 본 것이다"라는 것은 명백하고 통쾌하여 더 이상 이론의 여지가 없다. 선생의 학문은 문로門路가 매우 바르고 진실한 지견을 갖추어 종지를 깊이 깨달았다. 그래서 그 남긴 저술에서 전인前人이 발명하지 못한 뜻을 확충한 덕분에 지금 외진 땅인 우리나라 학자들이 모두 유교와 불교의 차이를 알고 있으니, 그 공이 또한 훌륭하지 않은가. 그렇고 보면 선생의 이 책은 주부자와 육씨 형제가 아호鵝湖에서 벌인 문답과 상호 보완하여 이치를 밝히는 것으로 어느 한 쪽도 없어서는 안 되는 것이 분명하다. 이 책은 주부자의 「태극도太極圖」「태극도설太極圖說」과 「도해圖解」, 주부자가 육씨 형제와 문답한 서찰 네 편을 상권上卷으로 삼고, 회재 선생의 서찰 다섯 편을 하권下卷으로 삼아, 한 번 책을 펴면 지남철보다 분명하게 쌍방의 학문의 추향趨向을 알 수 있도록 되어 있으니, 한강장寒岡丈이 사문斯文을 위해 애쓴 뜻이 또한 지성스럽다. (…)

이언적의 탁월한 식견은 그를 '동방오현'의 반열에 오르게 하는 데 큰 거름으로 작용했다. 이언적이 젊은 나이에 관심을 가진 '태극'의 문제는 성리학의 기본이다. '태극'설은 중국 북송의 주돈이가 체계화했고, 주희가 『근사록近思錄』의 첫머리에 실었다. 이언적이 일찍부터 태극 문제에 큰 관심을 가졌다는 것은 그만큼 성리학의 본질에 집중했다는 뜻이다. 그의 이 같은 학문 태도는 퇴계 이황으로 이어졌으며, 많은 사람이 그를 추종한 이유였다.

손중돈은 이언적의 젊은 시절 스승이자 외숙外叔이었다. 그가 머물렀던 관가정은 향단과 아주 가까운 곳에 위치한다. 두 곳의 공통점은 모두 향나무가 살고 있다는 점이다. 관가정은 '농사를 자세히 본다'는 뜻이다. 성리학의 경제 기반이 농업이었고, 소작인들의 삶을 살피는 것이 매우 중요했기 때문이다. 사실 성리학이 등장한 경제적인 배경도 지주地主·전호佃戶 제도의 안정이었다. 그래서 관가정은 성리학자들에게 중요한 의미를 가지고 있었다. 아래 시[16]에서 관가정의 의미를 알 수 있다.

「관가정觀稼亭」

봄에 갈고 김매려 하자 여름이 몹시 덥더니 春耕欲耨夏多熱
가을 수확도 끝나기 전에 하늘은 벌써 차네 秋斂未終天已寒
어떻게 하면 이 정자를 연의 길에 옮겨 올꼬 安得玆亭移輦道
군왕이 농민의 이런 고생을 한 번 볼 수 있을 것을 君王一見此艱難

손중돈은 점필재 김종직의 제자였다. 그는 1506년 중종반정 직후 상주목사尙州牧使로 복귀하면서 공조·예조의 참판(1517)을 지냈고 성절사聖節使로 명나라에 다녀왔다. 그 후 공조판서 등에 이어 도승지를 세 번, 대사헌을 네 번 지냈고, 우참찬에 이르렀다. 중종 때 청백리에 선정되었다. 그의 인품은 경상도의 유생 이술현李述賢 등 225인의 상소에 자세히 나와 있다.[17]

경주의 고 이조판서 경절공景節公 손중돈은 바로 중묘조中廟朝의 명신입니다. 문충공 김종직의 문하에 출입했고, 일찌감치 현량과에 입격하여 한원翰苑에 천거되어 들어갔습니다. 연산조에 말 때문에 죄를 얻어 혹독하게 고문을 당했는데, 반정한 뒤에야 비로소 다시 기용되었습니다. 외직으로 나가 주군州郡을 다스리고 있을 때에는 상주의 백성이 비를 세워 그의 선정을 칭송하고 또 생사生祠까지 세웠습니다. 네 차례 방백을 맡아서는 청렴한 절개로 스스로를 가다듬었고, 누차 헌부의 장관을 지낼 때에는 간사한 무리가 숨을 죽였습니다. 중묘中廟 을해년(1515, 중종 10)에 충정공忠貞公 김전金詮, 문절공文節公 조원기趙元紀 등 여러 사람과 함께 모두 청백리로 승품되었고, 또 을유년(1525)에 도헌都憲으로 다섯 가지 조목에 대해 상소한 것이 『국조보감國朝寶鑑』에 실려 있습니다. 무오사화와 갑자사화가 있은 뒤로는 모두 함부로 문자를 남기는 것을 경계했기 때문에 비록 후대에 전해지는 유집遺集이 없기는 하지만, 중종 기축년(1529)에 내려진 사제문賜祭文에는 "스스로 가다듬는 학문을 했고, 세상의 모범이 되는 행실이 있었다"라고 하셨으며, 문정공文正公 이행李荇은 "학문이 독실하고 행실이 잘 닦였으며, 내면에 수양을 쌓아 외면에 그 훌륭함이 드러났다"라고 했으며, 문익공文翼公 정광필鄭光弼은 "강해처럼 도량이 크고 산악처럼 기국器局이 위대했다"라고 했고, 그 밖의 여러 사람이 찬미한 말은 모두 기록할 수 없습니다. 더구나 선정신

관가정 향나무

관가정 조각자나무

문원공 이언적은 그 누이의 아들로서 어려서부터 그에게 수학하여 마침내 동방의 대유가 되었는데, 선정신 문순공 이황, 문헌공文憲公 기대승, 문의공文懿公 노수신盧守愼이 지은 문원공에 대한 행장과 비문 등의 글에서 살펴보면, 이러한 사실이 조목조목 상세히 기록되어 있습니다. 그러므로 손중돈의 타고난 자질의 아름다움과 학문의 올바름을 백 년 뒤에도 알 수 있습니다. 숙묘 을해년(1695, 숙종 21)에 도내의 선비들이 동강東江 가에 원우를 세웠으니, 이곳은 바로 손중돈이 살던 고향입니다. 다만 아직 사액하는 은전이 내려오지 않았으니 어찌 성세聖世의 흠이 되는 일이 아니겠습니까. 이것이 신들이 복합하여 청하는 까닭입니다. 삼가 바라건대, 특별히 해사該司에 명하여 사액하는 은전을 거행하도록 함으로써 사문斯文을 빛나게 해주소서.

경상도의 유생들은 손중돈의 학덕을 기리기 위해 경주 강동에 강동서원江東書院을 건립하고 사액을 요청했으나 결국 받아내지 못했다. 손중돈의 관가정에는 향나무와 더불어 조각자나무가 살고 있다. 이곳의 조각자나무가 손중돈이 1517년 명나라에 다녀오면서 가져온 것인지 정확하지 않지만 관가정의 또 다른 문화유산이다.

4. 독락당 및 옥산서원과 향나무

──독락당(보물 제413호)은 이언적 학문의 산실이다. 아울러 자리에서 꽃

겨난 이언적이 1516년(중종 11)에 지은 독락당은 서까래가 노출된 대청의 연등천장, 종도리를 받친 대공臺工 등 독특한 건물로 보물의 가치를 지녔을 뿐 아니라, 옆쪽 담장 살창을 달아 대청에서 살창을 통하여 앞 냇물을 바라보게 한 탁월한 조영은 성리학의 건축이 인문생태와 자연생태와 어떻게 융합하는지를 잘 보여주는 사례다. 그래서 독락당은 건물만이 아니라 독락당 안팎의 식물 등 모든 것이 성리학자 이언적의 이상과 직접적인 관계를 맺고 있다. 독락당에서 가장 먼저 살필 것은 '독락'의 의미다. 공간의 명칭은 거주자가 추구하는 이상을 담고 있다. 독락의 의미는 양촌 권근의 글[18]에서 분명히 알 수 있다.

「독락당기獨樂堂記」

어떤 사람이 일찍이 나에게 말하기를, "송나라의 사마군실司馬君實과 범희문范希文은 모두 유학을 배워 벼슬이 재상에 이르렀으며, 도덕과 공렬功烈도 서로 비슷했다. 범공范公은 말하기를, '천하의 근심을 먼저 근심하고 천하의 즐거움을 나중에 즐긴다' 하니, 그 뜻은 크고 인仁이 넓어서 임금을 바른 길로 나아가게 하고, 백성에게 혜택을 주어 사해를 구제한 것은 당연한 일이다. 대개 성현의 도道가 자신만 착하게 되는 것을 귀히 여기지 않음은 그 착함을 남에게 파급시키려고 한 것이다. 그러므로 벗이 오면 즐겁다는 것은 공자의 말씀이고 대중과 함께 즐긴다는 것은 맹자의 말씀이다. 두 공公이 모두 공맹의 학문을 배운 자로서 범공의 뜻은 그 크기가 이와 같은데, 사마공司馬公은 자신의 동산을 독락獨

樂이라고 이름한 것은 어째서인가?" 했다.

나는 말하기를, "군자의 즐거움에는 본말이 있는데 자신의 가슴속에
얻은 즐거움은 본本이고, 나타내어 사물에까지 미치는 것은 말末이다.
그 가슴속의 즐거움을 미루어서 사물에 미치면 천지 만물이 모두 나와
일체이니, 어느 한 가지도 나의 즐거움 가운데에 있지 않는 것이 없다.
그러나 사람은 나와 동류이므로 그 즐거움을 먼저 미치는 것은 당연하
다. 그러므로 '벗이 먼 데서 찾아오면 기쁘다' '영특한 인재를 얻어서 교
육하면 즐겁다' 했으며, 한 시대에 나타나서는 낙지樂只라는 시詩를 지
었으며, 후세까지도 즐기고 이롭게 한 혜택이 멀리까지 미쳤다. 그 즐거
움이 물物에 미치게 되면 크게는 새·짐승·물고기·자라도 모두 융화되
고 작게는 뜰의 풀까지도 없어지지 않게 된다. 이는 물과 내가 모두 대화
大和 중에 포용되어서 각자 제자리를 얻은 것이니, 그 즐거움이 어떠하
겠는가. 그러나 물物에 미치기는 다하기가 어렵다. 나의 즐거움을 확충
하지 못해서 나에게 근심이 있는데 어떻게 넓게 베풀어서 대중을 구제
할 수 있겠는가. 이는 요순堯舜도 오히려 걱정했으니, 하물며 그 분보다
못한 사람에 있어서 무슨 말이 필요하겠는가. 그러나 가슴속에 얻은 즐
거움은 사물에 따라 변함이 없고, 항상 호연浩然하게 그대로 있어서 내
심에 반성해도 괴롭지 않으며, 천지에 부끄러움이 없는 것이 독락獨樂이
다. 범공은 즐거움이 사물에 미치는 극치를 말했고, 사마씨는 오로지
자득한 것만을 밝힌 것이다. 자득한 즐거움이 없는 자는 사물에까지 극
도로 미치지 못한다는 것을 두 공의 말이 서로 밝혀준 것이다.

독락은 그저 혼자서 즐기는 것이 아니라 '하늘에 부끄러움이 없는 경지'를 말한다. 이는 성리학자들이 하늘이 준 본성대로 살아가는 것을 의미한다. 다음으로 파악할 것은 독락당의 자연생태다. 독락당은 자옥산紫玉山[자산紫山] 자락에 위치하고 있다. 자산의 최고봉은 자옥봉紫玉峰이다. 독락당의 계곡은 자계紫溪다. 이언적의 호는 주로 '회재晦齋'이지만 다른 호 중에 '자계옹紫溪翁'이 있다. 독락당의 이름이 성리학의 가치를 담은 이름이라면, 독락당을 둘러싼 자연생태와 이언적의 호는 모두 중국 남송시대 성리학을 집대성한 주희, 즉 주자와 밀접하게 관련되어 있다. 이언적의 호인 회재는 주자의 호인 회암晦庵의 '회'를 빌린 것이다. 이언적의 다른 호인 자계옹의 '자계'와 독락당의 계곡 '자계'는 주자의 아버지 주송朱松과 관련 있다. 이 같은 사실은 이언적이 김인후金麟厚와 함께 올린 상소문[19]을 통해서 확인할 수 있다.

주강晝講에 나아갔다. 검토관檢討官 김인후가 아뢰기를,

"전에 조강朝講에서 신의 말소리가 작아서 분명히 아뢰지 못했으므로 지극히 황공합니다. 기묘년 사람은 한때 한 일이 죄다 옳지는 못하나, 그 본심은 터럭만큼도 나라를 속인 것이 없는데도 마침내 무거운 죄를 입었습니다. 그 뒤에 죄 지은 사람 중에는 대역부도하여 죽어도 죄가 남을 자라도 세월이 오래되어 혹 복직된 자가 있는데, 기묘년 사람은 오히려 상은을 입지 못하니, 신은 홀로 온편하지 못하다고 생각합니다. 이 뿐이 아니라, 그들이 한때 숭상하던 『소학』『향약』의 글도 모두 폐기하고 쓰지 않습니다. 『소학』과 『향약』은 자양紫陽의 주자朱子와 남전藍田의 여씨呂氏의 글이며, 주자·여씨는 모두 성현인데, 어찌 그 글이 좋지 않 겠습니까. 그런데도 지금의 선비는 속상俗尙에 빠져서 읽어서는 안 될 글이라 하여 버리니, 더욱 온편하지 못합니다. 모르는 사람들은 기묘 년 사람을 아주 불궤不軌로만 논하므로, 지금까지도 이런 말은 사람들 이 다 촉범觸犯이라 생각하여 꺼립니다. 그러나 신의 소견은 이러하므로 감히 아룁니다."

상소문에서 언급한 '자양'은 아버지 주송朱松이 안후이성 서歙현에 있 는 자양산에서 독서한 곳이다. 주희는 그 청사廳事를 자양서당이라 했으 며, 자양을 호로 삼았다. 후세 사람이 서현에 자양서원을 세웠다. 경상북 도 청도군 이서면의 탁영 김일손을 모신 자양서원의 이름도 주자와 관련 된 것이고, 전라남도 함평의 자양서원은 1726년 주자와 우암尤菴 송시열宋 時烈(1607~1689)의 학문과 덕행을 추모하기 위해 세웠다. 송시열의 호 우암 의 '우'는 주자가 태어난 복건성 우계尤溪(유시)의 '우'를 빌린 것이다. 자양서 원은 주자가 공부한 푸젠성의 무이정사武夷精舍를 일컫기도 한다. 조선시대 성리학자 중에서도 무이정사를 찾기도 했다.[20]
'자계'가 주자의 상징 단어라면, '자옥'은 이언적의 상싱 단어였다. 그래서 성리학자들은 어득강魚得江(1470~1550)이 이언적에게 보낸 시[21]와 조임도 가 동방 16현을 읊은 시[22]에서 보듯이 이언적을 자옥으로 불렀던 것이다.

「회재 동지에게 받들어 올리다奉呈晦齋道契」

내 일찍이 아름다운 자옥산을 보았는데 曾看紫玉山中好

공이 서당 지은 곳이 이 산의 시내였소 公作書堂爲此溪

오늘 산의 정령이 도리어 놀라는 건 今日英靈却驚怪

일찍이 해계서를 보지 못한 때문이리라 生曾不見駭鷄犀

「우리나라의 현자 16인을 노래하다東賢十六詠」

자옥산 속 흰 구름 속에 누워 紫玉山中臥白雲

도서 만 권을 읽고 부지런히 연마했네 圖書萬軸講劘勤

선현과 후학을 이어주던 그 많은 일은 許多繼往開來業

『원조오잠』에 뿌리를 둔 것이라네 根柢元朝自警文

　독락당의 자연생태는 이언적의 사유 세계를 잘 보여준다. 그중에서도 '자
계'는 그의 자연관을 담고 있다. 그는 독락당에 계정溪亭을 만들어서 자계
를 즐겼을 뿐 아니라 계곡마다 자신의 이상을 담은 이름을 붙였다. 독락당
주변의 경치를 담은 것이 바로 '옥산구곡玉山九曲'이다. 옥산구곡은 이황의
후손 하계霞溪 이가순李家淳(1768~1844)이 옥산서원을 방문해서 그곳에 구
곡원림九曲園林이 없는 것을 안타깝게 여겨 이름을 붙였지만 시기는 정확하
게 알 수 없다. 그러나 이가순의 옥산구곡은 대부분 이언적이 1535년에 지
은 「전원생활 15영林居十五詠」[23]에서 명명한 것을 보완한 것에 불과하다. 특

히 이가순이 옥산구곡이라 부르기 전에도 아래 시[24]에서 보듯이 옥산구곡을 사용했다.

「늦은 봄 옥산구곡에 나들이하다 暮春遊玉山九曲」

스스로 인간사 사양해서 自謝人間事
구곡의 봄을 찾아가네 行尋九曲春
계곡 물 따라 바람 쐬고 시 읊으면서 가니 沿流風詠去
기수 가에 목욕하는 사람 아닌지 의심스럽네 疑是浴沂人

함계涵溪 정석달鄭碩達(1660~1720)이 읊은 시는 전형적인 조선 성리학자의 모습을 보여준다.[25] 그가 옥산구곡에서 표현한 느낌은 곧 '영귀詠歸'의 풍취를 의미하기 때문이다. 영귀는 공자의 제자 중 증점曾點이 자신의 뜻을 말하라는 공자의 말씀에 거문고를 연주하다 말고, "저문 봄날 봄옷이 이루어지거든 어른 대여섯 사람, 동자 예닐곱 사람과 함께 기수에서 목욕하고 무우에서 바람을 쐬고 시를 읊으면서 돌아오겠다"라고 말한 고사를 차용한 것이다. 『논어』 「선진先進」에 나오는 이 구절은 중국은 물론 우리나라 성리학자들의 이상이었다. 그래서 영주 향교의 '영귀루詠歸樓'를 비롯해 전국 곳곳에서 영귀루를 만날 수 있다.

옥산구곡엔 주자의 무이구곡과 비견할 만한 공간을 만들고 싶다는 마음이 담겨 있다. 그의 옥산구곡 서시序詩에서 확인할 수 있다.[26] 독락당은 제5곡인 관어대觀魚臺에 위치한다. 관어대는 독락당 계정 아래다. 이언적은 독락당을 다음과 같이 읊었다.

「독락獨樂」

무리 떠나 홀로 사니 누가 함께 시를 읊나 離群誰與共吟壇
산새와 물고기가 나의 낯을 잘 안다오 巖鳥溪魚慣我顔
개중에서 특별히 더 아름다운 정경은 欲識箇中奇絶處
두견새 울음 속에 달이 산을 엿볼 때지 子規聲裏月窺山

위의 시는 관직에서 쫓겨난 심정을 잘 드러내고 있다. 그는 독락당의 계
정에 대해서는 다음과 같이 노래했다.

「계정락溪亭」

옆 숲에서 아름다운 산새 소리 들려오니 喜聞幽鳥傍林啼
새로 지은 초가 정자 작은 내를 굽어보네 新構茅簷壓小溪
홀로 술을 마시면서 밝은 달을 맞이하고 獨酌只邀明月伴
한 칸 집에 흰 구름과 함께 깃들이도다 一間聊共白雲棲

이가순이 제5곡을 '관어대'로 삼은 것은 이언적의 아래 시에서 빌린 것
이다.

제6장
향나무와 전나무의 문화 변용

「관물觀物」

요순시대의 사업 실로 천고에 우뚝하나 唐虞事業巍千古

한 점 구름 창공을 흘러가는 것과 같네 一點浮雲過太虛

맑은 시내 굽어보는 조촐한 정자에서 蕭灑小軒臨碧潤

종일 마음 맑게 하고 물고기를 구경하네 澄心竟日玩游魚

독락당은 옥산구곡의 중심이다. 구곡의 중심 독락당의 향나무는 독락당의 상징 나무다. 독락당 안마당 계곡 방향 구석에 자리 잡은 향나무는 독락당의 가치를 한층 높인다. 독락당의 향나무는 양동마을 향단의 향나무와 짝을 이룬다. 500살의 향나무는 공자의 사상을 계승한 성리학자 이언적의 삶과 같이했을 뿐 아니라 이언적의 정신이다. 독락당에는 조각자나무 (천연기념물 제115호)가 살고 있다. 종택의 담 자락에 살고 있는 콩과의 조각자나무는 종택 안채의 조각자나무 및 관가정의 조각자나무와 깊은 관계가 있다. 독락당의 조각자나무는 이언적의 친구가 중국에서 가져온 것이라 전한다. 조각자나무는 중국 원산이다. 그래서 이 나무는 우리나라와 중국의 관계를 이해하는 데 매우 중요한 나무다. 그런데 조각자나무 중 크고 오래된 나무는 다른 지역에서는 거의 찾아볼 수 없다. 유독 양동마을과 독락당에서 찾아볼 수 있다. 더욱이 고운 최치원을 모신 경주 상서장上書莊에도 조각자나무가 있고, 경주 천마총 경내에는 조각자나무와 비슷한 콩과의 주엽나무가 살고 있다. 이처럼 경주에 중국과 관련해서 조각자 혹은 주엽나무가 살고 있다는 것도 주목할 가치가 있다.

독락당 조각자나무

독락당 향나무

독락당과 관련해서 같은 제목의 박인로의 가사[27]를 빼놓을 수 없다. 더욱이 박인로는 독락당과 아주 가까운 영천 노계 출신이었다. 박인로의 '독락당' 가사는 아주 길어서 여기서 모두 실을 수 없다. 작가가 독락당을 찾아가서 이언적을 사모하는 마음과 주변의 경치를 노래했다. 첫째 단락에서는 독락당의 산봉우리를 주자가 살던 무이산에, 계곡은 정이가 살던 이천에 비유했다. 박인로의 독락당에 대한 이 같은 비유는 상당히 관념적이다. 왜냐하면 독락당을 자신이 직접 보지도 않았던 무이산과 이천에 비유했기 때문이다. 박인로의 이러한 태도는 조선시대 성리학자들에게 나타나는 공통점이다. 그들은 중국의 현장을 보지 않고서도 글에서 본 것을 성리학자의 공간에 적용하는 놀라운 창조력을 발휘했다. 둘째 단락에서는 신라 천 년과 고려 오백 년 사이에도 성현군자는 많았는데도 독락당을 이언적에게 준 것은 '모든 물건에는 각각 주인이 있다'는 '물각유주物各有主'의 소산이라고 보았다. 셋째 단락에서는 독락당에서 시간을 보내는 이언적의 모습을 중국의 안연顔淵, 증자曾子, 자유子游, 자하子夏를 거느린 공자에 비유했다. 넷째 단락에서는 이황의 친필이 담긴 양진암養眞庵, 관어대觀魚臺, 반석 위에 남은 이언적의 지팡이와 신발 자국, 손수 심은 큰 소나무를 '지란실芝蘭室'에 비유했다. 다섯째 단락에서는 백척징담百尺澄潭, 청계조기淸溪釣磯를 통해 이언적의 유유자적 모습을 묘사했다. 여섯째 단락에서는 영귀대詠歸臺, 징심대澄心臺, 탁영대濯纓臺를 묘사했다. 일곱째 단락에서는 사자암獅子巖에 올라 이언적의 덕망을 칭송했다. 여덟째 단락에서는 독락당에 다시 올라 이언적의 풍채와 덕행을 다시금 추앙했다. 아홉째 단락에서는 옥산서원의 구인당求仁堂에 올라가 이언적의 덕을 노래했다. 열 번째 단락에서는

옥산서원 전경

이언적의 유훈을 가슴깊이 새겨 그를 오래도록 태산북두처럼 추앙하고자 했다.

이언적은 평안북도 강계에 귀양 가서 죽었다. 그의 묘소는 현재 포항시 연일읍 달전리에 있다. 서자 이전인은 아버지 이언적이 양재역 벽서 사건으로 강계에 귀양을 가자 직접 유배지로 가서 정성을 다해 봉양했다. 그는 아버지가 유배지에서 7년 만에 죽자 운구해서 예를 다해 상을 치렀다. 이언적의 신도비는 두 개다. 신도비는 왕이나 고관의 무덤 앞 또는 무덤으로 가는 길목에 세워 죽은 이의 사적을 기리는 비석이다. 조선시대에는 2품 이상에 한해 세우는 것을 제도화했다. 하나는 묘소 앞에 있고, 다른 하나는 이언적을 모신 옥산서원 경내 사당 옆에 있다.

이언적이 죽은 뒤 그를 추조한 서원이 독락당과 인접한 옥산서원이다. 옥산서원은 도산서원, 덕천서원과 더불어 영남의 삼대 서원이다. 1572년(선조 5) 경주부윤이었던 이제민李齊閔은 안강 고을의 선비들과 더불어 독락당 아래에 사당을 세웠으며 1574년(선조 7)에 '옥산'이라는 편액과 서책을 하사받았다. 옥산서원은 흥선대원군의 서원 철폐령 때도 존속했던 우리나라를 대표하는 서원이다. 옥산서원은 옥산구곡 중 제2곡 용추龍湫와 제3곡 세심대洗心臺 사이에 위치한다. 용추에 대해서는 천파天波 오숙吳䎘(1592~1634)이 상당히 자세하게 묘사했다.[28]

용추에서 시내를 따라 수십 보를 가니 옥산서원에 이르렀다. 역락문亦樂門에서 서원 유생 한 사람이 공손한 자세로 앞에서 인도하여 무변루無

邊樓를 지나 구인당에 이르렀다. 구인당은 좌우에 방이 있는데 좌측 방을 양진재兩進齋, 우측 방을 해립재偕立齋라 했다. 뜰에는 동서에 재齋가 있는데 동편을 민구재敏救齋, 서편을 암수재闇修齋라 했다. 잠시 쉬며 옷을 고치고 손을 씻고 사우祠宇에 나아가 분향하고 재배했는데 서원 유생 네 사람이 나눠 서서 예를 도왔다. 마치고 양진재로 돌아가니 원장 이의잠李宜潛이 들어와 알현하고 물러갔다. 도장을 열어서 부첩簿牒에 결재하니 저녁 식사가 나왔다. 가마로 문을 나가 조금 서쪽으로 세심대를 관람하니 반석은 수백 명이 앉을 수 있었다. 돌 사이에 '세심대洗心臺' 세 글자를 새겼는데 퇴계 선생 글씨다. 작은 폭포가 세심대 아래로 빠르게 떨어져 못이 되는데 물이 맑아 바닥이 보이니 모래와 돌을 헤아릴 수 있었다. 못 위 서쪽 바위에 '용추龍湫'의 글자를 새겼는데 또한 퇴계의 글씨다. '용'은 마모되고 '추'만 남았다. 자획은 '세심'과 견주면 조금 크다.

이러한 오숙의 묘사는 오늘날의 용추와 비교해봐도 거의 유사하다. 옥산서원의 문은 '역락'이다. 역락은 『논어』「학이學而」의 첫 구절 "유붕자원방래 불역락호有朋自遠方來不亦樂乎"에서 빌린 것이며, 독락당의 '낙'과도 같은 의미다. 옥산서원의 문을 지나 처음 만나는 것이 바로 무변루다. 무변은 다음의 익재 이제현의 시[29]과 황준량黃俊良(1517~1563)의 시[30]에서 그 뜻을 확인할 수 있다.

「경렴정명후설景濂亭銘後說」

발 걷고 꿇어앉으니 鉤簾危坐
풍월이 끝이 없네 風月無邊

「「경렴정」 시에 차운하다次景濂亭」

찬 기운이 여러 산뜻한 빛을 나르고 寒輪衆峭色
푸름이 한 줄기 시내 소리 누르네 碧壓一溪聲
풍월이 가없이 흥취 자아내는데 風月無邊趣
천지에 작은 정자 하나 있구나 乾坤一小亭

'무변'은 '광풍제월'처럼 성리학의 기초를 세운 주돈이의 인품을 칭찬한 구절이다. 무변루는 창녕 성씨昌寧成氏 시조 성인보成仁輔의 아들 성송국成松國을 비롯하여 성씨 문중 21현의 위패를 모신 경상남도 창녕군 대지면 모산리의 물계서원勿溪書院에도 있다. 그런데 오숙의 글에는 옥산서원의 무변루를 들어가기 전 양쪽 담에 살고 있는 두 그루의 향나무와 신도비 앞의 은행나무에 대한 언급이 없다. 아마도 오숙이 이곳을 찾았을 때는 향나무와 은행나무가 없었을지도 모르고, 오숙이 애초부터 옥산서원 내의 나무에 대해서는 관심조차 없었을지도 모른다. 역락문을 들어서자마자 양쪽에 각각 한 그루씩 살고 있는 향나무는 아마도 양동마을 향단의 향나무와 독락당의 향나무를 대신하는 나무일지도 모른다. 그렇지 않다면 굳이 서

옥산서원 은행나무

옥산서원 무변루 앞 향나무

원에 두 그루의 향나무를 심을 가능성은 높지 않다. 양동마을의 향나무와 독락당 및 옥산서원의 향나무를 비롯한 자연생태는 이언적의 사상을 이해하는 데 매우 중요한 요소다.

5. 영천 횡계서당과 향나무

── 경북 영천시 화북면의 횡계서당橫溪書堂은 옥간정의 두 주인공인 정만양과 정규양 형제를 모신 횡계서원이었으나 서원 훼철로 이름이 바뀌었다. 두 형제는 옥간정에서 많은 제자를 길렀다. 그래서 제자들이 횡계서원을 건립했던 것이다. 매곡梅谷 정중기鄭重器는 대표적인 제자였다. 정중기는 횡계에서 수학했다. 대산大山 이상정李象靖은 정중기에 대한 만시挽詩[31]를 남겼다. 만시에 횡계가 등장한다. 정만양과 정규양 형제는 대산의 외증조부인 이현일의 제자였다.

「정참의중기에 대한 만시挽梅谷鄭參議 重器」

구불구불 깊은 골의 한 그루 매화나무 深谷逶迤一樹梅
고결한 그 아름다움 속진을 벗어났네 亭亭玉貌迥超埃
고요한 성긴 울에 봄에 앞서 드러내고 疏籬寂歷先春色
가녀린 찬 꽃술은 눈 온 뒤로 피는구나 冷蕊連娟後雪開
지는 해에 어찌 조미의 일 논할 건가 歲晏肯論和鼎事

밝은 달에 괜히 은은한 향 보내노라 月明空遣暗香來

맑은 향취 가득하나 전해줄 사람 없어 幽芳采采無人贈

깊은 밤 찬 바람에 이끼 가득 떨어지네 半夜凄風落滿苔

선배들의 풍류가 점차 미약해짐을 보면서 先輩風流看漸孤

사문의 일맥을 공에 의지해 부지했었지 斯文一脈賴公扶

횡계의 문하에서 심법을 전수받았고 橫溪門下傳心緖

운곡의 책 속에서 도의 진수 기뻐했네 雲谷書中悅道腴

우연한 벼슬살이에 산수를 그리워했고 軒冕儻來雲欲視

가난해도 걱정 없이 은거하며 즐기었네. 衡門無恙泌堪娛

명고의 어젯밤 소식 마음을 놀래키니 鳴皐昨夜驚消息

동남의 운기 사라짐을 어찌할거나. 可奈東南運氣徂

횡계서당에는 1701년에 정규양이 대전동에서 이곳으로 이거하면서 건립한 모고헌慕古軒이 있다. 모고헌은 처음 태고와太古窩라 불렀다. '태고와기太古窩記'에 따르면 그 뜻은 다음과 같다.

와실窩室을 '태고'라 일컫는 것은 무엇 때문인가? 질박함에 뜻을 둔 것이다. 와실의 주인은 누구인가? 금세의 사람이로되, 마음은 태고다. 각건角巾을 쓰고 가죽 띠를 매고 무명옷을 입으니, 그가 입은 의복이 모두 태고다. 그 말은 어눌하고 그 모습은 협수룩하며 우원迂遠하고도 졸박해서 시속을 쫓아 부침하지 않으니, 말과 모습도 하나의 태고다. 날마다

횡계서당 서편 전경

횡계서당 정문

반드시 오똑하게 앉아서 깊이 사색에 잠기며 요새 사람들이 맛보지 못하는 것을 맛보니, 무회씨無懷氏의 백성인가, 갈천씨葛天氏의 백성인가? 이로써 이름을 삼는다. 중광重光 태황太荒 현월玄月(9월)에 태고자太古子는 기록한다.

'태고와기'는 정만양과 정규양 형제가 1701년 쓴 것이다. 태고와는 1730년에 문인들이 개축하면서 모고헌이라 바뀌었다. 그러나 현재 모고헌은 관리가 부실해서 사람이 올라갈 수조차 없을 만큼 퇴락했다. 그러나 태고와 앞의 향나무는 태고와 주인공들의 이상을 여전히 품고 있다. 물론 향나무의 몸 일부는 세월의 질곡 때문에 썩었지만 300년 동안 잘 견디고 있다. 이곳의 향나무는 가지가 아주 많이 뻗어서 태고와와 횡계서당의 마당을 덮을 정도다. 아마도 이곳의 향나무는 정만양 형제가 심었거나 문인들이 태고와를 개축하면서 심었을 가능성이 높다. 정만양 형제가 옥간정에 심은 나무와 달리 지금까지 남아 있는 것은 향나무라는 수종과 밀접한 관계가 있다. 형제가 옥간정에 심은 나무들은 향나무보다 오래 살지 않는다. 더욱이 현재 옥간정의 지형상 나무들을 보존하는 데 어려움이 있다. 특히 향나무가 지금까지 살아 있다는 것은 횡계서당이 사액서원으로 인정받지 못했지만 여전히 후학들이 정만양 형제의 정신을 잘 지키고 있었다는 것을 의미한다. 그렇지 않고서는 향나무가 300년의 세월을 살아남을 수 없기 때문이다.

횡계서당과 옥간정 간의 거리는 불과 130미터 남짓이다. 서당과 정자는

태고와 내 향나무

영천시의 문화유적 중에서도 손꼽을 수 있을 만큼 의미와 가치가 높다. 그래서 횡계구곡橫溪九曲이 설정되었다. 횡계구곡은 정만양 형제가 설정한 것이다. 태고와와 옥간정은 각각 제3곡과 제4곡에 위치한다. 제3곡 '태고와'의 시[32]와 4곡 '옥간정'의 시[33]는 다음과 같다.

「태고와太古窩」

벽 속에 묻힌 머리 양쪽 귀밑머리 실 같은데 壁裏埋頭兩鬢絲

오늘 밤에 어린 아기 쫓아가네 今宵追逐少年兒

한 강의 밝은 달은 소선의 흥이고 一江明月蘇仙興

두 언덕 가을 소리 회로의 시로다 兩岸秋聲晦老詩

낚싯대 드리우되 어찌 어부의 즐거움을 가지리오 垂釣豈爲漁父樂

거문고 타며 속인이 알게 하지 말지라 彈琴莫許俗人知

배에 가득한 풍류는 나의 어리석음을 길게 하리 滿船風流長我癡

「옥간정玉磵亭」

비 온 뒤 천광이 깨끗하니 雨後天光淨

제월대 가에 달빛이 새롭네 臺邊月色新

염계가 가졌던 천년의 뜻을 濂溪千載意

어느 누가 다시 헤아릴까 料得更誰人

정만양 형제는 태고와에서는 달밤에 낚시하면서 즐거움을 만끽하고 있다. 그런데 시 가운데 중국 북송의 소식蘇軾, 즉 소동파와 주자를 떠올리고 있다. 조선 성리학자들은 자신의 느낌을 노래하면서도 끊임없이 중국의 유명 성리학자들을 떠올리는 습관에서 벗어나지 못했다. 옥간정을 노래한 시에서는 주돈이를 잊지 않고 떠올리고 있다. 소식과 주희와 주돈이는 형제의 성리학자 선배로서 늘 마음속 스승이었다.

태고와는 이곳을 찾은 사람들에게는 많은 영감을 주었다. 그중 병와瓶窩 이형상李衡祥(1653~1733)은 「태고와팔영太古窩八詠」[34]을 남겼다. 효령대군의 10세손인 이형상이 태고와에 관심을 가진 것은 그가 영광군수를 그만두고 영천의 호연정浩然亭에서 학문과 후학 양성에 정진하면서였다. 그는 이곳에서 30여 년간 머물다가 1728년(영조 4) 경상도소모사慶尙道召募使로 대구감영에 부임하면서 소론 일파인 이인좌李麟佐의 난을 진압해 공을 세웠으나 집권당인 노론의 모함을 받아 76세의 고령으로 무고하게 투옥되었다. 그러나 그는 무혐의로 풀려나 1735년 영천의 성남서원城南書院에 제향되었고 1796년(정조 20)에는 청백리에 올랐다. 그가 설정한 태고의 제1영은 정안간서靜案看書(조용한 책상에서 글을 읽다), 제2영은 화벽배상畵壁拜像(벽화의 그림에 절하다), 제3영은 태기조어苔磯釣魚(이끼 낀 물가에서 고기를 낚나), 제4영은 화담욕아花潭浴鵝(연꽃이 핀 연못에 목욕하는 거위), 제5영은 대상탄금臺上彈琴(제월대에서 거문고를 연주하다), 제6음은 월하승주月下乘舟(달밤에 배를 타다), 제7음은 운제담신雲際擔薪(구름 가에 땔감을 하다), 제8영은 우후채궐雨後採蕨(비온 뒤 고사리를 뜯다)이다. 이형상의 「태고와팔영」은 정만양 형제의 횡계구곡과 크게 다르지 않다. 이형상의 팔영도 대체로 성리학자들의 이상

태고와

을 그렸다.

6. 조선시대 왕릉과 전나무

—— 전나무는 중국과 달리 우리나라에서는 성리학 공간에서 아주 중요한 나무였다. 중국에서 향나무를 의미하는 '회'를 우리나라에서 전나무로 수용하고 있는 사례는 여러 곳에서 확인할 수 있다. 그중에서도 조선시대 왕릉은 아주 중요한 사례다. 우선 왕릉의 전나무 사례를 살펴보면 다음과 같다.[35]

> 예조 참판 민형남閔馨男이 아뢰기를,
> "신이 명을 받들고 장릉章陵으로 나아가 본조의 정랑 유신로柳莘老, 본릉本陵의 참봉 권환權寏과 함께 봉심했더니, 능상 양위兩位의 사초莎草가 다 타버렸고, 담 안에서 세 번째 섬돌 위까지의 사초도 다 타버렸습니다. 그렇지만 각종 석물石物은 모두 온전하고 한 점도 파손되거나 더럽혀진 곳이 없었습니다. 주봉主峯에서부터 화소火巢의 안과 밖에까지도 모두 불에 탔지만 왼쪽에는 말라 죽은 소나무가 3분의 2이고 오른쪽에는 3분의 2의 소나무가 말라 죽지 않았으며, 능 안의 좌우에 죽 심어놓은 회檜나무와 잣나무는 손상된 것이 많지 않았습니다."

장릉은 경기도 김포시 풍무동에 있는 조선 제16대왕 인조의 아버지로 추존된 원종元宗과 그의 비 인헌왕후仁獻王后의 능이다. 이곳에 소나무, 잣나무와 함께 전나무가 있었다는 것을 알 수 있다. 아래 기사[36]에서도 전나무 사례를 확인할 수 있다.

상이 이르기를 "수목을 앞으로 어떻게 조성하려고 하는가? 소나무, 전나무, 잣나무는 겨울철에도 잎이 지지 않지만 그 외에 다른 나무는 봄철과 여름철에는 비록 하늘을 찌를 듯이 높이 솟아 무성하지만 가을철과 겨울철에 잎이 진 뒤에는 나무가 없는 것과 진배없다. 새 능과 같은 곳에는 사계절 잎이 떨어지지 않는 나무를 길러야 할 것이다" 했다.
이광좌가 아뢰기를 "사계절 잎이 지지 않는 나무가 좋지 않은 것은 아니지만 그 나름대로 근심거리가 있으니, 한번 해충의 재해를 겪고 나면 바로 한꺼번에 다 말라 죽는다는 것입니다. 요즈음에는 오릉 안에 모두 잡목雜木을 길러서 숭릉과 휘릉은 다른 능보다 나은 듯합니다. 그 밖의 다른 능으로 순릉順陵은 나무가 자란 것이 다른 능만 못하고, 헌릉獻陵은 전나무가 하늘까지 빽빽하게 치솟아 해를 가리고 간간이 잣나무가 있습니다. 신이 본 것을 말씀드리자면, 평지에는 잡목이 잇달아 무성하게 뻗쳐 있는 것이 매우 좋았습니다. 오릉의 국내는 자주 사람을 보내어 적간摘奸하게 한다면 수목이 반드시 더욱 무성해질 것입니다" 했다.

왕릉을 조성할 때 전나무를 선택한 것은 소나무와 잣나무처럼 늘푸른 나무였기 때문이다. 영조가 즉위한 1724년 당시 헌릉에는 전나무가 아주 울창했다. 헌릉은 서울특별시 서초구 헌인릉길에 있는 조선 제3대 왕 태종과 원경왕후 민씨의 쌍릉이다. 1420년(세종 2) 7월 10일 창경궁 별전에서 원경왕후가 세상을 뜨자 태종의 명으로 같은 해 9월 17일 대모산 기슭에 왕후의 능을 조성했고 1422년(세종 4) 태종이 승하하자 그해 9월 6일 세종이 어머니 원경왕후의 능 옆에 태종의 능을 조성했다. 영조 시대의 헌릉에 전나무가 울창한 것은 헌릉을 조성한 지 300년이 지난 뒤였다. 물론 그동안 헌릉의 숲은 적잖은 변화를 겪었겠지만, 왕릉의 관리를 감안하면 헌릉의 전나무는 아주 잘 관리되었다는 것을 알 수 있다. 조선에서는 지속적으로 왕릉에 나무를 심었고 관리를 게을리 하지 않았다. 왕릉을 철저하게 관리한 것은 왕조의 번창 때문이었다. 왕릉에 전나무를 조성한 사례를 아래[37]에서 확인할 수 있다.

> 상이 동쪽 편을 가리키며 이르기를 "전나무와 잣나무를 새로 심은 곳은 어디인가?" 하니
> 수릉관 이탱李樘이 아뢰기를 "동북쪽의 평평하고 완만한 곳 전체입니다" 했다.

위의 기사는 영조가 의릉懿陵에 갔을 때의 장면을 묘사한 것이다. 의릉은 서울특별시 성북구 석관동에 있는 조선 제20대 왕 경종과 그의 계비 선의왕후宣懿王后의 능이다. 경종은 숙종이 죽은 뒤 경희궁에서 즉위했으나 병약해서 재위 4년 만에 죽었다. 함원부원군咸原府院君 어유구魚有龜의 딸 선의왕후는 15세 때 세자빈이 되었다가 경종의 즉위와 더불어 왕비가 되었으나 26세의 나이에 자식 없이 죽었다. 그래서 영조가 즉위할 수 있었다.

왕릉의 전나무를 관리한 내용[38]은 다음과 같다.

> 예조 판서 이갑이 아뢰기를 "어제 오늘 각 능의 능관陵官이 보고한 것을
> 받아보니, 이달 28일에 비바람이 불어 홍살문 근처 소나무와 전나무가
> 부러져 떨어졌다고 했습니다. 새로 정한 정식에 따라 앞으로 개수할 때
> 가져다 쓰라는 뜻으로 써서 보냈습니다. 그런데 창릉·홍릉·순회묘 정
> 자각의 기와가 벗겨져 떨어진 곳은 고유하고서 개수해야 하나 근래 이
> 처럼 소소하게 탈이 난 곳은 본릉의 능관으로 하여금 대부분 편의대로
> 개수하게 한 예가 있습니다. 이번에도 이대로 거행하는 것이 어떻겠습
> 니까?" 하여, 그대로 따랐다.

조선시대의 왕릉은 현재 유네스코 세계문화유산으로 등재되어 있다. 조
선시대 왕릉은 가야와 신라의 왕릉과 달리 주변이 울창한 숲을 이루고 있
다. 현재까지 숲이 남아 있는 것은 지속적으로 나무를 심고 관리했기 때문
이다. 아울러 왕릉 주변의 식목과 관련해 나무의 종류도 매우 중요한 부분
이다.

왕릉의 나무는 주변의 토양과 기후도 고려해야 하지만 무엇보다도 권위
를 상징하는 나무라야 한다. 그래서 선택한 게 소나무였다. 조선 왕릉에 소
나무를 심은 것은 기본적으로 주나라 봉건시대의 유산이지만 우리 토양에
서 잘 자라는 점도 고려되었다. 그런데 전나무도 소나무와 더불어 중요한
나무로 선택했다는 것에 주목할 필요가 있다. 전나무는 소나무처럼 늘푸
른나무라는 점 외에 곧게 자랄 뿐 아니라 병충해에도 강하다는 장점이 있

광릉 전나무

다. 소나무는 토양에 따라 곧게 자라지 않는 경우도 있지만 전나무는 지역과 관계없이 곧게 자란다. 아울러 소나무는 송충이의 피해를 입을 가능성이 아주 높았다. 때로 그 피해가 치명적이기도 했다.[39] 그러나 전나무는 소나무에 비해 상대적으로 병충해에 강했다. 특히 송충이에 더 강했다.

현재 조선시대 왕릉 주변에 소나무와 더불어 전나무가 살고 있는 사례를 분석하는 작업도 매우 중요하다. 예컨대 경기도 광릉(세조와 세조의 비 정희왕후貞熹王后 윤씨릉)의 경우 입구는 소나무 숲이지만 왕릉 주변은 전부 전나무다. 이처럼 전나무는 왕릉의 숲에서 매우 중요한 역할을 담당하고 있다.

7. 함양 일두고택 및 성주 회연서원과 전나무

── 성리학자의 공간에서 전나무를 상징 나무로 삼은 사례는 은행나무, 향나무, 회화나무, 느티나무 등과 비교하면 아주 드물다. 그러나 전혀 없는 것은 아니다. 대표적인 사례가 경남 함양군의 일두一蠹 정여창鄭汝昌 (1450~1504) 고택이다. 정여창은 김굉필과 함께 김종직의 문하에서 학문을 연마했다. 그는 지관사知館事 서거정徐居正이 경연에서 진강할 수 있도록 추천할 만큼 뛰어난 학자였지만 추천을 받아들이지 않았다. 1486년 어머니가 이질에 걸리자 극진히 간호했으며, 어머니가 죽자 최복衰服을 벗지 않고 3년 동안 시묘했을 만큼 효성이 지극했다. 1490년 참의 윤긍尹兢은 정여창의 효행과 학식을 높이 평가해서 그를 소격서참봉에 추천했으나 사양했다.

그는 1495년(연산군 1) 안음현감安陰縣監 재직 시절 '편의수십조便宜數十條'를 지어 시행한 지 1년 만에 정치를 맑게 해서 칭송을 들었다.

1498년 무오사화는 정여창의 삶을 바꿔놓았다. 그는 무오사화로 오늘날 함경북도 종성군鐘城郡으로 유배를 떠났다. 더욱이 1504년 죽은 뒤 갑자사화 때 다시 부관참시되었다. 정여창의 둘째 조카 정희삼鄭希參이 쓴 행장40을 통해 그의 삶과 업적을 알 수 있다.

공은 휘가 여창汝昌이고 자가 백욱伯勖이며, 하동인河東人이다. 증대부曾大父는 휘가 지의之義인데 판종부시사判宗簿寺事이고, 대부大父는 휘가 복주復周인데 판전농시사判典農寺事다. 부父는 휘가 육을六乙인데 증 한성부 좌윤이다. 공은 그의 장자다. 좌윤이 의주 통판義州通判으로 계실 때에 공은 여덟 살이었는데, 중국에서 나온 사신 장녕張寧이 공을 보고 오래도록 찬탄하다가 명설名說과 함께 이름을 지어주었으니, 이는 그 집안을 잘 창성시키라는 뜻이었다. (⋯)

무오년(1498, 연산군 4)에 사화에 걸려 종성에 유배되어 7년을 보내고 갑자년(1504, 연산군 10) 여름 4월 1일에 세상을 떠났다. 함양咸陽 승안동昇安洞에 있는 선공의 묘소 좌측에 반장返葬했다. 향년은 55세다.

공은 성품이 단아하고 침착하여 교유하기를 좋아하지 않았지만 김한훤당金寒暄堂과는 지기의 벗으로 허여하여 도를 논하고 글을 강하며 한 번도 서로 떨어져 지낸 적이 없었으며, 일찍이 시종신侍從臣으로 있을 때에는 조정에 가기 위해 집을 나설 때마다 번번이 탈것을 보내 모셔와, 임금께 무슨 일을 주청할지 고하였는데, 매양 고금의 역사를 끌어다 점검하고 확인하느라 새벽에 이르렀다. 여러 사람과 함께 있을 때에는 언어와 기상을 보통 사람과 같게 했으나, 속마음은 맑게 깨어 있었다.

중년에 공이 사람들과 정도에 지나치게 술을 마셔서 대부인께서 매우 근심한 일이 있었는데, 그 뒤로는 종신토록 술을 마시지 않았다. 향회鄕會 때에 소를 잡은 자가 있어 국금國禁으로 관아에 고발되어 장차 처벌을 받을 상황이 되었는데, 대부인께서 또 마치 자기 일처럼 놀라고 안절부절못하니, 공이 다시는 소고기를 먹지 않았다.

일찍이 현을 다스릴 때 행했던 수십 가지의 과조科條는 지금까지 50여 년에 이르도록 대대로 지켜 의궤儀軌를 삼아, 비록 포악한 아전이나 잔인한 사람일지라도 감히 함부로 고치지 못했다. 고치고자 하는 자가 있으면 삼로三老들과 여러 아전이 뜰에서 거듭거듭 쟁론하여 반드시 승낙을 얻어내고야 말았다. 이 때문에 거행하는 것이 마치 국전國典과 같았다. 이런 일들은 공에게는 비록 자잘한 일들이지만, 작은 것을 미루어 큰 것을 헤아릴 수가 있다.

공이 세상을 떠난 뒤 고을 아전들이 세시歲時에는 반드시 부인에게 나아가 절을 올렸으며, 부인이 세상을 뜨자 사람들이 마치 자기 부모를 장사 지내듯이 와서 일을 도왔다. 이들은 반드시 은택을 입은 사람들이 아닌데도 그 자손들이, 그 즐겁게 해줌을 즐거워하고 그 이롭게 해줌을 이롭게 여겨, 추모하는 마음이 깊고 간절했으니 세상에 없어도 잊지 못할 분이라고 이를 만하다. (…)

중묘조中廟朝에 조정의 의론이 "정몽주, 정여창, 김굉필은 동국東國 이학理學의 종주이니, 크게 포숭褒崇함으로써 그들을 존경하고 숭상하는 뜻

제6장
———
향나무와 전나무의 문화 변용

을 보여 선비들이 추향할 바를 밝게 알도록 해야 합니다" 했다. 그리하여 의정부 우의정을 추증하고, 그 고을 수령으로 하여금 봄과 가을로 그 사당에 몸소 제사를 올리게 했으며, 부인에게는 정경부인貞敬夫人의 작위를 내리고 평생 해마다 늠료를 주고, 아울러 그 자손들을 녹용錄用하게 했다.

아, 동방이 기자箕子 이후로 수천여 년 동안 사람들이 학문을 알지 못하고 추향할 바를 몰랐는데, 오직 정 문충공文忠公(정몽주)이 고려 말에 우뚝 나오시어 우리 동방 이학의 비조가 되셨다. 그 뒤 그 학맥을 전승한 이가 없다가 공이 다행히 한훤寒暄과 같은 시대에 함께 태어나 발분하여 학문에 힘써서 정몽주의 학맥을 이었다. (…)

현재 함양 일두고택 사랑채 앞 담 쪽에 키가 아주 큰 전나무 한 그루가 살고 있다. 일두고택은 정여창 사후 후손들이 1570년대에 중건한 것이다. 사랑채에는 '문헌세가文獻世家' '충효절의忠孝節義' '백세청풍白世淸風' 등의 편액이 걸려 있다. 전나무와 마주한 곳에는 굽은 소나무 한 그루가 살고 있다. 따라서 일두고택의 성리학 상징 나무는 전나무와 소나무다. 고택에는 성리학을 상징하는 회화나무, 은행나무, 향나무는 찾아볼 수 없다.

일두고택과 함께 전나무를 성리학의 상징 나무로 삼은 곳은 경북 성주군 수륜면의 회연서원檜淵書院이다. 회연서원은 1622년(광해군 14)에 한강 정구와 석담石潭 이윤우李潤雨(1569~1634)의 학문과 덕행을 추모하기 위해 세웠다. 정구의 선조는 6대조 정총鄭摠과 그 아우인 정탁鄭擢이 개국공신에 책봉되는 등 본래 공신가문으로 주로 한양에서 살았다. 성주에 자리를 잡

일두고택 전나무

일두고택 소나무

회연서원 전경

은 것은 부친이 성주 이씨와 혼인했기 때문이었다. 정구는 5세에 이미 신동으로 불릴 정도로 일찍부터 탁월한 능력을 발휘하여 10세 때 『대학』과 『중용』의 큰 줄거리를 이해했다. 회연서원은 1583년 정구가 세운 회연초당檜淵草堂에 세워졌다. 그가 경영한 무흘구곡武屹九曲[41]은 주자의 무이구곡을 모방한 것이었다. 우리나라 구곡 중에서 무흘구곡은 글자만 보면 주자의 무이구곡을 가장 완벽하게 모방한 사례다.

무흘구곡의 제1곡은 봉비암鳳飛巖, 제2곡은 한강대寒岡臺, 제3곡은 무학정舞鶴亭, 제4곡은 입암立巖, 제5곡은 사인암舍人巖, 제6곡은 옥류동玉流洞, 제7곡은 만월담滿月潭, 제8곡은 와룡암臥龍巖, 제9곡은 용추龍湫다. 정구는 회연초당과 주변 경관을 경영한 후 감회를 다음과 같이 읊었다.[42]

작고 작은 산 앞에 작고 작은 집에 小小山前小小家
동산 가득 매화 국화 해를 좇아 더하네 滿園梅菊逐年加
다시 운수로 장식함이 그림 같아 更敎雲水粧如畵
온 세상 생애에 내가 가장 최고라네 擧世生涯我最奢

정구는 초당을 짓고 난후 이른바 '백매원百梅園', 즉 매화밭을 조성했다. 회연초당은 1605년에 정구가 다시 정비한 후 초당 동쪽에 초가 한 칸을 따로 지어서 망운암이라 이름했다. 그가 망운암을 지은 것은 회연초당이 부모의 묘소와 가까웠기 때문이다. 정구의 이러한 태도는 성리학자들에게서 흔히 발견할 수 있다. 무흘구곡 중 제1곡 봉비암은 회연서원 옆의 계곡 바위를 말한다.

일곡이라 바윗가에 작은 배를 놓으니 一曲巖邊放小船

한가롭게 부르는 어부 노래 시내에 활발하네 漁歌閒唱活源川

봉비암은 천 길이고 벽오동에 달이 뜨니 鳳翔千仞碧梧月

아름다운 기운이 모이고 저문 안개 전하네 佳氣葱籠捲暮煙

정구는 31세 때 한강정사를 지으면서 제2곡 한강대에서 은거했다. 그가 정사의 이름을 '한강'이라 지은 것은 주자가 어머니 묘소 근처에 만든 '한천정사寒泉精舍'의 뜻을 취했기 때문이다. 그는 한강정사에 머물면서 다음과 같은 느낌을 읊었다.

밤에는 소나무 사이 집에서 묵고 野宿松間屋

새벽에 물 위 집에서 일어나네 晨興水上軒

물소리 앞뒤에서 장대하게 울리니 濤聲前後壯

이때에 고요한 가운데서 듣노라 時向靜中聞

제1곡은 정구의 꿈을 담고 있다. 봉비대의 '봉'과 벽오동이 등장하기 때문이다. 봉새가 유일하게 앉는 곳이 벽오동이다. 봉새가 벽오동에 앉는 것은 큰 인물을 기다리는 것을 뜻한다. 한강이 꿈꾼 것은 다름 아닌 성인의 경지에 오르는 것이었다. 성인은 다름 아닌 본성을 회복한 사람이다.

정구는 2곡에서 만년까지 보냈다. 그는 61세 때 한강대 북쪽에 숙야재宿夜齋를 지었다. 62세 때는 한강대 북쪽에 오창정五蒼亭을, 한강대 서쪽에는 천상정川上亭을 지었다.

회연서원 매화밭

회연서원 전나무

이곡이라 하늘 닿은 만 길의 봉우리가 二曲參天萬仞峰

창파에 은은히 비치니 모두 원래 모습이네 蒼波隱映渾元容

향인이 가리키는 곳에는 유풍이 가득하니 行人指點遺風荒

위에는 송금이 몇 번이나 울렸는가 上有松琴韻幾重

회연서원의 '회'는 전나무다. 지금은 전나무의 웅장한 모습을 볼 수 없지만 회연서원은 '회'가 전나무로 문화 변용된 대표적인 서원이다. 우리나라 서원 중에서 향나무가 전나무로 문화 변용된 사례는 회연서원 외에 찾아볼 수 없다. 현재 회연서원 주변에는 한강이 경영한 백매원을 조성했으며, 어린 전나무도 살고 있다.

경상북도 김천시 대덕면 가례리에 위치한 석곡서당 앞에도 아주 큰 전나무 두 그루가 있다. 이곳의 전나무도 회연서원의 사례를 모방한 것이다. 한강이 성주에서 벼슬을 마다하고 학문을 강론할 때 이웃한 고을인 지례현을 방문하자 평소 그를 따르던 지례현의 선비들이 이 마을에 모였다. 정구는 마을 입구의 큰 돌에 앉아 가르침을 주었다고 전해진다. 이후 정구가 앉았던 바위를 석정石亭이라 불러 마을 이름도 석정이 되었다.

8. 향나무의 오역 사례

—— 중국의 향나무를 의미하는 '회檜'에 대한 오역의 대표적인 사례는 『시경』 「위풍·죽간」의 '회읍송주'의 번역이다. 번역본의 절대 다수는 '전나무'

로 번역했다. 『각사등록各司謄錄』 등에서는 '노송나무'로 번역하는 등 많은 문제를 안고 있다. 이처럼 향나무에 대한 오역은 사료 이곳저곳에서 확인할 수 있다. 우선 『시경』 「위풍·죽간」의 '회읍송주'의 번역[43]을 살펴보면 다음과 같다.

'말에 멍에 메고 나가 논다駕言出遊'에 대하여 해설하는 사람은 대부분 말하기를, "돌아갈 것을 생각했으나 돌아갈 수 없어서 도성 밖으로 나가 놀아서 근심스럽고 답답한 마음을 펴고자 한 것이다" 하여 『집전』과는 다른데, 주자는 『주자어류』에서 역시 이 설을 따르지 않았다. 그러나 주자가 말하기를, "부인은 경솔하게 나가서 놀 수 없다" 했으니, 이렇게 본다면 도성 밖에 나가 노는 것이라고 해설한 것에 대한 의심을 풀기에 부족한 듯하다. 부인이 비록 경솔하게 나가서 놀 수 없다 하더라도 시인이 스스로 의탁하여 흥을 일으킨 예가 있으니, 그렇다면 무엇이 해가 되겠는가.

그러나 '도성 밖으로 나가 노는 것'이 아니라 '저곳에서 놀기를 생각한 것'임을 밝힐 수 있는 일설一說이 있다. 죽간편竹竿篇의 끝 장에서도 "이것을 타고 나가 놀아서 나의 근심을 쏟아 볼까駕言出遊 以寫我憂" 했는데, 이에 대해 주자가 "천수편泉水篇 끝 장과 같은 뜻이다"라고 했다. 그리고 그 위에 "기수가 유유히 흐르니, 회나무로 만든 노이며 소나무로 만든 배로다淇水悠悠 檜楫松舟"라고 말했으니, 이는 회나무로 만든 노를 가지고 소나무로 만든 배를 저으면서 기수에 나가 놀고 싶다는 것을 말한 것이다.

그렇지 않다면 회나무로 만든 노와 소나무로 만든 배를 해당시킬 곳이 없게 된다. 그리고 두 시의 '가언출유鵁言出遊'는 똑같은 말이니, 꼭 천수편에서는 도성 밖에 나가서 노는 것이 되고, 죽간편에서는 저곳에서 놀 것을 생각하는 것이 된다고 봐야 할 이치가 없을 듯한데, 어떤지 모르겠다.

[정노영이 대답했다.] 먼저 '수읍과 조읍을 생각한다思須與漕'라고 말하고, 그 아래에 '가언출유'라고 말했으니, 놀고자 하는 뜻이 저곳에 있지 도성 밖에 있지 않은 것을 알 수 있습니다.

번역자는 '회읍송주檜楫松舟'의 '회'를 그냥 '회나무'로 번역했다. 그러나 우리나라의 회나무는 노박덩굴과의 갈잎떨기나무이지만 한자 '회'와는 전혀 관계가 없다. 따라서 '회'를 번역하지 않은 것과 같다. 여기서는 향나무로 번역해야 옳다. 전나무를 의미하는 송삼松杉의 오역 사례[44]는 다음과 같다.

「차운하여 석가산을 읊다. 성국공 주응정의 별장이다次韻石假山成國公朱應禎別墅」

잘사는 집 사람들은 낮고 좁아도 좋은가봐 朱門初不厭卑湫
굳이 일 만든 풍류라니 구주 가운데 묘하구려 好事風流妙九州
천태天台 본떠 만든 산도 희극이라 할 만한데 台嶽挺奇生戲劇
괴이한 수석水石들 가져다가 태호를 또 빚어놨군 太湖叢怪入掄搜

바위 사이로 뚫린 미로 겨우 한 사람 용납할 듯 嵒間徑竇容人繞

굴 속의 방과 마루 역시 딛는 곳마다 어둠침침 洞裏房櫳着處幽

고작 스무 해 동안에 주인이 세 번 갈렸다니 二十年來三易主

소나무가 봄과 가을 제일 많이 보았겠네 松杉最是閱春秋

위의 시는 최립이 1761년 중국 사행 때 지은 것이다. 번역자는 '송삼'을 '소나무'로 번역했다. 그러나 송삼은 소나무가 아니라 전나무를 의미한다. 송삼의 오역 사례[45]는 다음에서도 확인할 수 있다.

「약로가 박연폭포를 한번 감상할 작정을 하고 읊은 시에 차운하여 왕복하면서 10수 짓다 次韻藥老料理朴淵一賞. 往復之作 通 十首」

개경 땅 동남쪽에 거령이 솜씨를 부렸나니 巨靈鍾意地東南

백 갈래 물줄기를 한 이랑 못 속에 쏟았도다 百道泉輪一頃潭

목욕하는 옥녀의 살결 골짝에 환히 비쳐오고 玉女洗膚明洞壑

흩뿌리는 교인의 눈물 송백에 튀어 오르도다 鮫人揮淚濺松杉

한 번 노닌 이내 몸은 모질게 꿈속에 얽히는데 曾遊苦結平生夢

가보지 못한 어른께선 손쉽게 말씀도 하시겠지 未到故應容易談

나이는 비록 쇠했어도 기막힌 이 기회 놓칠까 玆事衰年可失便

설차와 빙주 다시 찾아 함께 여행해봐야지 雪車氷柱更宜探

번역자는 '송삼'을 '송백'으로 번역했다. 송백松柏은 『논어』「자한子罕」에

제6장
———
향나무와 전나무의 문화 변용

등장한다. 그러나 원문은 송삼이다. 따라서 이 경우도 오역이다. 시에 등장하는 개경은 삼나무가 자라기가 어려운 반면 전나무가 살기에는 적합하다. 이처럼 문헌에 등장하는 나무는 작가가 어떤 시공간에서 창작했는지를 염두에 두고 해석해야 한다. 특히 나무의 생태를 모르면 오역 가능성이 훨씬 높다. 아래의 글[46]도 그렇다.

> 「흐림. 순안 50리를 가서, 안정관에서 묵었다. 파발마 편에 가서를 올리고 또 편지를 받았다. 陰. 順安五十里安定館宿撥便上家書又承書」

기자묘箕子墓

아침에 떠나 칠성문七星門으로 해서 나갔다. 서행西行 길은 본래 보통문普通門으로 나가는데 지금은 기자묘를 찾아가기 위해 그렇게 간 것이다. 소나무와 삼나무가 묶은 듯이 서 있고 네모난 담이 사방을 둘러 있는데 그 가운데에 기자묘가 있었다. 묘는 네모나고 위가 뾰족한데 높이가 여러 길이며 앞에 작은 비석이 있어 '기자묘箕子墓'란 세 글자가 새겨져 있다. 또 비석이 하나가 있어 가운데가 부러지고 다만 '묘墓'자 하나가 남아 있는데, 쇠못으로 붙여놓았다. 옛날 임진왜란 때 왜적이 비석을 부러뜨리니 후세 사람이 고쳐 세우고서, 새로움을 꾀하면서 옛 모습을 남기자는 뜻에 붙여, 그대로 다시 돌을 합쳤다는 것이다. 정자각丁字閣 안에 시판詩板 1, 2개가 걸려 있다.

기자성 성 북쪽 길에 箕城城北路

돌로 된 말이 황량한 평원 가운데 있네 石馬荒原中

높은 봉우리는 천 겹의 형세요 巇嶂千重勢

소나무 삼나무는 만고의 기풍이라 松杉萬古風

끊어진 비석엔 이끼가 글자를 침식하고 斷碑苔蝕字

네모난 묘소엔 풀이 무성하게 자랐네 方墓艸成叢

토속으로 향불 받드나 土俗修香火

공의 신령 땅속의 물과 같으리 公靈地水同

위의 내용은 조선 순조 때 이해응李海應(1775~1825)이 동지사冬至使 서장관書狀官으로 중국 연경에 갔을 때의 견문을 기록한 『계산기정薊山紀程』의 내용이다. 특히 기자묘와 관련해서 설명하고 있는 부분이다. 기자묘는 평안도에 있는 무덤이다. 그래서 이곳에 삼나무가 살기란 어려우니 송삼은 소나무와 삼나무가 아니라 전나무다. 아래 『일성록』[47]에서도 송삼을 소나무와 삼나무로 번역했다.

「관각의 여러 신하는 화성의 궁각과 누정 여러 곳의 상량문을 나누어 지으라고 명했다」

어기영차 남쪽 들보 올리세 兒郞偉抛樑南

가까이서 정자각 바라보니 소나무 삼나무가 둘러싸고 있구나 近瞻丁閣繞松杉

제6장
향나무와 전나무의 문화 변용

만년토록 상서로울 기운에 홍운이 일렁이고 萬年佳氣紅雲颭

줄지어 둘러싼 봉우리들 벽옥 비녀를 닮았네 列出仍環碧玉簪

전나무는 우리나라의 경우 '회'만이 아니라 아래와 같이 '원백圓柏'으로 이해했다.[48]

전나무. 『설문說文』에 "원백圓柏이다"라고 했다. 동해에서는 이것으로 배를 만든다. 당나라 때에는 가지 하나가 다시 살아났고, 송나라가 일어날 때에도 이런 기이한 현상이 있었다. 수명이 긴 나무다.

檜. 說文亦曰圓柏. 東海作舟. 唐時. 檜有一枝再生. 宋興. 亦有此異. 壽木.

「원백圓柏」[49]

원백은 또한 회와 비슷하지만 圓柏亦類檜

오직 곧게 자라서 조금 다르다네 惟直爲少別

세상 사람들은 원백의 심재를 취해서 世人取其心

자단의 향으로 보충한다네 充作紫檀爇

우리나라에서는 전나무를 대체로 '회'와 '원백' 두 가지로 문화 변용한 것으로 보인다. 특히 김창업金昌業(1658~1721)의 시는 제목 자체가 '원백'이라는 점을 감안하면 전나무에 대한 가장 정확한 이해를 보여준 자료 중 하나다.

김창업은 김창협, 김창흡 등 형들과 함께 학문을 익히는 등 1681년 진사시에 합격하고서도 벼슬길에 나아가지 않고 한양의 동교송계東郊松溪(지금의 성북구 장위동)에 은거한 인물이었다. 김창업의 경험과 사물에 대한 높은 관심을 고려하면 그의 전나무에 대한 지적은 앞으로 활용할 가치가 아주 높다.

맺음말

—— 조선시대의 지배 이념이었던 성리학은 불교와 함께 우리나라의 중요
한 전통문화이자 문화자산이다. 그간 성리학에 대한 연구는 헤아릴 수 없
을 만큼 많았다. 그러나 나무가 성리학에서 어떤 역할을 담당하고 있는지
에 대해서 관심을 갖는 이는 없었다. 특히 성리학의 현장에서 성리학을 상
징하는 나무가 어떤 존재인지, 중국의 나무가 우리나라에 들어왔을 때 어
떻게 바뀌는지에 대해서는 의식하지 못했다. 상황이 이러하니 성리학 공간
의 한 그루 나무는 자연생태로만 존재하는 것이 아니라 인문생태로 전환된
다는 점에 대한 인식이 부족했던 것 역시 당연한 일이다. 더욱 심각한 것은
오랜 기간 국가 예산으로 이루어진 고려부터 조선시대까지의 관찬 자료를
비롯한 개인 문집의 번역 과정에서 식물과 관련한 오역이 무방비 상태로
통용되고 있다는 사실이다.

나는 오랜 기간 인문학적인 관점에서 나무를 다양하게 연구해왔다. 특히

최근 성리학과 관련한 현장 연구를 꾸준히 진행하고 있다. 그중에서도 성리학과 관련된 나무가 어떻게 문화 변용되고 있는지에 관심을 가졌다. 이 책에서 분석의 대상으로 삼은 나무는 살구나무와 은행나무, 측백나무와 잣나무, 향나무와 전나무였다. 살구나무와 은행나무의 문화 변용은 여느 나무와 다른 특징이 있다. 우리나라에서 중국 '행단'의 살구나무가 모두 은행나무로 문화 변용되었다는 점이 그렇다. 현재 우리나라 성리학 공간에서 살구나무를 상징 나무로 삼고 있는 사례는 찾아볼 수 없다. 반면 중국은 허난성 숭산 자락의 숭양서원이 살구나무를 상징 나무로 삼고 있다.

다른 나무들에 비해 살구나무가 은행나무로 문화 변용된 사례가 가장 많다. 이 책에서 다룬 현장은 성균관을 비롯해 소수서원, 임고서원, 도동서원 및 한훤고택, 자계서원, 섬계서원, 동락서원, 아산 맹씨 행단, 경주 유연정, 수원 궐리사와 부용정, 영천 옥간정 등이다. 그중에서도 성균관, 소수서원, 자계서원, 아산 맹씨 행단은 암수딴그루의 은행나무 사례를 보여주는 곳이다. 이처럼 살구나무의 문화 변용 사례는 아주 많지만 이 책에서는 주로 우리나라 성리학의 출발과 도학의 계보에 맞춰 분석했다. 아울러 살구나무의 오역 사례를 실록과 문집의 자료를 통해 정리했다.

측백나무는 중국사에서 매우 중요한 나무다. 특히 중국 황허강 유역의 측백나무는 중국의 고대 역사를 이해할 때 반드시 알아야 하는 나무다. 황제릉에 중국에서 가장 나이가 많은 5000살의 측백나무가 살고 있고, 숭양서원 안에는 4500살과 2700살의 측백나무가 살고 있다. 중국 황허강 유역에는 황제릉과 숭양서원 외에 중요한 문화유적지에 측백나무가 살고 있다. 중국의 경우 측백나무는 모든 나무 중에서도 으뜸으로 평가할 만큼 자연생태는 물론 인문생태에서 중요한 비중을 차지한다. 이 책에서는 공자의 무덤과 한나라 무제의 측백나무를 구체적으로 분석했다. 그러나 우리나라의 경우, 측백나무가 있기는 하지만 천연기념물 제1호인 대구 동구 도동 측백나무 숲을 제외하면 무덤이나 기념 공간에 측백나무를 심는 사례는 아주 드물다. 무덤에 측백나무보다는 향나무를 심는 경우가 많았고 무덤 외에 사당에도 측백나무 대신 향나무를 심었다. 이 책에서는 선농단을 비롯해 기념 공간에 향나무를 심은 사례를 정리했다. 우리나라에서는 측백나무가 잣나무로 문화 변용되었는데, 대표적인 사례가 사헌부를 비롯해 쌍백당의 당호였다. 책에서는 측백나무의 오역 사례를 살구나무와 같은 방식으로 정리했다.

향나무의 문화 변용은 살구나무처럼 독특한 측면이 있다. 중국에서 향나무를 의미하는 '회'는 우리나라의 경우 전나무로 문화 변용했다. 그런데 우리나라에서는 향나무를 아주 즐겨 심었다. 공자가 직접 향나무를 심었다고 알려져 있기 때문이다. 이 책에서는 우리나라 성리학 공간에서 향나무를 심은 사례를 경주 양동마을의 향단 및 관가정, 경주 안강의 독락당 및 옥산서원, 영천 횡계서당을 통해서 살펴보았다. 아울러 중국의 향나무가 전나무로 문화 변용된 사례를 함양 일두고택, 성주 회연서원을 통해 분석했다. 우리나라의 경우 '회'를 전나무로 오역한 사례가 적지 않았다. 특히 전나무를 의미하는 '송삼松杉'에 대한 오역도 눈에 띄었다.

이 책에서 분석한 문화 변용 사례는 우리나라 전역에서 차지하는 비중이 높지 않다. 전국에는 책에서 다루지 않은 성리학 공간이 아주 많다. 물론 전국의 성리학 공간에서 확인할 수 있는 성리학의 상징 나무는 책에서 다른 사례에서 크게 벗어나지 않는다. 그러나 현장 사례 연구는 단순히 성리학의 상징 나무를 소개하는 데 그치지 않고 사례 연구를 통해서 새로운 사료를 축석하는 의미를 갖는다. 전국의 성리학 공간에 살고 있는 나무의 의미체계를 비롯해서 그 나무들이 어떤 모습으로 살고 있는지, 그곳의 나무가 어떤 성리학자와 밀접한 관계를 맺고 있는지를 정리하는 작업은 성리학 관련 연구를 풍부하게 하는 데 중요하다. 이 책에서 성리학 관련 나무의 오역 사례를 정리했지만 이는 극히 일부에 불과하며 앞으로 이를 본격적으로 정리할 필요가 있다. 오역 사례 정리를 통해서 성리학을 좀 더 정확하게 이해할 수 있는 자료를 제공하는 동시에 번역 수준도 한 단계 높일 수 있을 것이다.

주

머리말

1 환경사나 생태환경사에 대해서는 정철웅, 『역사와 환경: 중국 명청 시대의 경우』, 책세상, 2002, 23~53쪽 참조.

제1장

2 吳其濬, 『植物名實圖考長編(上下)』, 臺北, 世界書局, 1975, 838쪽

3 김민수 편, 『우리말 語源辭典』, 태학사, 1997, 545쪽

4 李時珍, 『本草綱目(下册)』, 人民衛生出版社, 2002, 1730쪽

5 李時珍, 앞의 책, 1735쪽

6 李時珍, 앞의 책, 1731쪽

7 李時珍, 앞의 책, 1731쪽

8 李時珍, 앞의 책, 1731쪽

9 許愼, 段玉裁 注, 『說文解字』, 上海古籍出版社, 2001, 239쪽

10 이충구 외 역주, 『이아주소5』, 소명출판, 2004, 16쪽

11 中國農業百科全書編纂委員會, 『中國農業百科全書: 歷史卷』, 農業出版社, 1995, 353쪽

12 劉歆 撰·葛洪 輯, 林東錫 譯註, 『서경잡기』, 동서문화사, 2009, 84쪽

주

305

13 李時珍, 앞의 책, 1729쪽

14 王毓瑚 校,『王禎農書』, 農業出版社, 1981, 130쪽

15 『薄庭遺藁』권4(한국고전종합DB db.itkc.or.kr)

16 葛洪 撰, 林東錫 譯註,『신선전』, 동서문화사, 2009, 435~436쪽

17 繞啓愉·繞桂龍 撰,『齊民要術譯注』, 上海古籍出版社, 2006, 278쪽

18 繞啓愉·繞桂龍 撰, 앞의 책, 279쪽

19 繞啓愉·繞桂龍 撰, 앞의 책, 277쪽

20 繞啓愉·繞桂龍 撰, 앞의 책, 278쪽

21 孟詵,『食療本草譯注』, 上海古籍出版社, 2007, 72~73쪽

22 元刻大字本, 石聲漢 校注, 최덕경 역주,『농상집요역주』, 세창출판사, 2012, 460~461쪽

23 元刻大字本, 石聲漢 校注, 최덕경 역주, 앞의 책, 461~462쪽

24 朱橚,『救荒本草』권7(文淵閣四庫全書本), 商務印書館, 1983, 39쪽

25 「청명」은 두목의 시로 알려졌지만 두목의『樊川文集』에는 등장하지 않는다. 杜牧 撰, 何錫光 校注,『樊川文集校注(上·下)』, 四川出版集團·巴蜀書社, 2007에도 「청명」은 수록되어 있지 않다. 그간 「청명」이 두목의 시가 아니라는 지적이 있었다. 이 점에 대해서는 양훼이·왕샤오메이, 임지영 옮김,『중국역사오류사전』, 이룸, 2005, 246쪽 참조.

26 『谿谷先生集』권33(한국고전종합DB db.itkc.or.kr)

27 강판권,『역사와 문화로 읽는 나무사전』, 글항아리, 2010, 250쪽. 우리나라의 경우 살구나무와 관련한 기사는 대부분 중국의 사례를 인용하고 있으며, 방학종의『조선증보구황활요』, 지노의『조선의 산열매와 산나물』등에서 일부 확인할 수 있다.(구자옥,『온고이지신』, 농촌진흥청, 2013, 152~159쪽)

28 『稼亭集』권17(한국고전종합DB db.itkc.or.kr)

29 『續東文選』권10(한국고전종합DB db.itkc.or.kr)

30 『梅泉集』권1(한국고전종합DB db.itkc.or.kr)

31 『月峯峰海上錄』권2(한국고전종합DB db.itkc.or.kr)

32 孫耀良·富次筠·馬君强 編,『花卉詩歌』, 漢語大詞典出版社, 2004, 218쪽

33 『한일대조성경전서』, 대한성서공회, 2002, 225쪽

34 이유미,『우리가 정말 알아야 할 우리 나무 백 가지』, 현암사, 1997, 177쪽

35 이유미, 앞의 책.

36 李時珍, 앞의 책, 1801쪽

37 『茶山詩文集』권1(한국고전종합DB db.itkc.or.kr)

38 『松窩雜說』(한국고전종합DB db.itkc.or.kr)

39 『四佳詩集』권51(한국고전종합DB db.itkc.or.kr)

40 『續東文選』권21(한국고전종합DB db.itkc.or.kr)

41 『星湖先生僿說』권6(한국고전종합DB db.itkc.or.kr)

42 『東史綱目星湖先生僿說』제17(하)(한국고전종합DB db.itkc.or.kr)

43 諸橋轍次, 『大漢和辭典』(修訂版), 大修館書店, 1984, 502쪽

44 『茶山詩文集』권7(한국고전종합DB db.itkc.or.kr)

45 문화재청(www.cha.go.kr)

46 강판권, 앞의 책, 2010, 27쪽

47 李時珍, 앞의 책, 1801쪽

48 元刻大字本, 石聲漢 校注, 최덕경 역주, 앞의 책, 473쪽

49 元刻大字本, 石聲漢 校注, 최덕경 역주, 앞의 책

50 『篠叢遺稿下』(한국고전종합DB db.itkc.or.kr)

51 『騎牛先生文集』권2(한국고전종합DB db.itkc.or.kr)

52 『薄庭遺藁』권4(한국고전종합DB db.itkc.or.kr)

53 元刻大字本, 石聲漢 校注, 최덕경 역주, 앞의 책, 473쪽

54 王毓瑚 校, 『王禎農書』, 農業出版社, 1981, 144쪽

55 『四佳詩集』권7(한국고전종합DB db.itkc.or.kr)

56 『錦溪集外集』권4(한국고전종합DB db.itkc.or.kr)

57 『聾巖集』권2(한국고전종합DB db.itkc.or.kr)

58 『浩亭先生文集』권2(한국고전종합DB db.itkc.or.kr)

59 『萬機要覽』「財用編一」(한국고전종합DB db.itkc.or.kr)

60 한국고전종합DB db.itkc.or.kr.

61 서유구, 박순철·김영 역주, 『임원경제지林園經濟志·만학지晩學志』, 소와당, 2010, 262~263쪽

62 대구 MBC, 「HD 환경다큐 큰나무」, 2011

63 孫耀良 外 編, 『花卉詩歌鑑賞辭典』, 漢語大詞典出版社, 2004, 214쪽

64 孫耀良 外 編, 앞의 책.

제2장

1 현장의 행단 간판에도 행단의 '행'을 살구나무(apricot tree)로 표기하고 있다.

2 『南華經(坤)』, 「雜篇 31·漁父」, 학민출판사, 1993, 391쪽

3 조식, 경상대학교 남명학연구소 옮김, 『남명집』, 한길사, 2012(6쇄), 237~241쪽

4 丁若鏞 原, 金鍾權 譯註, 『雅言覺非』, 一志社, 1976, 40~41쪽

5 김기주·황지원·이기훈 역주, 『공자성적도』, 예문서원, 2003, 174~175쪽

6 김기주·황지원·이기훈 역주, 『공자성적도』에서는 행단의 '행'을 은행나무로 번역했다.

물 제386호로 지정되었다. 나이는 500살이다.

23 『日省錄』영조 37년 신사(한국고전종합DB db.itkc.or.kr)

24 『農巖集』권2(한국고전종합DB db.itkc.or.kr)

25 『錦溪集』外集 권4(한국고전종합DB db.itkc.or.kr)

26 『佔畢齋集詩集』권2(한국고전종합DB db.itkc.or.kr)

27 『高峯續集』권1, 「存齋謾錄」(한국고전종합DB db.itkc.or.kr) 퇴계는 예천 동헌에서 본 매화에
     대해 시를 남겼다.

28 주희朱熹·여조겸呂祖謙 편저, 엽채葉采 집해, 이광호 역주, 『근사록집해 1』, 아카넷, 2004,
     49～50쪽

29 周世鵬 編, 安梴 譯, 『國譯 竹溪志』, 紹修博物館, 2009, 214쪽

30 周世鵬 編, 위의 책, 193～200쪽. 이는 주희가 주돈이를 비롯해 명도 선생(정호), 이천 선생(정
     이), 강절 선생(소옹), 횡거 선생(장재), 속수 선생(사마광) 등 여섯 명의 화상畫像을 찬한 내용
     중 첫 번째 글이다.

31 『簡易集』권8, 「東郡錄」(한국고전종합DB db.itkc.or.kr)

32 『陶谷集』권16, 「司憲府監察梁公墓誌銘 幷序」(한국고전종합DB db.itkc.or.kr)

33 『日省錄』, 영조 41년 12월 5일(한국고전종합DB db.itkc.or.kr)

34 『古文眞寶大全(全二册)』後集, 學民文化社, 1992, 559～561쪽

35 『澗松集』권2(한국고전종합DB db.itkc.or.kr)

36 周世鵬 編, 安梴 譯, 앞의 책, 241쪽

37 『星湖僿說』권17, 「人事門」(한국고전종합DB db.itkc.or.kr)에는 소나무만 언급하고 있지만, 『梓
     鄕誌·順興誌』에는 소나무, 잣나무, 대나무를 언급하고 있다.(한국고전종합DB db.itkc.or.kr)

38 『松巖集續集』권2(한국고전종합DB db.itkc.or.kr)

39 『朝鮮王朝實錄』명종 9년 11월 2일(한국고전종합DB db.itkc.or.kr)

40 『葛庵集』부록 권5(한국고전종합DB db.itkc.or.kr)

41 『江漢集』권1(한국고전종합DB db.itkc.or.kr)

42 『日省錄』정조 10년, 4월 2일(한국고전종합DB db.itkc.or.kr); 『日省錄』정조 10년 10월 28일
     (한국고전종합DB db.itkc.or.kr)

43 김봉렬, 『이 땅에 새겨진 정신 3』, 이상건축, 2000(2), 94～130쪽. 도동서원의 성리학적 건축담
     론은 기본적으로 김봉렬의 견해를 정리한 것이다.

44 『조선왕조실록』중종 5년 11월 15일(한국고전종합DB db.itkc.or.kr)

45 『조선왕조실록』연산군 4년 4월 13일(한국고전종합DB db.itkc.or.kr)

46 『조선왕조실록』연산군 4년 7월 15일(한국고전종합DB db.itkc.or.kr)

47 『조선왕조실록』연산군 4년 7월 15일(한국고전종합DB db.itkc.or.kr)

48 『신증동국여지승람』경상도, 청도군(한국고전종합DB db.itkc.or.kr)

49 은행나무의 생태에 대해서는 강판권,『은행나무』, 37~39쪽

50 『勉菴先生文集』권21 「景義堂記」(한국고전종합DB db.itkc.or.kr)

51 『簡易集』권6, 分津錄(한국고전종합DB db.itkc.or.kr)

52 『簡易集』권7, 甲午行錄(한국고전종합DB db.itkc.or.kr)

53 『조선왕조실록』정조 9년 2월 10일(한국고전종합DB db.itkc.or.kr)

54 『木齋集』권2(한국고전종합DB db.itkc.or.kr)

55 장복추, 송희준 옮김,『사미헌집 1』, 동방출판사, 2013, 135쪽

56 조임도, 김익재·양기석·구경아·정현섭 옮김,『간송집 1』, 경상대학교 경남문화연구원 남명학
연구소, 2015, 225쪽

57 장복추, 송희준 옮김,『사미헌집 2』, 동방출판사, 2013, 397~401쪽

58 금산행정의 은행나무(천연기념물 제84호)의 경우도 살구나무를 의미하는 '杏亭'이지만 나무
는 은행나무다.

59 『조선왕조실록』태종 18년 8월 4일(한국고전종합DB db.itkc.or.kr)

60 『松堂集』권2(한국고전종합DB db.itkc.or.kr)

61 회화나무의 문화 변용에 대해서는 강판권,「중국과 한국의 나무인식과 격의: 회화나무와 느티
나무를 중심으로」,『大丘史學』118집, 2015 참조. 회화나무의 문화와 역사에 대해서는 강판권,
『회화나무와 선비문화』, 문학동네, 2016 참조.

62 『日省錄』정조 15년 6월 22일(한국고전종합DB db.itkc.or.kr)

63 『조선왕조실록』정조 13년 5월 7일(한국고전종합DB db.itkc.or.kr)

64 『조선왕조실록』정조 15년 4월 12일(한국고전종합DB db.itkc.or.kr)

65 『無名子集·詩稿』제2책(한국고전종합DB db.itkc.or.kr)

66 『無名子集·詩稿』제2책(한국고전종합DB db.itkc.or.kr)

67 『無名子集·詩稿』제2책(한국고전종합DB db.itkc.or.kr)

68 『조선왕조실록』정조 16년 10월 3일(한국고전종합DB db.itkc.or.kr)

69 『조선왕조실록』영조 17년 8월 7일(한국고전종합DB db.itkc.or.kr)

70 강판권,「중국과 한국의 나무인식과 격의: 살구나무와 은행나무를 중심으로」,『中國學報』
70집, 2014 참조.

71 『조선왕조실록』선조 26년 1월 11일(한국고전종합DB db.itkc.or.kr)

72 『孤臺日錄』권1(1593년 2월 15일)(한국고전종합DB db.itkc.or.kr)

73 『孤臺日錄』권1(1593년 윤11월 17일)(한국고전종합DB db.itkc.or.kr)

74 『孤臺日錄』권1(1594년 정월 24일)(한국고전종합DB db.itkc.or.kr)

75 영남문화연구원,『永川의 樓亭(上)』, 永川市·慶北大嶺南文化研究院, 2008, 257~261쪽

76 孟子曰 原泉混混, 不舍晝夜, 盈科而後進, 放乎四海.

77 觀水有術, 必觀其瀾. 日月有明, 容光必照焉. 流水之爲物也, 不盈科不行, 君子之志於道也, 不成章不達.

78 『密菴先生文集』권2(한국고전종합DB db.itkc.or.kr)

79 『조선왕조실록』성종 2년 11월 10일(한국고전종합DB db.itkc.or.kr)

80 유안, 이석명 옮김, 『회남자 1』, 소명출판, 2010, 299쪽. 『회남자』에서는 행을 살구나무로 번역했다.

81 『조선왕조실록』연산 12년 3월 22일(한국고전종합DB db.itkc.or.kr)

82 『조선왕조실록』명종 1년 6월 22일(한국고전종합DB db.itkc.or.kr)

83 『稼亭集』권18(한국고전종합DB db.itkc.or.kr)

84 『茶山詩文集』권2(한국고전종합DB db.itkc.or.kr)

85 『虛白堂補集』권5(한국고전종합DB db.itkc.or.kr)

86 『虛白堂補集』권5(한국고전종합DB db.itkc.or.kr)

제3장

1 서유구, 박순철·김영 역주, 앞의 책, 28~29쪽

2 강판권, 『회화나무와 선비문화』, 문학동네, 2016, 100~102쪽

3 정재서 역주, 『산해경』, 민음사, 2001, 323쪽

4 『승정원일기』인조 7년 11월 2일(한국고전종합DB db.itkc.or.kr)

5 『조선왕조실록』태조 2년 1월 1일(한국고전종합DB db.itkc.or.kr)

6 서유구, 앞의 책, 282쪽

제4장

1 李莉 編, 『中國傳統松柏文化』, 中國林業出版社, 2006, 36쪽

2 金性堯 注, 『唐詩三百首新譯』, 上海古籍出版社, 1986, 79쪽

3 『大山集』권45, 「跋」(한국고전종합DB db.itkc.or.kr)

4 강판권, 『회화나무와 선비문화』, 문학동네, 2016, 102쪽

5 李莉 編, 앞의 책.

6 위안커, 김선자·이유진·홍윤희 옮김, 『중국신화사 上』, 웅진지식하우스, 2010, 258쪽

7 사마천, 신동준 옮김, 『사기본기』, 위즈덤하우스, 2015, 115~118쪽

8 『高麗史節要』권2, 성종 15년(한국고전종합DB db.itkc.or.kr)

9 『조선왕조실록』태종 6년 1월 7일(한국고전종합DB db.itkc.or.kr)

7   sillok.history.go.kr.

8   비단에 연한 색, 29.8×23.2센티미터, 왜관수도원 소장.

9   中國農業百科全書編輯部編, 앞의 책, 353쪽

10 李時珍, 앞의 책, 1729쪽 현재 중국 허난성 덩펑현 태실산 남쪽에 위치한 숭양서원嵩陽書院 입구에는 200살 먹은 살구나무가 살고 있다.

11 壇上杏花紅半落是也, 『私淑齋集』 권1(한국고전종합DB db.itkc.or.kr)

12 『芝峯類說』 권6, 「經書部二·諸子」(한국고전종합DB db.itkc.or.kr)

13 정약용의 『아언각비』 41쪽에 따르면, 평중목은 중국 진晉나라 좌사左思가 오吳나라 도읍의 번화한 모습을 묘사한 「오도부吳都賦」에 등장한다. '평중목'의 '中'은 정확히 '仲'이지만 상통한다.

14 은행나무의 다양한 이름에 대해서는 강판권, 『은행나무』, 문학동네, 2011, 25~32쪽

15 花裏尋師到杏壇(한국고전종합DB db.itkc.or.kr)

16 相約杏花壇裏去(한국고전종합DB db.itkc.or.kr)

17 정약용은 『아언각비』, 42~42쪽에서 강희맹의 시를 통해 행단의 '행'을 은행나무가 아니라 살구나무라는 사실을 주장하면서 강희맹의 시 끝에 "은행나무에 꽃이 피는가?"라는 의문을 제시했다. 정약용의 이러한 주장은 은행나무에는 꽃이 피지 않는다는 뜻이다. 그런데 은행나무는 살구나무처럼 붉은 꽃을 피우지 않지만 분명히 암꽃과 수꽃을 피운다. 이 구절만으로 보면 정약용은 은행나무에 꽃이 피는 사실을 몰랐을 가능성도 있다.

18 許穆, 『記言』 권14, 「中篇」, 민족문화추진회, 1992, 6쪽

19 성리학의 공간에 살구나무가 전혀 없는 것은 아니다. 문제는 핵심 나무인가의 여부다. 예컨대 호계서원虎溪書院(경북유형문화재 제35호. 경상북도 안동시 임하면 임하리 84-3, 84-4)에는 은행나무가 핵심나무이지만 살구나무도 몇 그루 살고 있다. 호계서원은 선조 6년(1573) 건립 당시에는 퇴계 이황을 모신 여강서원이라 불렸으나 1605년(선조 38) 대홍수로 유실되자 중창했다. 1620년(광해군 12) 이황의 제자인 서애西厓 류성룡柳成龍, 학봉鶴峯 김성일金誠一의 위패를 추가 배향했으며 1676년(숙종 2)에 사액을 받아 호계서원으로 이름을 바꾸었다. 경복궁 자경전慈慶殿 자경전慈慶殿(보물 제809호) 주변에도 살구나무가 네 그루 살고 있다. 자경전 대비들의 침전이다. 1867년(고종 4) 자미당 터에 신정왕후神貞王后를 위해 지은 전각이었으나 화재로 소실되었다가 1888년(고종 25)에 중건되었다. 살구나무는 경복궁 경내에서 이곳이 거의 유일하다. 이곳의 살구나무는 성리학과의 관련성보다는 놀이문화를 위해 심은 것으로 보인다.

20 『茶山詩文集』 권4(한국고전종합DB db.itkc.or.kr)

21 『조선왕조실록』 숙종 39년(1713) 7월 26일 기사에 따르면 큰 바람으로 성균관 앞뜰前庭의 은행나무 가지가 부러졌다. 이에 따라 위안제慰安祭를 지냈다.

22 '서울문묘은행나무'는 400~500살이다. 『新增東國輿地勝覽』과 『宋子大全』 등에서 조선 중종 때 성균관사였던 윤탁尹倬(1472~1534)이 성균관에 은행나무 두 그루를 심었다는 기록을 확인할 수 있다. 북한에도 개성직할시 방직동에 위치한 성균관에 두 그루의 은행나무가 천연기념

주

10 『조선왕조실록』 태종 6년 6월 5일(한국고전종합DB db.itkc.or.kr)

11 『승정원일기』 인조 14년 12월 24일(한국고전종합DB db.itkc.or.kr)

12 『林下筆記』 권2, 「瓊田花市編」(한국고전종합DB db.itkc.or.kr)

13 『龍洲遺稿』 권2(한국고전종합DB db.itkc.or.kr)

14 『승정원일기』 인조 13년 7월 22일(한국고전종합DB db.itkc.or.kr)

15 『조선왕조실록』 세종 6년 12월 10일(한국고전종합DB db.itkc.or.kr)

16 『일성록』 영조 47년 10월 6일(한국고전종합DB db.itkc.or.kr)

17 『陽村先生文集』 권9(한국고전종합DB db.itkc.or.kr)

18 『稼亭集』 권15(한국고전종합DB db.itkc.or.kr)

19 『東國李相國全集』 권13(한국고전종합DB db.itkc.or.kr)

20 『簡易集』 권6, 「焦尾錄」(한국고전종합DB db.itkc.or.kr)

21 강판권, 「회화나무와 선비문화」, 앞의 책, 28~34쪽

22 『조선왕조실록』 세종 8년 2월 26일(한국고전종합DB db.itkc.or.kr)

23 『澗松集』 권5, 「祝文」(한국고전종합DB db.itkc.or.kr)

24 한강 정구의 삶과 사상에 대해서는 홍원식 외, 『한강 정구의 삶과 사상』, 계명대학교출판부, 2017 참조.

25 『月沙先生集』 권15(한국고전종합DB db.itkc.or.kr)

26 『記言』 권15, 「田園居 2」(한국고전종합DB db.itkc.or.kr)

27 조임도, 김익재·양기석·구경아·정현섭 옮김, 『간송집 1』, 경상대학교 경남문화연구원 남명학연구소, 2015, 199쪽

28 『葛庵集』 권28(한국고전종합DB db.itkc.or.kr)

29 조임도, 김익재·양기석·구경아·정현섭 옮김, 앞의 책, 268쪽

30 『俛宇先生文集』 권2(한국고전종합DB db.itkc.or.kr)

31 『승정원일기』 인조 13년 2월 13일(한국고전종합DB db.itkc.or.kr)

32 『江漢集』 권2(한국고전종합DB db.itkc.or.kr)

33 『溪谷先生集』 권26(한국고전종합DB db.itkc.or.kr)

34 『松堂集』 권2(한국고전종합DB db.itkc.or.kr)

35 서유구, 앞의 책, 281쪽

제5장

1 『조선왕조실록』 세종 2년 4월 8일(한국고전종합DB db.itkc.or.kr)

2 이경희·최덕경, 「송대 沈香 계통의 분류체계와 용도」, 『중국사연구』 100, 2016, 171쪽

3 『牧隱詩藁』권2(한국고전종합DB db.itkc.or.kr)

4 『東文選』권72(한국고전종합DB db.itkc.or.kr)

5 『益齋亂藁』권4(한국고전종합DB db.itkc.or.kr)

6 『及菴先生詩集』권2(한국고전종합DB db.itkc.or.kr)

7 『鼇峯先生集』권1(한국고전종합DB db.itkc.or.kr)

8 『雙峯集』권1(한국고전종합DB db.itkc.or.kr)

9 이유미, 『우리가 정말 알아야 할 우리나무 백 가지』, 현암사, 1995, 391쪽

제6장

1 정학유, 허경진·김형태 옮김, 『詩名多識』, 한길사, 2007, 252~253쪽

2 서정, 매지고전강독회 옮김, 『모시명물도설』, 소명출판, 2012, 435쪽

3 이충구·임재완·김병헌·성당제 역주, 『이아주소 5』, 소명출판, 2004, 105~106쪽

4 潘富俊, 呂勝由 撮影, 『詩經植物圖鑑』, 上海古籍出版社, 2003, 104~105쪽

5 王圻·王思義, 『三才圖會』(續修四庫全書本), 上海古籍出版社, 2002, 128쪽

6 馬宗申 校注, 姜義安 參校, 『授時通考校注(第四册)』, 中國農業出版社, 1995, 107~108쪽

7 吳其濬, 『植物名實圖考(下)』, 世界書局, 1963, 766쪽

8 徐光啟, 陳煥良·羅文華 校注, 『農政全書(下)』, 岳麓書社, 2002, 606쪽

9 공광성, 「고전식물명 '檜'에 관한 고찰」, 『文化財』 49-4, 국립문화재연구소, 2016, 96~109쪽

10 『簡易集』권8(한국고전종합DB db.itkc.or.kr)

11 『溪谷先生集』권31(한국고전종합DB db.itkc.or.kr)

12 박종채의 『過庭錄』에 대해서는 김윤조 역, 『역주과정록』, 태학사, 1997 참조.

13 『弘齋全書』권9(한국고전종합DB db.itkc.or.kr)

14 『國朝寶鑑』권23(한국고전종합DB db.itkc.or.kr)

15 『月沙集』권40, 「序下」(한국고전종합DB db.itkc.or.kr)

16 『東文選』권21, 「序下」(한국고전종합DB db.itkc.or.kr)

17 『日省錄』정조 14년 2월 13일(한국고전종합DB db.itkc.or.kr)

18 『東文選』권79, 「記」(한국고전종합DB db.itkc.or.kr)

19 『조선왕조실록』중종 38년 7월 22일(한국고전종합DB db.itkc.or.kr)

20 『日省錄』정조 21년 윤6월 21일(한국고전종합DB db.itkc.or.kr)

21 『晦齋先生集』권3(한국고전종합DB db.itkc.or.kr)

22 조임도, 김익재·양기석·구경아·정현섭 옮김, 앞의 책, 282쪽

23 『晦齋集』권2(한국고전종합DB db.itkc.or.kr)

24 『涵溪先生文集』권1(한국고전종합DB db.itkc.or.kr)

25 장석달은 임진왜란 때 영천 의병장으로 활약한 정세아鄭世雅(1535~1612)의 현손이다. 장석달은 1702년 학문을 토론하고 연구하기 위해 정자를 세우려고 했으나 돈이 부족해서 작은 공간인 안락재安樂齋를 지었다. 그 후 1779년 손자 정일찬鄭一鑽(1724~1797)이 안락재를 중건해서 함계정사涵溪精舍라 이름 지었다. 함계정사 옆에도 현재 은행나무가 살고 있다. 그는 갈암葛庵 이현일李玄逸의 제자다.

26 옥산구곡의 설정 배경과 내용에 대해서는 김문기·강정서, 『경북의 구곡문화』, 역락출판사, 2008, 247~285쪽

27 김문기·강정서, 위의 책, 164~171쪽

28 『天波集』권4, 「遊玉山書院記」(한국고전종합DB db.itkc.or.kr)

29 『東文選』권97(한국고전종합DB db.itkc.or.kr)

30 『錦溪集外集』권3(한국고전종합DB db.itkc.or.kr)

31 『大山集』권2(한국고전종합DB db.itkc.or.kr)

32 김문기·강정서, 앞의 책, 225~226쪽

33 김문기·강정서, 앞의 책, 229쪽

34 『瓶窩先生文集』권1, 「太古窩八詠」(한국고전종합DB db.itkc.or.kr)

35 『承政院日記』인조 15년 2월 19일(한국고전종합DB db.itkc.or.kr)

36 『承政院日記』영조 즉위년 9월 25일(한국고전종합DB db.itkc.or.kr)

37 『承政院日記』영조 1년 8월 27일(한국고전종합DB db.itkc.or.kr)

38 『日省錄』정조 18년 8월 30일(한국고전종합DB db.itkc.or.kr)

39 소나무의 보호와 관리에 대해서는 강판권, 『조선을 구한 신목, 소나무』, 문학동네, 2013 참조.

40 『一蠹集』「一蠹先生遺集」권3(한국고전종합DB db.itkc.or.kr)

41 『黙軒先生文集』권7, 「跋」(한국고전종합DB db.itkc.or.kr)에 '武屹九曲圖'의 '발'이 있다.

42 김문기·강정서, 앞의 책, 334쪽

43 『弘齋全書集』권88(한국고전종합DB db.itkc.or.kr)

44 『簡易集』권6 「辛巳行錄」(한국고전종합DB db.itkc.or.kr)

45 『簡易集』권7 「松都錄」(한국고전종합DB db.itkc.or.kr)

46 『薊山紀程』권1, 1803년 11월(한국고전종합DB db.itkc.or.kr)

47 『日省錄』정조 20년 9월 10일(한국고전종합DB db.itkc.or.kr)

48 『記言』권140 「中篇·靑園記」(한국고전종합DB db.itkc.or.kr)

49 『老稼齋集』권2(한국고전종합DB db.itkc.or.kr)

참고문헌

강판권, 「중국과 한국의 나무 인식과 격의: 살구나무와 은행나무를 중심으로」, 『中國學報』 70집, 2014년 12월

_____, 「중국과 한국의 나무 인식과 격의: 회화나무와 느티나무를 중심으로」, 『大丘史學』 118집, 2015년 2월

이경희·최덕경, 「송대 沈香 계통의 분류체계와 용도」, 『중국사연구』 100, 2016

공광성, 「고전 식물명 '檜'에 관한 고찰」, 『文化財』 49-4, 국립문화재연구소, 2016

강판권, 『어느 인문학자의 나무 세기』, 지성사, 2002

_____, 『공자가 사랑한 나무 장자가 사랑한 나무』, 민음사, 2003

_____, 『은행나무』, 문학동네, 2011

_____, 『조선을 구한 신목, 소나무』, 문학동네, 2013

_____, 『회화나무와 선비문화』, 문학동네, 2016

_____, 『차 한 잔에 담은 중국의 역사』, 지호, 2006

박상진, 『궁궐의 우리 나무』, 눌와, 2001

_____, 『역사가 새겨진 나무 이야기』, 김영사, 2004

정종진, 『한국의 속담 대사전』, 태학사, 2006

이유미, 『우리가 꼭 알아야 할 우리 나무 백가지』, 현암사, 1995

_____, 『광릉 숲에서 보내는 편지』, 지오북, 2004

차윤정·전승훈, 『신갈나무 투쟁기』, 지성사, 1999

고규홍, 『이 땅의 큰 나무』, 눌와, 2003

_____, 『절집 나무』, 들녘, 2004

이우철, 『한국 식물명의 유래』, 일조각, 2005

이상희, 『꽃으로 보는 한국문화(1~3)』, 넥서스, 1998

로베르 뒤마, 송형석 옮김, 『나무의 철학』, 동문선, 2004

마이클 조던, 이한음 옮김, 『초록 덮개』, 지호, 2004

마이클 폴란, 이창신 옮김, 『욕망의 식물학』, 서울문화사, 2002

쟈크 브로스, 주향은 옮김, 『나무의 신화』, 이학사, 1998

_____, 양영란 옮김, 『식물의 역사와 신화』, 갈라파고스, 2005

존 펄린, 송명규 옮김, 『숲의 서사시』, 따님, 2002

토비 머스그레이브 외, 이창신 옮김, 『식물 추적자』, 넥서스BOOKS, 2004

이어령 편, 『매화』, 생각의나무, 2003

_____, 『대나무』, 종이나라, 2006

_____, 『소나무』, 종이나라, 2005

김종규, 『梅譜』, 부산일보사, 1998

김민수 편, 『우리말 語源辭典』, 태학사, 1997

諸橋轍次, 『大漢和辭典』, 東京: 大修館書店, 1984

이창복, 『大韓植物圖鑑』, 향문사, 1980

홍성천 외, 『原色植物圖鑑(木本)』, 경상북도, 2005

김태욱, 『한국의 수목』, 교학사, 1994

강희안, 서윤희·이경록 옮김, 『양화소록』, 눌와, 1999

中井猛之進, 『朝鮮森林植物編(1~9)』, 東京: 國書刊行會, 1976

이수광, 『지봉유설』, 경인문화사, 1970

김희보 엮음, 『증보중국의 명시』, 가람기획, 2001

존 하친슨·로날드 멘빌, 임형빈 옮김, 『식물의 역사』, 문교부, 1962

이호철, 『한국 능금의 역사, 그 기원과 발전』, 문학과지성사, 2002

성약용, 송재소 역주, 『다산시선』, 창비, 1988(2013)

허경진 엮음, 『고죽 최경창 시선』, 평민사, 1990

이충구 외 역주, 『이아주소(1~6)』, 소명출판, 2004

권문해, 『대동운부군옥』, 소명출판, 2003

김용덕, 『민속문화대사전(상·하)』, 창솔, 2004

박석근·이일병·허북구, 『재미있는 우리 나무 이름의 유래를 찾아서: 원색도감 2 나무 이름편』, 중
    앙생활사, 2004

홍여하, 김영옥·전재동 옮김, 『목재집1』, 동방출판사, 2013

寺島良安, 島田勇雄·竹島淳夫·樋口元巳 譯註, 『和漢三才圖會』, 平凡社, 2004(4)

정재서 역주,『산해경』, 민음사, 2004

民族文化推進會 編,『恩誦堂集』, 民族文化推進會, 2003

안동대학교 퇴계학연구소 편역,『(國譯)竹溪志』, 영주시, 2001

기태완 역주,『퇴계매화시첩』, 보고사, 2007

박철상,『세한도』, 문학동네, 2010

정민,『새로 쓰는 조선의 차문화』, 김영사, 2011

안동림 역주,『신역벽암록』, 현암사, 1987

박충록,『조선후기 삼대시인 연구 김택영·황현·이건창』, 이회, 1994

이병기,『매천 황현 산문 연구』, 보고사, 1995

허경진 엮음,『율곡 이이 시선』, 평민사, 1996

예문동양사상연구원·황의동 편저,『율곡 이이』, 예문서원, 2002

이황 지음, 이장우·전일주 옮김,『퇴계 이황: 아들에게 편지를 쓰다』, 연암서가, 2011(개정판)

驪州李氏歷代人物誌刊行委員會,『驪州李氏歷代人物誌』, 祐平, 1997

권석환 주편,『한중팔경구곡과 산수문화』, 이회문화사, 2004

이옥, 실시학사 고전문학연구회 옮기고 엮음,『완역 이옥 전집3: 벌레들의 괴롭힘에 대하여』, 휴머니
스트, 2009

곽신환,『우암 송시열』, 서광사, 2012

정옥자,『우리 선비』, 현암사, 2006

김일근 외,『추사 한글편지』, 우일출판사, 2004

조종업 역,『완역 우암 송선생 시집』, 경인출판사, 2004

곽신환,『우암 송시열』, 서광사, 2012

이석린,『임란 의병장 조헌 연구』, 신구문화사, 1994

한남대 충청학연구소,『동춘당 송준길 연구』, 경인문화사, 2007

오윤희,『창강 김택영 연구』, 국학자료원, 1996

정도원,『퇴계 이황과 16세기 유학』, 문사철, 2010

이병기·김영붕 공역,『역주 매천 황현 시집(상)』, 보고사, 2007

이지경,『회재 이언적의 정치사상』, 한국학술정보, 2006

송재소·이봉규·김태영·안병직·조성을,『다산 정약용 연구』, 사람의무늬, 2012

김기주,『영남의 학맥I: 안향에서 주세붕까지』, 계명대출판부, 2006

장세호,『사계 김장생의 예학사상』, 경인문화사, 2006

배종호·강주진,『한훤당의 생애와 사상』, 이우인쇄사, 1980

서유구 지음, 박순철·김영 역주,『임원경제지』, 소와당, 2010

주희·여조겸 편저, 엽채 집해, 이광호 역주,『근사록집해I』, 아카넷, 2004

周世鵬 編, 安珽 譯『國譯 竹溪志』, 紹修博物館, 2009.

김봉렬,『이 땅에 새겨진 정신3』, 이상건축, 2000(2).

조임도, 김익재·양기석·구경아·정현섭 옮김,『간송집1』, 경상대 경남문화연구원 남명학연구소, 2015

정학유 지음, 허경진김형태 옮김,『시명다식』, 한길사, 2007

서정, 매지고전강독회 옮김,『모시명물도설』, 소명출판, 2012

이충구·임재완·김병헌·성당제 역주,『이아주소5』, 소명출판, 2004

박종채, 김윤조 옮김,『역주 과정록』, 태학사, 1997

김문기·강정서,『경북의 구곡문화』, 경상북도·경북대 퇴계연구소, 2008

김문기,『국역 노계집』, 역락, 1999

영남문화연구원,『영천의 누정(상)』, 영천시·경북대 영남문화연구원, 2008

한국고전종합DB (http://db.itkc.or.kr)

『孟子附諺解(乾/坤)』, 學民文化社, 1990

吳其濬,『植物名實圖考(上·下)』, 臺北: 世界書局, 1963

吳其濬,『植物名實圖考長編(上·下)』, 臺北: 世界書局, 1963

孫耀良 外 編著,『花卉詩歌鑑賞辭典』, 上海: 漢語大詞典出版社, 2004

許愼 撰, 段玉裁 注,『說文解字注』, 上海: 上海古籍出版社, 1981

賈思勰,『齊民要術』(文淵閣四庫全書本), 臺北: 商務印書館, 1983

繞啓愉·繞桂龍 撰『齊民要術譯注』, 上海: 上海古籍出版社, 2006

李時珍,『本草綱目』, 北京: 人民衛生出版社, 1982

王圻·王思義,『三才圖會』(續修四庫全書本), 上海: 上海古籍出版社, 2002

徐光啓, 陳煥良·羅文華 校注,『農政全書(下)』, 長沙: 岳麓書社, 2002

柳僖,『物名考』, 大提閣, 1988

吳普,『神農本草經』, 北京: 中華書局, 1985

蔡襄,『荔枝譜』, 北京: 中華書局, 1985

吳應逵,『嶺南荔枝譜』, 北京: 中華書局, 1985

韓彦直,『橘譜』, 北京: 中華書局, 1985

張功甫,『梅品』, 北京: 中華書局, 1985

蘇軾,『格物麤談』, 北京: 中華書局, 1985

____,『物類相感』, 北京: 中華書局, 1985

寇宗奭,『本草衍意』, 北京: 中華書局, 1985

李石,『續博物志』, 北京: 中華書局, 1985

姚可成,『救荒野譜』, 北京: 中華書局, 1985

唐愼微,『證類本草』(文淵閣四庫全書本), 臺北: 商務印書館, 1983

任昉,『述異記』(文淵閣四庫全書本), 臺北: 商務印書館, 1983

段成式, 『酉陽雜俎』, 北京: 中華書局, 1985

王灝, 『廣群芳譜』, 臺灣: 商務印書館, 1980

陳淏子, 『花鏡』(續修四庫全書本), 上海: 上海古籍出版社, 2002

吳其濬, 『植物名實圖考』, 臺北: 文物出版社, 1993

_____, 『植物名實圖考長編(上‧下)』, 臺北: 世界書局, 1975

嵆含, 『南方草木狀』, 北京: 中華書局, 1985

李衎, 『竹譜詳錄』, 北京: 中華書局, 1985

僧贊寧, 『竹譜』, 北京: 中華書局, 1985

宋伯仁, 『梅花喜神譜』, 北京: 中華書局, 1985

陳大章, 『詩傳名物集覽(1~4)』, 北京: 中華書局, 1985

『五‧七言唐音』, 古典講讀會, 1990

張孝岳, 『梅與梅文化』, 北京: 中國農業出版社, 2005

陳菲 等 編著, 『唐詩花園』, 北京: 農村讀物出版社, 2005

나무는 어떻게 문화가 되는가: 중국과 한국의 수목 인식과 문화 변용
ⓒ 강판권

초판 인쇄 2019년 6월 20일
초판 발행 2019년 6월 27일

지은이 강판권
펴낸이 강성민
편집장 이은혜
마케팅 정민호 정현민 김도윤
홍보 김희숙 김상만 이천희

펴낸곳 (주)글항아리 | 출판등록 2009년 1월 19일 제406-2009-000002호
주소 10881 경기도 파주시 회동길 210

전자우편 bookpot@hanmail.net
전화번호 031-955-1934(편집부) 031-955-8891(마케팅)
팩스 031-955-2557

ISBN 978-89-6735-646-0 93150

에쎄는 (주)글항아리의 브랜드입니다.

이 도서의 국립중앙도서관 출판시도서목록(CIP)은 서지정보유통지원시스템
홈페이지(http://seoji.nl.go.kr)와 국가자료공동목록시스템(http://www.nl.go.kr/kolisnet)에서
이용하실 수 있습니다. (CIP제어번호 : CIP2019023686)

이 저서는 2015년 정부(교육부)의 재원으로 한국연구재단의 지원을 받아 수행된 연구임(NRF-2015S1A6A4A01010576)
This work was supported by the National Research Foundation of Korea Grant funded by the Korean
Government(NRF-2015S1A6A4A01010576)